旋转门
美国思想库研究

REVOLVING DOOR
American Think Tanks Research

美国思想库研究

王莉丽　著

国家行政学院出版社

思想是历史变化的构成性力量，思想库作为以政策研究为己任，以影响公共政策和舆论为目的的研究机构，是一个国家思想创新的动力和源头。

目录

contents

摘　要

　　思想是历史变化的构成性力量,思想库作为以政策研究为己任,以影响公共政策和舆论为目的的研究机构,是一个国家思想创新的动力和源头。它通过专家知识与舆论权力的高度结合,构成了影响世界政治、经济发展和全人类未来的重要力量。

　　在世界各国智库中,美国思想库起源最早、数量最多、影响力也最大。质量、独立性和影响力是美国思想库的核心价值,也是奠定其全球声誉的基石。本书围绕美国思想库为什么具有强大影响力这一核心问题,对其影响力形成机制、传播战略、影响力产生基础以及影响力评估进行系统研究,并且对如何打造具有国际影响力的中国思想库提出了政策建议。

　　本书创新之处在于:明确指出美国思想库影响力的实质是"舆论影响力",并对其做出概念界定;把美国思想库纳入舆论学研究框架,并在结合多学科理论基础上提出"公共政策舆论场"理论。本书对美国思想库与利益集团、大众传媒、公众舆论的关系进行了深入分析,明确了美国思想库影响力产生的机制。美国思想库的影响力得益于其全方位的传播策略,从更深层次来看,与其所处的文化、政治环境,以基金会为主体的多元化资金保障和商业化运营机制有着密切关系,正是这些因素为其提供了土壤、空间、动力和基础。对于如何进行影响力的评估,本书在"培养理论"和恩格斯"合力论"的基础上提出了测量指标和框架。

　　本书从舆论学的视角切入,综合运用舆论学、社会学、传播学、政治学、政策科学、公共管理学等多学科理论方法,全方位解读美国思想库的影响力。论文一方面弥补了中国学界对美国思想库影响力系统研究的不足,另一方面试图弥补国际学界关于舆论学视角思想库研究的空白。

关键词:美国思想库;影响力;公共政策

Abstract

Since idea is a constitutional power for the changes of history, Think Tank, as research institute which is positioned in policy research and targeted to influence public policy and public opinion, would definitely be a driving-force and headstream for innovation of thoughts in a state. Through tightly combination of the knowledge of experts and the power of public opinion, Think Tank will be an important force which will exert significant impact to the development of global politics and economy in the future of all mankind.

Among plenty of Think Tanks all over the world, America, which is the origin country for Think Tank, has the largest number of Think Tanks, and enjoys the biggest influential power of its Think Tanks. Quality, independence and influence constitute the core value of American Think Tanks, and also laid the cornerstone of their global reputation. Focusing on "why American Think Tanks have such a strong opinion power", this book will take systematic researches on the generation mechanism of their opinion power, communation strategy, generative foundation of their power, and the assessment to their opinion power; and finally we also bring forth policy proposals on how to promote Chinese Think Tanks opinion power.

The innovation of this book are: 1) clearly pinpoint that the essence of American Think Tank influence is their "opinion power" and make definition for it; 2) putting American Think Tank into the framework of public opinion research, we put forth a theory named "Opinion Space for Public Policy" basing upon multiple scientific theories. In this book, we have conducted in-depth analysis to the relationships between the U. S. Think Tanks and interest groups, mass media, public opinions, and have defined the generating mechanism of the opinion power of American Think Tanks. The opinion power of American Think Tanks is benefited from its comprehensive media broadcasting strategy. From a deeper perspective, it is related with the cultural and political environment where they live in; in this environment, the foundations have provided diversified financial guarantee and market-oriented operation mechanism. All these factors have offered soil, space, driving-force and infrastructure for the development of American Think Tanks. Regarding how to assess the opinion power, this paper puts forward the measurement indicators and frameworks basing on Cultivation Theory and the Combination Theory of Engels.

From the perspective of Opinion Study, this book has leveraged multiple disciplines theoretical methods including public opinion, sociology, communication, politics, public management and others to give a comprehensive interpretation to American Think Tanks' opinion power. On the one hand, this book would like to make up for the deficiency in the study to the opinion power of American Think Tank for Chinese scholars; on the other hand, it has tried to make up the study to Think Tanks from the perspective of opinion research which I thought is a blank for international scholarships.

Keywords: American Think Tanks; Opinion Power; Public Policy

思想库的核心价值是什么？

约翰·桑顿

我在过去多年中担任布鲁金斯学会的董事，并且在过去八年担任董事会主席，我对于思想库的认识主要是通过这些经验获得的。布鲁金斯学会能够成为一个顶级思想库，关键在于它一直坚守三个核心价值：质量、独立性和影响力。这三个价值整合在一起，指导着我们的研究，并界定了我们学会与众不同的特点，也奠定了我们成为全球领先思想库的声誉。

任何一个思想库的成功首先都取决于它所拥有的专家的实力。布鲁金斯三个核心价值的第一个——质量，是由专家决定的。我们寻找的是那些在各自领域领先的优秀研究者和决策者，他们不仅思维缜密，而且富有创新性和创造力，懂得怎么把思想和现实世界的问题结合起来。

任何一个思想库的声誉，尤其是从布鲁金斯的标准来说，都和它的独立性密切相关，这包括研究机构本身的独立性和学者的独立性。独立性包含了几个方面。首先，也是最重要的是思想的独立。学者以开放的思维来开始他们的研究项目，并通过对事实的客观分析获得结论。在美国两党制的政治环境中，独立性也意味着布鲁金斯的专家把自己定位为一个非党派机构的成员。我们不认为真理及智慧只属于两党中的某一个党派。我们的许多学者在民主党或者共和党的政府中担任要职，这使我们的观点更符合实际和更具有影响力。我们达成的一个坚定共识是——布鲁金斯这个平台不能用来为某一个党派的目标服务。独立性也意味着我们的研究不受到资助方的影响，我们的研究不会因为过度依赖于几个较大的资助方而被他们的利益所影响，也不是为了谋取商业回报。智库通常面临来自公众的许多疑问：谁为智库的研究提供经费？这些经费来源会不会影响到智库的研究结果？布鲁金斯的经费来源是多元化的，包括大量公共和私人的资助。资助来源的多元化对于保持独立性和保证研究质量非常关键。我们相信资助者在学术和资金方面都会做出有价值的贡献，但是最终必须由学者来决定研究的问题和所得出的结论。

影响力至少有三种形式：设定议程，引领讨论，以及设计政策。每一个形式都面向不同的听众，并使用不同的方法来传递信息。设定议程可能是介绍一个新的观点以使公众有所觉悟，或者使公众对一些原本受到忽视的问题产生足够的重视。我们通过与各种政治机构、企业界、非盈利组织、主流媒体、研究者和学术界的沟通来实现这一过程。在某个特定的议题已经受到高度关注后要引领相关的讨论，这一工作需要我们更加有针对性地去接触特定的决策者，比如国会议员、负责相关事务的政府官员、政治和商界领袖、媒体，以及公民团体等。这个工作中，包括学者为媒体撰写观点文章，或者针对有影响力的听众进行演讲。布鲁金斯这一类研究机构拥有的一个重要能力是"召集力"，即有能力创造合适的氛围，把相关的人员聚集在一起，针对当前重要的议题进行公开的或者非公开的讨论。在设计特定的政策时，智库需要把负责某个特定领域的高层决策者或者立法者作为目标，有针对性地提供研究和政策建议。这一工作包括学者撰写政策文章、召开有政府官员或决策者参与的非公开研讨会、或者在国会听证会上提供证词。布鲁金斯学会很多学者有在政府任职的职业经验，这是布鲁金斯和其他智库发挥影响力的一个重要途径。奥巴马政府的组成为我们提供了很好的例子。有大量的布鲁金斯学者担任了本届政府的高层决策者，包括国家经济委员会主任萨默斯（Larry Summers）、美国驻联合国特使赖斯（Susan Rice）、副国务卿斯坦伯格（Jim Steinberg）等。这是我们毫不动摇地坚持质量、独立性和影响力这三个核心价值，促进最优秀的思想之间进行公开讨论的直接结果。

目前，在解决全球变暖、能源安全、地区冲突等全世界所面临的最严峻的挑战时,思想库之间的合作显得尤为重要。竞争是一件好事,可以促进在一个更大的市场中思想观念的创新。健康的竞争使每个人的能力都有所提升。我们都应该面对现实。在思想观念的市场上,竞争是一个现实存在,尤其是在经济不景气的时候。我们都感觉到了研究机构之间在争取获得相对稀缺的资金、人才和注意力时不断加剧的竞争。以往的经验告诉我们,如果我们在建立伙伴关系方面敢于创新,这样的伙伴关系最终会加强我们研究工作的质量、独立性和影响力。

我们在几年前就认识到,为应对全球化带来的挑战,布鲁金斯必须成为一个全球性的智库。我过去几十年中在中国工作的经验也表明美国必须改变它对中国进行研究的方式,要把更多的注意力放在对中国发生的情况进行实地考察。我们希望把布鲁金斯的学者与中国本地的学者和决策者聚集在一起,对中国日新月异的变化中出现的政策议题进行研究。因此,我们在 2006 年决定和清华大学建立合作关系,成立了清华—布鲁金斯公共政策研究中心。清华—布鲁金斯中心正在中国成功地实践布鲁金斯的核心价值:质量、独立性和影响力。

在本世纪,所有国家都应当更好地培养具有国际视野的领导人。对于中国和美国这样对国际事务有重要影响的国家,这一点尤为重要。2003 年,我离开高盛集团成为清华大学的教授,在清华开设了"全球领导力"课程。我的目标是帮助我的学生,为他们可能遇到的成为国内和国际领袖的机会和责任做好准备。中国有大量的优秀青年人才,他们希望把各自的经验和观点提供给我们进行讨论。我为那些最优秀的学生提供机会,让他们与基辛格博士、耶鲁大学校长莱文、前任英特尔总裁贝瑞特、联想总裁以及一些美国的参议员等进行面对面的互动。我发现这对参与交流的双方都是有价值的学习机会。学生接触到了那些具有卓越经验、对难题有深刻思考、洞悉现实决策过程的人。而同样重要的是,来自西方的重要人物也更好地了解到中国未来的领导者在思考些什么,以及他们如何思考。

我非常高兴我的很多学生现在有很好的表现，而且我相信他们会成为有着宽广的、全面的视野的人才，在中国和世界上很多重要的领域中做出贡献。

约翰·桑顿是清华大学"全球领导力"项目负责人兼教授、美国布鲁金斯学会董事会主席。桑顿现任汇丰控股有限公司董事、汇丰北美控股公司董事及非执行主席。此前，桑顿是高盛集团总裁兼联合首席运营官和董事。

本文内容是约翰·桑顿教授于 2009 年 7 月发表在《全球智库峰会会刊》的专访实录。文中观点充分表达了桑顿教授对智库发展的重要观点，以及他对其在清华大学"全球领导力"项目学生的殷切期望。《旋转门——美国思想库研究》一书作者王莉丽博士是桑顿教授"全球领导力"项目的学生，在本书的研究过程中得到了桑顿教授的大力支持和帮助。

思想库：发挥桥梁与沟通作用

当前，席卷全球的金融危机使很多国家经济遭到重创，我国经济也受到了不利影响。因此，我们必须全面分析并准确把握世界经济发展的大势，通过扩大与国外的交流，掌握发展的主动权。正是在这样的大背景下，2009年，中国国际经济交流中心应运而生。这标志着中国政府对思想库参与政府决策、保持思想的独立性、参与公共外交事务和全球影响力拓展的强烈渴求。这是一个面向全球的智库，而且是让民间参与决策过程的重要渠道，为增强学者与政策制定者之间的沟通，发挥着桥梁作用。

目前，世界上出现了"中国威胁论"、"中国掠夺资源论"等很多说法，这些说法的出现很大程度上是西方国家对我们缺乏了解造成的。仅仅依靠政府层面的努力和官方的沟通，这些误解是很难消除的。而作为民间政策研究机构的智库却可以通过发表研究报告、举行国际学术会议、到西方国家思想库与西方学者直接交流等方式，让世界听到来自中国的声音。这种非官方的渠道，可以让国际社会更了解中国。

尽管我国目前有些智库也在发挥这样的作用，但在进行国际交流时，我们还缺乏具有国际影响力、可以与西方顶尖智库对话的这样一个思想库。因此，我们做好与国外智库交流工作，可以间接了解并影响外国政府对一些问题的看法。同时，利用民间渠道这个平台，可以回应国外舆论对我国的一些误解或不实报道，组织专家学者客观、详实、全面地向国际社会介绍中国情况，澄清事实、增信释疑、影响舆论，为树立我国的良好国际形象起到积极作用。

国外很多智库对政府有相当大的影响。全球智库有 5 000 多家，其中近 1 800 家在美国，而"旋转门"机制，是美国智库的一大特色。所谓"旋转门"，即智库成员的身份在政要与研究者之间变换，使政府保持活力，使智库成为给政府培植、储备人才的地方。正因如此，发达国家智库对政府决策、公共舆论有直接影响力。智库在对外交往中也有特殊作用，中国多年来缺少政府之外的智库与国际智库沟通，急需建立这一全新的公关渠道，掌握国际话语权。

王莉丽博士是一位有着使命感和责任感的优秀青年学者。她曾作为美国布鲁金斯学会访问研究员，在华盛顿对许多智库高层进行了调查访问，取得了难得的第一手材料，同时也交到了不少智库的高层朋友，为中国国际经济交流中心的研究和组织工作发挥了桥梁与沟通的作用。本书所作的研究，一方面，对于中国智库的未来发展具有重要的参考价值，另一方面，有助于中国廓清和加深对美国思想库的了解，从而在中美智库的交流与合作以及公共外交中更具主动性和策略性。

《旋转门——美国思想库研究》一书的出版，正是中国新一代青年人与西方直接交流，让世界听到来自中国的声音，让国际社会更了解中国和让中国了解世界的最好体现。

中国国际经济交流中心秘书长

商务部原副部长

魏建国

思想的力量

思想是历史建构的重要力量,作为政治或策略运作的策划者,思想库是思想的"生产基地",自然也是国家软实力的策源地。研究思想库的功能、作用及发生影响的机制,对实现决策的科学化、民主化和政治传播的提升,具有重大的意义。本书将"专家"力量与"舆论"力量联系在一起研究,具有特殊的学术价值和实践价值。

我认识王莉丽已经有八年多的时间了,并且在她读博士期间担任导师,她是一位具有潜质的优秀青年学者。她自 2002 年在清华大学新闻与传播学院攻读硕士和博士学位起,就陆续发表了多篇核心期刊论文、国际会议论文和报刊评论文章,先后出版了《绿媒体——中国环保传播研究》、《全球领导力》、《舆论学概论》等专著与合著,成果较为突出,产生了一定的社会影响。

《旋转门——美国思想库研究》一书视野开阔,论述有力,深入探讨了美国思想库的影响力问题。作者从美国思想库的现状入手,全面、系统地分析了思想库影响力形成的机制、传播策略等基础理论和运作规律,提出了影响力评估的有关理论和测量指标。作者对"公共政策舆论场"的阐释、对其框架的构建,具有原创性。书中对中国思想库如何打造国际影响力也做了独立探索,不仅具有一定的参考价值,而且在某些方面具有可操作性。

本书从选题到写作,作者投入了大量的时间和精力,并到美国布鲁金斯学会和其他思想库进行了长达一年多的考察。作者在美国参加了多次学术会议,对思想库专家进行了深度访谈,搜集到宝贵的第一手资料。本书的研究涉及传播学、政治学、公共政策学、舆论学和国际关系学等学科领域,要求研究者有较高的跨学科研究能力。作者对材料驾驭自如,纵横捭阖,笔力不俗。

　　本书打开了观察思想库的另一个视角,弥补了中外学者关于思想库舆论传播研究的不足,蕴涵显著的学术增益。本书的出版,有助于中国对美国思想库的了解,对于中国智库的发展和民主政治的推进有一定的启示,也为中外智库的交流提供了理论参考和策略构想。直到目前,在国内,她第一次较系统地研究了思想库的舆论与传播现象,是值得称道的拓荒者。

清华大学教授、博士生导师

刘建明

第一章　绪论

REVOLVING DOOR

American Think Tanks Research

Chapter One：Introduction

Research background and significance

Current research status

Key concept

Research method

Structure and content

第一章
绪论

Chapter One：Introduction

第一节
美国思想库研究背景与意义

2009 年初,被媒体称之为"中国最高级别智库"的中国国际经济交流中心诞生,同年 7 月,由中国国际经济交流中心主办的"全球智库峰会"在北京召开,由此而带来的密集的媒体关注度和社会影响力,使得"思想库"这个词汇迅速进入了中国精英群体和普通公众的视野,进而引起全社会的高度关注。

思想库也称智库(Think Tank),这个词汇是舶来品,最早出现在二战时期的美国,是指战争期间美军用来讨论作战计划的保密室。后来泛指一切以政策研究为己任,以影响公共政策和舆论为目的的政策研究机构。思想库作为一个国家思想创新的动力和源头,一个国家软实力的象征,其意义已经超越了本身,成为影响世界政治、经济和全人类未来发展的重要力量。同时,思想库的发达程度也反映了一个国家的政治、经济、文化发展水平。

从全球趋势看,随着信息技术的发展、全球化进程的不断加速,世界各国面临的内政、外交问题越来越复杂,从而促使政策制定者寻求政府体系以外的思想库的政策支持。20 世纪 70 年代以来,思想库的数量不但在美国迅速增加,而且还在世界范围内发展起来。2009 年初,美国宾夕法尼亚大学发布了《2008 年全球智库报告》,根据他们对思想库的定义和评判标准,目前全球共有 5 465 家智库。从地区看,北美和西欧有 3 080 家,占总数的 56.35%,亚洲只有 653 家,占 11.95%。从国别看,美国有 1 777 家,其次是英国的 283 家和德国的 186 家,印度拥有 121 家智库,为亚洲最多,日本其次,拥有 105 家,中国大陆被认可的智库仅有 74 家。[①] 而据中国学界的不完全统计,上世纪 90 年代后期以来,中国的社会科学研究机构已形成五大系统,共有研究机构 2 500 多个,专职研究人员 3.5 万,工作人员 27 万。这其中以政策研究为核心、以直接或间接服务政府为目的的"智库型"研究机构大概有 2 000 多家,数量甚至超过智库最发达的美国(王健君 等,2009)[18]。

我们暂且不论中美两国学者对于中国智库数量统计误差如此之大的原因在哪里,毫无疑问,美国思想库经过一个多世纪的发展已经形成了全球最成熟的思想库市场。在世界各国智库当中,美国思想库对公共政策和舆论所发挥的影响力也是最大的,它不但影响美国公共政策和社会思潮,还对世界政治、经济的走向发挥着重大影响。美国学者保罗·迪克逊认为思想库是美国的第四种权利(Paul Dickson,1971)[47],托马斯·戴伊则把思想库看作是"美国政治决策过程中一种发挥中心作用的协调机制(托马斯·戴伊,2003)。"

从数量上来看,应该说中美两国都属于思想库发展的大国。中国现代意义上的思想库发展与改革开放的进程同步,至今只有 30 年左右的时间,尽管数量很多,但在影响力、创新能力和全球视野方面却与美国智库存在很大的差距。大多数中国思想库既不为政策制定者所重视,也不为公众所信任。特别是近年来,中国智库在关键领域中表现得并不尽如人意。2007 年下半年美国次贷危机蔓延,面对美国财政部和美联储的宽慰之谈,中国大部分主流智库都相信了美国金融危机"是暂时的",甚至提出"脱钩论",公开强调"这只是美国的问题,对中国影响不大……"尽管类似误判和失策的根本原因不能完全归咎于智库,但中国智库在满足国家决策信

---

① 资料来源于美国宾夕法尼亚大学"思想库与公共社会项目"发布的报告。2008 The global go-to think tanks:The Leading Public Policy Research Organizations In The World. http://www.fpri.org/.

息需求上的不足、缺位已是不争的事实(王健君 等,2009)[17]。另外,中国思想库在国际舞台上话语权的缺失和影响力的弱小严重影响了中国软实力和国家形象的构建。或许,这也正是中美两国学者对于中国智库数量统计误差如此之大的原因。

随着全球化进程的加快,随着中国逐渐成为世界政治、经济舞台上的重要因素,随着类似于金融危机、环境问题、反恐问题等全球性问题的增多,中国面临的国际、国内问题日趋复杂,越来越需要具有思想创新能力和影响力的思想库的智力支持。因此,如何提升中国思想库的创新能力、产品(研究)质量,已经成为中国能否保持经济快速平稳发展,实现中华民族伟大复兴的重要因素。建立具有国际影响力的中国思想库,不仅是中国自身发展的需要,更是中国对世界的影响与责任。

改革开放30年来,中国现代意义上的思想库对政府决策的影响越来越大。特别是近几年来,中国政府和领导人对思想库的重视程度也在不断提升。2004年1月,《中共中央关于进一步繁荣发展哲学社会科学的意见》在党的历史上第一次以中共中央的名义明确指出:"使哲学社会科学界成为党和政府工作的'思想库'和'智囊团'(尚前名等,2009)。" 2007年,中共十七大报告中明确指出:"推进决策科学化、民主化,完善决策信息和智力支持系统。"[①]2009年3月20日,被媒体称之为"中国最高级别思想库"的中国国际经济交流中心(英文名:China Center for International Economic Exchanges,英文缩写:CCIEE)在北京正式成立。这是一家由国家发展和改革委员会主管,经国家民政部登记注册,由中国政府最高决策层直接倡导,国务院总理温家宝亲自批示,由前国务院副总理曾培炎担任理事长,中共中央政策研究室副主任郑新立担任执行副理事长,商务部前副部长魏建国担任秘书长,汇集了中国政界、商界、学界力量,并拥有5亿人民币研究基金作为强大后盾的思想库。[②] 其目标是要在中国的政治、经济、文化土壤中打造一个具有国际影响力的中国思想库。中国国际经济交流中心的诞生标志着中国政府对思想

---

① 参见胡锦涛2007年10月15日在中国共产党第十七次全国代表大会上的报告:高举中国特色社会主义伟大旗帜,为夺取全面建设小康社会新胜利而奋斗。http://news. xinhuanet. com/newscenter/2007 - 10/24/content_6938568. htm.

② 数据来源于笔者2009年5月与中国国际经济交流中心领导的谈话。

库参与政府决策、保持思想的独立性和全球影响力拓展的强烈渴求。

2007 年至 2009 年,笔者作为教育部派出的首届"中美联合培养博士生",在美国布鲁金斯学会(Brookings Institution)以访问研究员(Visiting Research Fellow)的身份,进行了为期一年半的以"美国思想库"为研究对象的访问研究。2009 年初,作为思想库研究领域为数不多的学者之一,笔者应邀与清华—布鲁金斯公共政策研究中心的主任肖耿博士一起,为国经中心高层领导和学者做了一次以"美国思想库现状以及中国智库的未来发展"为主题的演讲,并回答了他们的提问。之后笔者应邀以研究员的身份参与国经中心的核心运作以及国经中心在 2009 年 7 月举行的首届"全球智库峰会"的策划筹备工作。在这个过程中,笔者更加深刻、直观的体会到中国政界、学界对美国思想库的模糊点太多,对中国思想库未来发展的模糊点也太多,思想库研究在中国亟须得到重视和深入发展。

在这样的大背景下,对美国思想库影响力进行深度分析和系统研究具有极其重要的现实意义和学术价值。

从现实纬度上讲,首先,研究美国思想库的影响力将对中国思想库的发展和影响力的提升带来有益的启示和可直接借鉴的经验。美国思想库之所以能够在美国公共政策制定过程中发挥重大影响力与其舆论聚散核心地位、传播策略和其所处的政治、文化、经济环境,以及其在一个世纪发展过程中形成的较为完善的运行机制是密不可分的。诚然,美国思想库影响力的产生依赖于其生存的特定土壤,中国智库不可能也没有必要照搬美国模式。但是,我们可以从中得到启示和借鉴,取其精华,从而寻找到一条提高中国思想库影响力的现实途径。本研究将为中国政府和思想库借鉴美国思想库发展经验,提高中国思想库的影响力提出独立思想和建议。

其次,研究美国思想库影响力,考察其产生机制和传播策略以及渠道,将有助于中国廓清和加深对美国思想库的了解,从而在未来中美智库的交流与合作以及"公共外交"(Public Diplomacy)中更具主动性和策略性,通过影响美国思想库,进而影响美国政府对华政策和美国社会舆论对中国的印象。随着中国经济全面崛起,国民生产总值超过日本,成为仅次于美国的世界第二大经济体。此时,中国不但需要在对外决策当中不出现问题,更需要国际社会特别是美国对于中国的判断不出现太大的偏差。中国可以借助美国智库已有渠道影响美国政府决策,培育美国精英和公众对于中国的好感,也可以在与美国智库的交流中为其提供正确、及时的信息,从而使这些智库做出有利于中国国家利益的决策。

第三,从长远来看,美国思想库影响力研究对于提高中国公众的政治参与意识和能力,推进中国民主政治进程以及社会可持续发展都具有重要的现实意义和历史意义。在美国公共政策制定过程中,社会公众可以通过直接投票的方式表达自己的意愿,也可以通过思想库、利益集团、大众传媒等这些平台和渠道参与到政策制定过程中,而思想库在这其中占据了舆论中心和枢纽地位,是社会各界了解公共政策信息和参与政策制定的一个理想的平台和空间。对于中国公众而言,目前参与公共政策制定的渠道还相对较少,虽然互联网在一定程度上担当着政府与公众沟通的渠道,但由于网络的匿名性和海量信息,汇集在网络上的舆论往往带有很大情绪性和非理性成分,很多时候无法真正起到政策建议的作用,也无法全方位满足公众参与政策制定的需求,而思想库可以承担起这一影响政府决策理性渠道的作用。从长远来看,这将推进中国民主政治的发展进程并且有助于社会的稳定。

从学术价值的纬度上来讲,虽然中国学界对美国思想库的研究已经有20多年的历史,但是大部分研究始终停留在对资料进行翻译、整理和分析的基础上,缺乏在美国思想库的实地参与调查和系统研究,很多研究成果与美国思想库实际状况有一段距离,缺乏现实针对性和指导性。这一方面源于美国思想库作为一个特殊研究主体的难以接近性,另一方面源于中国学界对这一研究领域重要性的认识不足。由于中国学界思想库研究的滞后,也导致了在与西方思想库研究界的交流中,中国学界还不能拥有强大的话语权和定义权。除此之外,目前在思想库研究领域,无论是中国还是西方学界,对思想库展开系统研究的学者大都集中在政治学、公共政策学、国际关系学等学科领域。

笔者基于实地调查和参与的关于美国思想库影响力的系统研究,一方面弥补了中国学界对美国思想库影响力系统研究的不足,另一方面试图弥补国际学界关于舆论学视角思想库影响力研究的空白。

第二节
美国思想库研究现状

就思想库研究而言,无论是西方学界还是中国学界起步都比较晚,研究成果不是特别丰富,而且大都从政治学、公共政策、国际关系的角度对思想库展开研究。另外,思想库研究的学者大部分都集中在美国。

西方学界对思想库的研究起步于 20 世纪 70 年代,至今已经形成了一套为学界所认可的思想库理论和传统。西方学者们在研究中虽然都对思想库影响舆论的功能有所提及,并且分析了思想库发挥影响力的渠道,也有的学者对思想库影响力的评估进行了研究,但是到目前为止,尚没有学者从舆论学的视角切入,对思想库的影响力进行深入系统研究。中国学界对思想库的研究起步于 20 世纪 80 年代,出现了一批基于翻译、资料分析的著作和文章,但是,基于中国学界视角的深度研究也还非常少。

西方的研究现状

1971 年,美国政治学家保罗·迪克逊(Paul Dickson)出版了世界上第一本介绍美国思想库形成与发展的著作《思想库》。该书出版以后的 20 多年间,西方学术界关于思想库的重要研究论著一直不多。直到 20 世纪 90 年代初开始,随着思想库在政策过程中的影响力越来越强,对思想库参与政策过程的研究才开始逐渐成为一门显学。

而今,关于"思想库"的研究已经成为国际上政治学、公共管理学界的新热点,西方学界在近几十年间逐渐发展出一套较为成熟的思想库理论,初步形成了西方思想库研究领域的三个传统:历史路径、实证主义和国际比较研究。早期的研究基本都是针对思想库发展最成熟的美英两国思想库的历史分析,之后学术界逐渐出现了以观察当前思想库发展状况为主要目的实证研究,最近几年,国际比较研究也逐渐兴起。

基于历史路径的分析方法,主要分析思想库兴起的政治、经济、社会背景和历史发展过程,以及对某一思想库的产生、发展历程进行案例研究。除了保罗·迪克逊的著作外,90 年代初出现了几部各有侧重的历史路径的思想库研究著作。

詹姆斯·史密斯(James Smith)在其 1991 年的重要著作《思想掮客:思想库和崛起的新政策精英》中,将目前在美国兴起的新政策精英群体的思想库专家称为"思想掮客"。他指出思想库专家在"思想的市场"中扮演着信息传播者和政策倡导者的角色。在此书中,他还对美国思想库得以兴盛的原因归结为基金会传统和政治体制。

大卫·瑞奇(David Ricci)于 1993 年出版了《美国政治变革:新华盛顿和思想库的兴起》一书。大卫·瑞奇本身是著名思想库布鲁金斯学会的研究员。瑞奇研究了自 20 世纪 70 年代以来,思想库在华盛顿新政治文化中的兴起过程和思想库得以迅速发展的政治背景。在此书中,瑞奇认为评估思想库的影响力是一件不可能完成的任务,"我近距离的观察了思想库的政策产出,从他们出版的书籍、召开的学术讨论会到早餐会,我也访问了很多思想库的学者和管理者们,希望他们能够告诉我思想库的影响力有多大。但是,我与思想库接触的越多,我越发明白没有人准确的知道思想库的影响力到底有多少(David Ricci,1993)。"

在实证研究方面,戴安·斯通(Diane Stone)于 1996 年出版了《俘获政治意象:思想库与政策过程》一书。在此书中,斯通采用案例法分析了思想库在政策过程中的影响力。她指出信息的交流在政策过程中的重要作用,并且对思想库的组织管理和信息传播网络进行了分析。

杰姆斯·迈甘(James McGann)1995 年出版了《公共政策研究产业中经费、学者和影响力的竞争》一书。在此书中,他通过问卷调查的方式收集了七个美国思想库的基本数据,并对其进行了罗列比较。2005 年,迈甘出版了一本类似于政策建议类的小册子《美国思想库和政策建议》,他对美国思想库进行了全景式的介绍,分析了思想库信息传播所采用的渠道并且把展现思想库影响力的指标分为:资源指标,如思想库的运营资金;学者水准;市场需求指标,如媒介曝光度、网络点击率等;影响指标,如政策制定者对思想库产品的评价等。

加拿大学者唐纳德·阿贝尔森(Donald Abelson)在思想库研究方面做了深入的探索。在其 1996 年出版的《美国思想库及其在美国外交政策中的作用》一书中,他以美国外交政策的决策过程为大案例,详细分析了思想库参与政策决策的过程和机理,并对思想库发挥影响力的渠道进行了分析。2002 年,他出版了《思想库重要吗? 评估公共政策研究机构的影响力》一书。在对如何评估思想库的影响力进行了系统的分析之后,阿贝尔森认为,思想库的影响力是无法测量的。2006 年阿贝尔森又出版了《国会的理念》一书,在前两本书的研究基础上,阿贝尔森对美国思想库及其影响力进行了一次全面的研究和更进一步的探索,但是在影响力的问题上却始终未能有确定的结论。

2004 年,安德鲁·瑞奇(Andrew Rich)在其博士论文的基础上出版了《思想库、公共政策和专家政治》。瑞奇在本书中采用了案例分析、数据分析和问卷调查的方法分析了不同类型思想库在政治过程中的角色和地位。

随着思想库的政治地位和影响力的日益提升,各国学者也开始关注本国思想库的发展。目前国际比较研究应该说刚刚起步,基础意义上的比较研究主要有以下三本会议论文集:1996 年美国城市研究所(Urban Institute)在日本举办世界思想库论坛,之后编辑出版了论文合集《民主社会中的思想库:另一种声音》(Jeffrey Telgarsky et al,1996)。1998 年,戴安·斯通等人在多年来美国政治研究协会召开的年会论文基础上,整理出版了《各国思想库:一个比较的路径》一书。2000 年,杰姆斯·迈甘等人编辑出版了在西班牙召开的思想库会议论文集《思想库与公民社会:思想与行动的催化剂》。2008 年 10 月,笔者在美国布鲁金斯学会发布了对中美智库的比较研究报告,并明确指出"对中美两国智库影响力进行比较研究的起点是抛却思想库是独立的还是官方的这一概念定义上的争论，美国智库以独立智库为主，中国智库以官方为主，两者各具优势和局限，并且都在各自的政治、经济、文化土壤中生存并发挥影响力。"①

中国的研究现状

目前，美国思想库研究逐渐成为中国学界关注的热点，但是美国思想库作为研究对象本身的特殊性和难以接近性，使得中国学者的大部分研究长期停留在资料分析、翻译整理阶段。近几年，随着关于美国思想库研究博士论文的不断出现，中国思想库研究整体水平也不断提高。但是具有较高学术价值和应用价值的论文和著作仍然很少。从研究视角上来看，研究思想库尤其是美国思想库的学者大多是从美国政治、国际关系、公共政策、外交关系的角度展开对思想库的研究。目前，从舆论学层面对美国思想库给予学术关注的，在笔者的视野范围之内只有两部著作。《社会舆论原理》一书把美国思想库定义为重要的舆论机构，并对其舆论传播做了简要分析（刘建明，2002）。在《舆论学概论》中，美国思想库被视为与大众媒介相对的第二舆论机构（刘建明 等，2009）。

总体来看，国内有关思想库研究方面的书籍并不多，而有关美国思想库方面的专著就更少。1982 年，中国现代国际关系研究所的两位学者吴天佑、傅曦编辑出版了国内第一部美国思想库研究的著作《美国重要思想库》，这是我国最早一部美国思想库研究的力作。这本著作甚至引起了美国方面的高度重视，认为中国学术界已经意识到思想库在美国政治尤其是对外政策中发挥的特殊作用，并以此作为中国对美研究渐趋深入的一个重要标志。1990 年，朱锋、王丹若编辑，浙江人民出版社出版了《领导者的外脑——当代西方思想库》，对西方思想库产生的背景、分类和职能、活动特点、成功的"奥秘"和其 80 年代的发展趋势等作了简要分析，并首次全

---

① 参见美国布鲁金斯学会网站中国中心的会议记录。http://www. brookings. edu/events/2008/1023_think_tanks. aspx.

面介绍了美国国会研究服务部、兰德公司、布鲁金斯学会等美国十大著名思想库。1996年，世界知识出版社出版了由陈宝森、侯玲编著的《美国总统与经济智囊》。1998年，天地出版社出版了由乔迪编著的《兰德决策》。2000年，北京太平洋国际战略研究所编辑，中国社会科学出版社出版了《领袖的外脑——世界著名思想库》一书，对世界主要国家一般意义上的领袖外脑的运作机制、人员组织、研究情况等作了综合性介绍。2003年8月，现代国际关系研究所编辑，时事出版社出版了《美国思想库及其对华倾向》一书。该书对美国思想库的概念、历史起源、发展阶段、分类、功能进行了基于文献和资料翻译的分析，并对美国主要涉华思想库进行了较为详尽的介绍，应该说这是迄今为止中国学界关于美国思想库研究最为全面的一本书。2007年11月，复旦大学博士张春在他2006年博士论文的基础上由上海人民出版社出版了《美国思想库与一个中国政策》一书，对美国思想库如何影响对华政策进行了基于学理的考察和分析。

译著方面，2010年4月，上海社会科学院组织翻译了国内第一批关于美国思想库研究的综合性英文著作《智库能发挥作用吗？》(唐纳德·阿贝尔森，2010)，以及《智库、公共政策和专家治策的政治学》(安德鲁·瑞奇，2010)，这两部著作均由上海社会科学院出版社出版。另外一部译作是关于美国单个著名思想库与外交政策关系的专著《帝国智囊团——对外关系委员会和美国外交政策》(劳伦斯·肖普等，1981)。还有一部是肖阳译，时事出版社1982年出版的《智囊团与政策研究》。此外，有些关于美国外交决策机制和权势集团的中文译著里面也对美国思想库有所涉及。

期刊文章方面，国内有关思想库的文章数量在近30年来一直呈递增的趋势，尤其是2009年至2010年，但是大多是介绍性和观点性的文章，而且很多文章都存在内容、观点重复现象，具有较高理论价值的期刊文章相对较少，而对于思想库影响力的论述也大多停留在描述和案例介绍层次。

载于《国外社会科学》2007年第1期，朱旭峰撰写的《"思想库"研究：西方研究综述》一文，对思想库的研究现状和理论路径进行了较为全面的分析介绍。载于

《现代国际关系》2000 年第 7 期,任晓撰写的《第五种权力——美国思想库的成长、功能及运作机制》,以及载于《决策探索》1989 年第 4 期,金良浚撰写的《国外智囊机构的特点和发展趋势》,还有载于《中国软科学》1999 年第 6 期,邹逸安撰写的《国外思想库及其成功的经验》,这三篇文章都对美国思想库的发展历程、主要功能、运行机制和影响网络进行了精要的分析。

在期刊中,还有一部分文章以西方思想库为参照物,分析中国思想库的发展,如载于《科技导报》1996 年 11 月,薛澜撰写的《美国的思想库及对中国的借鉴》,载于《北京社会科学》2003 年第 3 期,张国春撰写的《以"思想库"为模式办好社会科学院》对社会科学院建设进行分析并提出解决方案。再比如载于《探求》2006 年第 1 期,胡春艳撰写的《全球化时代思想库的国际化趋势——兼论我国思想库发展的对策》等。除此之外,还有一类文章侧重于思想库在外交决策中的角色,比如载于《复旦学报》(社会科学版)2004 年第 4 期,孙哲撰写的《中国外交思想库:参与决策的角色分析》。

近十年来,不少国际关系、国际政治专业研究生对于美国思想库研究逐步产生兴趣,并以"美国思想库"作为了自己论文的选题。2004 年,中共中央党校穆占劳完成了以《美国思想库和美中关系研究》为题的博士论文。类似的还有 2005 年外交学院狄会深的博士论文《美国思想库对美国外交政策的影响》,以及 2007 年暨南大学博士钟建平的博士论文《美国外交与安全智囊机构研究》。这些博士论文共同的特点是比较注重学理性和文献、案例分析,但都无法避免一个共有的弊端:缺乏对美国思想库的实地调查和切身感受,因而导致了理论与实际的疏离和现实指导性的不足。

第三节
核心概念界定

从宏观上讲,本书的研究对象是美国思想库。从微观上讲,本书的研究焦点是美国思想库的影响力。无论是美国思想库还是其影响力，至今在学界和业界都没有就其概念和内涵达成统一的认识。因此，在展开本书的研究之前，必须首先对以下核心概念有一个清晰的界定：美国思想库、美国思想库的影响力、舆论、公共政策。

美国思想库

要界定"美国思想库"，首先必须要了解什么是"思想库"。对于大多数社会公众乃至社会精英而言，思想库都是一个模糊的概念，而从事思想库研究的学者们和思想库的管理者对此也没有统一的认识。可以说每个人都对思想库是什么有自己的理解，而且思想库的概念在不同的国家也有不同的理解和定义。

思想库（Think Tank），又称智库、智囊团，最早是个军事用语，用来指称二战期间防务专家和军事战略家们讨论作战计划和制定战略的保密室。目前美国学界关于思想库的定义主要有：

保罗·迪克逊（Paul Dickson，1971）[26-35]认为：思想库是一种稳定的、相对独立的政策研究机构，其研究人员运用科学的研究方法对广泛的政策问题进行跨学科的研究。在与政府、企业及大众密切相关的政策问题上提出咨询。

安德鲁·瑞奇（Andrew Rich，2001）认为：所谓思想库就是指独立的、不以利益为基础的非盈利政治组织，他们提供专业知识和建议，并以此获得支持和影响决策过程。

肯特·威佛（Kent Weaver，1989）认为：思想库是指非盈利的公共政策研究产业。

美国国际战略研究中心总裁约翰·哈姆雷（John Hamre）认为：思想库有很多种，有的是政府机构内部的，有的是大学附属的，有的是产生于民间的独立的政策研究机构，通常在美国所指的思想库是民间思想库。①

① 引自笔者 2008 年 8 月在华盛顿对约翰·哈姆雷的专访。

英国学者詹姆斯·史密斯(James Smith,1991)认为:思想库是指运作于正式的政治进程边缘的,非盈利的私立研究机构。

加拿大学者唐纳德·阿贝尔森(Donald Abelson,1996)对思想库的定义是:非盈利、非党派的研究机构,其首要目的是影响公共舆论和公共政策。

中国学者对思想库的定义也有很多种,有的是在美国思想库学者的概念基础上进行概括和总结。如一个机构之所以被称为思想库,必须具备以下几个条件:从事政策研究;以影响政府的政策选择为目标;非赢利;独立性(中国现代国际关系研究所,2003)。

也有的学者针对中国的特点提出思想库的定义:思想库主要指以影响公共政策为宗旨的政策研究机构,思想库通过公开发表研究成果或其他与政策制定者有效沟通的方式来影响政策制定(薛澜,2009)。思想库特指针对各种内政外交政策问题,由学有专精的学者组成的决策服务团体和咨询机构(孙哲,2004)。

根据以上不同国家、学者对思想库定义的不同,笔者认为有必要对本书的研究对象进行明确的定义:广义上而言,美国思想库是指以服务于美国国家利益和公共利益为目的的、非盈利性的公共政策研究机构,包括官方、大学和独立智库三种类型。狭义而言,美国思想库是指诞生在美国的政治、经济、文化土壤中的,以影响公共政策和舆论为目的的非政府、非盈利性的政策研究机构。质量、独立性和影响力是美国思想库的核心价值,也是美国思想库成就其全球声誉和影响力的基石。

本书所研究的对象主要是指狭义上的美国思想库。由于美国思想库数量众多,规模大小、运作模式都不相同,本书聚焦于在规模和影响力处于核心地位的美国思想库,如布鲁金斯学会、对外关系委员会、传统基金会、国际战略研究中心、美国企业研究所、兰德公司、美国进步中心等。

美国思想库的影响力

"美国思想库的影响力"是本书的研究焦点,也是最为核心的概念。本书所指的美国思想库的影响力包含两个层次的含义：第一，美国思想库所具有影响力在本质是舆论影响力；第二，美国思想库对公共政策制定过程中其他舆论因素的影响力。

影响力是一个政治学基本概念，斯克鲁顿（Roger Scruton, 1982）认为，"影响力是权力的一种形式，但与控制力、力量、强迫和干涉截然不同。它通过告诉其他人行动的理由，这些理由或者是对他人有利的，或者是道义上以及善意的考虑，来对其行为进行影响，但是这些理由和考虑必须是对他有分量的，从而影响其决策。"霍尔斯蒂（K. J. Holsti, 1994）认为影响力是权力的一个方面，实质上是达到目的的一种手段。一些政府或政治家可能会寻求自己的利益的影响，但对大部分人来说，更是一种工具性质的，就像金钱一样。他们主要运用影响力来实现或捍卫自己的目标。尽管斯克鲁顿和霍尔斯蒂对影响力的表述有所不同，但两者都把影响力视为权力的一个方面，是一种实现目的的手段，而且这种权力的实现不是通过强制力达到，而是通过具有说服力的语言、观点和潜移默化的行为来达到影响别人决策的目的。从这个意义上来讲，影响力实际上是一种舆论力量。也就是说我们所谈的美国思想库的影响力，确切而言是指美国思想库的舆论影响力。

基于此，美国思想库影响力可以定义为：美国思想库影响力的实质是舆论影响力，是思想库凭借其舆论聚散核心的地位、独立性、创新性和全方位的舆论传播机制，对政策制定者、精英群体和公众舆论所产生的，不具有强制性和合法性的，支配或改变其思想或者行为的舆论力量，是实现其影响公共政策最终目标的工具。在全球化、信息化时代，美国思想库的影响力已经突破国家界限，具有全球性。

舆论

关于舆论的概念有很多，不同学科背景的学者有着不同的理解。在西方政治思想史上，舆论的概念可依追溯到对政治性质的思考。1762 年，卢梭在《社会契约论》一书中首次提出舆论是人们表达对于社会公共事务的意见。沃尔特·李普曼（1922）认为舆论就是"他人脑海中的图像——关于自身、关于别人、关于他们的需求、意图和人际关系的图像。"

政治学家汉斯·施派尔(1950)指出:"舆论是一种能影响或决定政府行为、能影响官员决策与政府结构的权力。"中国舆论学者指出:"舆论的概念有狭义和广义之分。狭义的概念是指某种舆论而言,即在一定社会范围内,消除个人意见差异,反映社会知觉的多数人对社会问题形成的共同意见。广义上的概念是指社会上同时存在的多种意见,各种意见的总和或者纷争称作舆论(刘建明等,2009)[23]。"

在众多关于舆论的研究者中,布里尔·阿尔蒙德(Gabriel Almond,1960)[138]是最早注意到了舆论多样性特点的学者之一。他认为作为舆论主体的公众是不同的,他将公众分为三个层次,即:舆论精英、关注公众和普通公众。

国际关系学者约翰·加尔东(Johan Galtung,1964)[206-230]指出,舆论是由人们的社会地位所决定的。根据人们所处的社会地位的层次,他把舆论分为三个部分:核心舆论、中心舆论和边缘舆论。核心舆论是指政策制定者的舆论。中心舆论是指经常能对政策施加影响的思想库、大众传媒、利益集团等精英舆论。边缘舆论是指普通公众的舆论。加尔东划分核心、中心、边缘舆论的标准是信息的获取量和舆论表达的渠道。处于核心地位的人充分占有信息、又是政策制定者,因此他们的舆论是核心舆论。处于中心地位的社会各界精英,他们也具有条件了解与政策相关的信息,也可以通过各种渠道表达意见,因而是中心舆论。而广大普通公众,即无法掌握大量政策信息,又缺少渠道表达观点,因而是边缘舆论。

结合以上学者对舆论的不同定义和理解,本书对舆论的定义为:舆论是指处于不同社会地位的人们对与公共政策相关的问题所表达的意见。舆论是一种能够影响政府决策的软权力。在美国公共政策制定过程中,影响政府决策的舆论因素主要有:思想库、利益集团、大众传媒和公众舆论。本书所指的公众舆论,是指普通公众对各种公共政策所公开表示的大体一致的意见。

公共政策

托马斯·戴伊对公共政策的定义是"政府选择要做或者不做的事(Thomas

Dye,1998)$^{2-4}$ 。"

威廉·詹金斯(William Jenkins)认为,公共政策是由行动主体在特定的情境中制定的一组相关联的决策,包括目标选择、实现目标的手段。

詹姆斯·安德森(James Anderson)则把公共政策描述为某一行动主体或一群行动主体解决问题或者相关事务的一个有意识的行动过程(迈克尔·豪利特,2006)。

从以上定义可以看出,公共政策是一个动态的过程,公共政策的行动主体是政府。在美国公共政策制定的过程中,除了政府这个直接决策者之外,还有很多政策参与者,比如思想库、大众传媒、利益集团公众舆论等。本书所理解的公共政策采用的是詹姆斯·安德森的定义。

第四节
主要研究方法

本书从舆论学的视角切入,把美国思想库置于舆论学的框架之下,综合运用舆论学、传播学、政治学、公共管理学、政策科学、社会学等学科的相关理论和研究方法,对美国思想库的影响力进行系统研究。

本书在研究中采用了定性研究与定量研究相结合、理论归纳与案例分析相结合的方法,既有大量基于文献分析和实地调查基础上的定性研究,也有很多基于实际数据基础上的定量分析。任何学术研究都是建立在前人研究的基础上,在进行美国思想库研究过程中,笔者对思想库领域的文献进行了全面系统的阅读和分析,试图在对美国思想库进行清晰梳理的基础上,提出自己的观点,以便于推进思想库研究的进一步深入。另外,笔者有幸在美国最负盛名的思想库之一——布鲁金斯学会进行了一年多的访问研究,深入参与了其实际运作,并且访问了很多不同思想库的管理者、学者,以及美国政府的官员和媒体记者,掌握了大量的第一手资料和内部观点。笔者访美期间,也与美国思想库的研究者一起举办了学术研讨会,进行观点的沟通和碰撞,试图从整体上真正了解美国思想库。另外,本书在研究中使用了大量的案例和数据,对文中提出的理论观点进行有力的佐证,透过现象了解美国思想库背后的战略实质。

具体而言,本论文所采用的主要研究方法是:

跨学科研究

跨学科研究是指运用多学科的理论、方法和成果从整体上对某一课题进行综合研究的方法,也称"交叉研究法"。跨学科研究是近来科学方法讨论的热点之一。跨学科的目的主要在于通过超越以往分门别类的研究方式,实现对问题的整合性研究。美国思想库作为公共政策制定过程的一个重要的参与者,长期以来,学者们对其进行研究时,所采取的研究路径大多基于政治学、公共政策的相关理论,如精英理论、多元理论、政策过程理论等,这些理论也为本书提出"公共政策舆论场"理论以及分析美国思想库影响力产生机制提供了基础。借助于培养理论、议程设置理论和舆论的社会分层理论所提供的分析视角,我们可以明晰美国思想库影响力产生的根源和逻辑。

访谈研究

鉴于本书研究对象的难以接近性,一方面,很多学者的研究因为无法深入其核心,其研究结论难以获得思想库业界的认同。另一方面,从事这一研究领域的学者非常少,学术著作也寥寥无几。为了获得更多第一手的资料和全方位地了解美国思想库,笔者采用半结构性访谈和非结构性访谈的方式采访了30多位来自美国思想库、政界、企业界、媒体和大学的管理者、学者、官员,以及中国官员、学者。例如布鲁金斯学会的总裁、董事长,国际战略研究中心的总裁、副总裁,对外关系委员会的副总裁,里根政府的白宫办公厅主任,纽约时报记者等。访谈对象的具体身份和访问地点、时间在本书附录列出。

笔者的采访并没有仅仅局限于思想库影响力这个具体问题，而是对美国思想库的历史、现状与未来进行了整体的了解。这些访谈极大拓展了笔者对美国思想库的分析视角，获取了大量宝贵的第一手资料，得到了一些富于启发性的意见和建议，也澄清了以往很多学者进行美国思想库研究时存在的误区和盲点。

比较分析

比较分析是把客观事物加以比较，以达到认识事物的本质和规律的一种研究方法。在美国公共政策制定的过程中存在着各种舆论影响因素，为了明确美国思想库影响力产生机制，本研究把美国思想库与利益集团、大众传媒与公众舆论的舆论功能进行了比较分析。另外，为了寻找一种更加全面的影响力的评估框架，本研究对目前学者们采用的不同的影响力测量方法和指标进行了比较研究。

参与观察

笔者在美国布鲁金斯学会访问期间，不但参与了布鲁金斯学会的大量日常活动和各种类型的会议，还特别应邀以观察员身份参加了布鲁金斯学会 2008 年的董事会会议。除此之外，笔者也参与了华盛顿其他很多思想库的活动，以及美国国会和其他一些非政府组织的学术会议。2009 年，笔者应邀以研究员的身份参与了被媒体称之为"中国最高级别智库"的中国国际经济交流中心的核心运作和"全球智库峰会"的策划筹备工作。这种参与观察的方法直接有利于笔者获得对美国思想库的直观印象和形成较为准确的认知。在中国思想库的参与观察又使得笔者有了从比较的视角审视美国思想库的实际体验。另外，在美国和中国思想库的实际参与，使笔者拥有了思想库从业者和思想库研究者的双重身份和经验，从而也更加有利于笔者在进行美国思想库影响力研究时进行全方位的思考。

第五节
本书结构和主要内容

　　本书研究的核心问题是：为什么美国思想库会具有强大的影响力？笔者并不仅仅局限于就美国思想库的影响力而研究影响力，而是把美国思想库影响力的形成作为一个长时间段、多种因素相互作用的结果来考察。围绕论文核心问题，本书对美国思想库的影响力形成机制、传播策略、产生基础以及影响力评估这几个问题进行系统研究，并在此基础上对如何打造具有国际影响力的中国思想库提出政策性建议。

　　本书分为七章，第一章是绪论。主要阐述美国思想库影响力研究的背景与意义，文献综述与研究动态，对本研究涉及的核心概念进行界定，并且阐明主要研究方法和论文结构。

　　第二章是美国思想库及其影响力。本章对美国思想库的分类、主要历史发展阶段及其影响力的具体体现这些基本问题进行重点论述。笔者没有局限于以往思想库研究者们的思维定势，而是在对已有文献资料充分分析的基础上，结合笔者自身的历史考察和参与观察，以独立思考的方式进行论述。美国思想库主要分为官方、大学和独立思想库三大类，本论文主要讨论的是独立思想库。根据美国思想库不同历史时期的发展特点和时代特征，其发展历程可分为现代意义思想库出现、国家战略研究期、历史转折中的爆炸式发展、向全球市场的扩展，四个阶段所出现的思想库不是一种互为取代的关系，而是一种互为促进和补充的竞争关系。美国思想库的影响力通过其承担的主要功能和具体案例反映出来。其主要功能是提出政策建议、进行政策教育、搭建"知识"与"权力"的桥梁以及推行"第二轨道"外交。

　　第三章是美国思想库影响力形成机制。第三章、第四章、第五章都将围绕美国思想库为什么会具有巨大的影响力这个核心问题展开深入剖析。第三章从舆论学的视角，把美国思想库看作是社会大系统中的一个重要的舆论机构，提出具有创新性的"公共政策舆论场"理论，并对美国思想库与利益集团、大众传媒、公众舆论的舆论功能进行比较分析,从而明确美国思想库在"公共政策舆论场"中所处舆论聚散核心的中心地位。在这个舆论场中,利益集团的主要舆论功能是通过各种渠道为特定集团争取利益而不是提出创新性的思想;公众舆论所反映的是普通公众的意见,具有量的优势,是其他各种舆论主体试图影响和引导的对象;而大众传媒承担的最重要的角色是各种舆论得以大范围传播、沟通的渠道和平台。在"公共政策舆论场"中,虽然公众舆论、利益集团、大众传媒都试图影响政府舆论,但是,思想库所承担的正是舆论工厂和舆论塑造者、引导者、传播者的角色,它设置了舆论的议程,居于舆论聚散中心地位。

第四章是美国思想库的影响力策略。美国思想库的核心价值是质量、独立性和影响力,其中,影响力既是目的也是其得以生存的根本。在竞争激烈的思想市场,如果缺乏全方位的舆论传播策略和渠道,再好的政策建议和专家知识也难以转化为影响力。本章对美国思想库所采取的各种影响力策略进行详细论述并加以案例分析。尽管思想库的规模、种类、研究方向、目标受众有所不同,但是他们采用的传播渠道和模式大致相同。具体而言,美国思想库采取的主要传播方式有人际传播、组织传播和大众传播。三种传播方式针对的受众有所不同,在大多数情况下,三种传播方式都是同时采用,互为补充和促进。

第五章是美国思想库影响力产生基础。本章结合不同学科和学者的分析视角,从政治文化、政治体制、资金保障、运营机制四个维度分析美国思想库影响力产生的基础。独具特色的政治文化为美国思想库提供了肥沃的土壤和充足的"舆论空气",奠定了舆论民主的思想基础,塑造了积极的、赋予创造性和参与性的舆论主体,并且塑造了强大的舆论需求;多元的政治文化加之权力的分立导致了美国政治的高度碎片化,分权制衡的政治体制和宽松的政党制度为思想库影响力的拓展创造了更多的需求和空间;美国思想库影响力的产生离不开资金支持,完善的税收制度和发达的基金会为美国思想库从事政策研究和进行舆论传播提供了相对稳定和多元化的财源;美国思想库影响力的产生同样离不开其全方位的独立性和完善的运营机制,正是独立性保证了思想的创新能力,政策实业家的领导力推动了美国思想库的持续发展。

第六章是美国思想库影响力的评估。这一章虽然不是本论文研究的核心问题,但却是美国思想库影响力研究所必然涉及的一个问题,而且也是思想库学者和业界一直存在困惑的问题。本章在分析总结其他思想库研究学者影响力测量方法的基础上,以恩格斯的"合力论"和传播学的"培养理论"为理论出发点,试图提出一种新的影响力测量指标和分析框架。对于影响力的评估可以分为公开影响力和隐性影响力两部分。对于公开的影响力可以通过对一个时间段内具有代表意义的指标的测量取得影响力的量度。对于隐性的影响力,可以结合民意测验的方式进一步明确,民意测验中最为重要的就是抽样的选取。公开的影响力可以由以下几个量化的指标反映出来:运营资金、媒介引用数量、国会听证数量、网站点击率以及思想库内前任政府官员的数量。

第七章是结论与讨论。美国思想库影响力的产生与其所处政治、经济、文化环境密切相关,经过一个世纪的发展,形成了较为完美的运行机制。但是,美国思想库也具有自身不可避免的局限性以及一系列挑战。相对美国思想库,中国思想库有其缺点和不足,同时也具有自身的特点和优势。中国思想库未来发展,不能完全照搬美国模式,要结合中国的政治、经济、社会现状打造具有国际影响力的中国思想库。

为了方便读者对书中所提到的主要美国思想库有更为全面和深入的了解,本书单列一章"美国主要思想库介绍",对布鲁金斯学会、国际战略研究中心、美国企业研究所、对外关系委员会、兰德公司等思想库进行了较为清楚的分析和介绍。

在从事美国思想库研究的过程中,笔者采访了很多重量级的美国智库管理者、学者和美国政界精英,从中获取了很多内部观点和思想精华。为了让读者能够对美国思想库能够有一种身临其境的感受,笔者从众多深度访谈中精选了与五位嘉宾的访谈实录,单列一章"美国思想库深度访谈"。

第二章　美国思想库及其影响力

REVOLVING DOOR
American Think Tanks Research

Chapter Two : American Think Tanks
and its Influence

American Think Tanks' status quo and classify

American Think Tanks' development stage

American Think Tanks' function

第二章
美国思想库及其影响力

Chapter Two：American Think Tanks and its Influence

　　美国思想库影响力研究作为一个处于学术前沿的研究领域,目前在中国学界还处于前学术阶段。基于此,本书在展开对美国思想库影响力的剖析之前,首先对本书的研究对象本身——美国思想库进行有选择性的重点论述,试图使读者在最短的时间内对美国思想库及其所具有的影响力有清晰的把握和了解。

　　本书在绪论部分已经对美国思想库的概念进行了简要分析,并且界定为:广义上而言,美国思想库是指服务于美国国家利益和公共利益为目的的公共政策研究机构,包括官方、大学和独立思想库三种类型。狭义而言,美国思想库是指诞生在美国政治、经济、文化土壤中,以影响公共政策和舆论为目的的非政府、非盈利性的政策研究机构。质量、独立性和影响力是美国思想库的核心价值,也是成就其全球声誉和影响力的基石。

　　本书的研究对象是狭义上的美国思想库——独立思想库,但是为了对美国思想库有一个全景式的理解和世界范围内思想库比较研究的需要,本书将首先按照广义的概念对美国思想库进行分类,然后根据狭义的概念来分析美国思想库的发展历程及其影响力。

第一节
美国思想库的现状和分类

根据美国宾夕法尼亚大学思想库研究项目的"2008 全球智库报告",目前世界上有 5 465 家思想库,其中 1 777 家在美国。[①] 美国思想库不仅数量众多,类型也很多,虽然他们的共同目标都是试图影响、改变公共政策和舆论,但他们在机构大小、资源、研究专业、价值取向等方面有很多不同。为此,从不同的角度,学者们对美国思想库进行了不同的分类。

思想库的不同分类方法

从研究领域看,美国思想库可以分为综合型和专业型。从其规模来看,可以分为大、中、小型。若单纯按照起源来分类,美国的思想库又可以分成四种类型:第一类是由某些大富豪或慈善家出资建立,如卡内基国际和平基金会;第二类是由政府组织、资助成立的,如和平研究所、国会研究部;第三类是由民间社会中"志同道合"的力量倡议、集资而建的,如布鲁金斯学会、传统基金会;第四类是为离任总统或者为纪念某政治人物而设的,如卡特中心、尼克松中心。若按政治倾向分类,主要有自由派和保守派思想库两大类,这种分类主要是依照思想库政策观点的倾向性而划分的,从中也反映出了美国两党政治的特点。美国思想库虽然大都公开宣称自己的客观、独立性,但实际上都具有一定程度的意识形态倾向性。这种意识形态倾向性除了来自于思想库自身之外,也来自于公众和媒体。

在众多分类方法中,目前学术界普遍认可的是肯特·韦佛(Kent Weaver)和杰姆斯·迈甘(James Mcgann)的分类。

韦佛认为美国思想库主要有三种:一是没有学生的大学(Universities without

---

① 资料来源于美国宾夕法尼亚大学"思想库与公共社会项目"发布的报告。2008 The global go-to think tanks:The Leading Public Policy Research Organizations In The World. http://www.fpri.org/.

Students),二是政府合同商(Government Contractors),三是政策倡导思想库(Advocacy Think Tanks)(Donald Abelson)[44-48]。所谓没有学生的大学,是由一些学术人员组成,他们被雇佣来著述学术研究,而不是承担教学和管理的责任。他们在某种意义上起着大学一样的作用,比如他们的主要任务是促进对社会、经济、政治、安全和外交等问题的更好理解。然而,智囊机构又与大学不一样,比如他们举办的研讨会以及研究的产品通常是为决策者而不是为学生服务。在这些智囊机构工作的学者把长篇大论的研究视为他们的主要研究产品。布鲁金斯学会(The Brookings Institution)和胡佛研究所(Hoover Institution)就属于这一类思想库。作为政府合同商的思想库与作为没有学生的大学的思想库的主要区别不在于他们研究项目的不同,而在于他们的主要顾客和基本资金来源。比如作为政府合同商的思想库如兰德公司、城市研究所,他们主要依靠政府部门和机构提供的资金来维持运作。所谓政策倡导思想库,顾名思义是把强烈的政策声明、党派色彩和意识形态倾向与侵略性的推销手段结合起来,努力影响当前的政策争论。政策倡导思想库更关注推销和包装思想而不是生产思想,更强调为决策者生产简短的报告而不是长篇大论的研究,更注重在新闻媒体上宣传他们的思想而不是默默无闻地进行学术研究。

杰姆斯·迈甘(2005)把美国思想库分为五种类型:综合学术团体(Academic-diversified),专业学术团体(Academic-specialized),合同研究组织/合同顾问(Contract Research Organization/Contract Consulting),政策倡导思想库(Advocacy Think Tanks),政策企业(Policy Enterprise)。

综合学术团体(Academic-diversified)是指这些团体趋向于对政策议题的整个范围进行研究和分析,包括但不限制于经济学、外交政策等。此外,这些智囊机构非常典型地具备以下特征:有可信性,学术圈的支持和影响以及被赋予给学者和学术研究以敬意的薪金,类似学术研究所,但是"没有学生的大学",由学术人员供职,遵循已经确立的学术纪律,以更长期的视野进行研究,客观的和独立的,作为学术研究所具有一样的产品和报酬,其研究成果为长篇大论的研究、杂志文章和专论,遵循大学的和公认的管理模式。这一类型的智囊机构包括布鲁金斯学会、企业研究所、国际战略研究中心等。专业学术团体(Academic-specialized)是指他们非常类似于综合学术团体的智囊机构,然而,其关注单一议题或学科。他们因专业程度的不同而不同,具有一个专业研究议程以及投资者和客户的基础,通常有一个单一的议题和狭窄的研究议题。这一类型的智囊机构如国家经济研究局等。合同研究组织/合同顾问(Contract Research Organization/Contract Consulting)是指这些组织的大多数研究是为政府机构进行的。他们有一个政策倾向并与政府机构保持密切的工作关系;依赖政府合同;作为政策或项目的顾问;提供客观的和定量的分析;容许研究者有一定的自由度;仅仅为合同代理撰写著作而且这一著作不能够被广为传播,那就是说,研究结果是合同代理而不是组织或研究者的所有物;反映合同组织的研究方法;属于综合研究领域;有顾问资格的公司文化和组织结构;有酬劳制度、生产进度表以及由合同所规定的产品。这一类型的智囊机构包括兰德公司、城市研究所等。政策倡导思想库(Advocacy Think Tanks)是指这些机构的观点和分析有一个明显的党派特性。他们的普遍特征是:由意识形态的、道德的或党派的世界观确定研究任务;他们的目标将增进一个理想、支持者、意识形态、政党、被议题、哲学体系和支持者所推动;拒绝赋予政策分析以学术的和技术统治论的取向;根据他们增进他们的理想获得酬劳;检验的试金石更倾向于考查发行记录或学术证书;增进一个特别的哲学体系。这一类型的智囊机构包括传统基金会、国际战略研究中心等。政策企业(Policy Enterprise)指的是这些企业对包装和推销他们的思想给予额外奖励。他们像一个公司强调效率一样被组织;运用一些管理原则,推销和出售公共政策研究;认为智囊机构的取向因太过学术以及没有认识到决策者的需要而显得错误;把研究成果变成一个简明扼要的形式以满足繁忙的政府机构、政治人物和决策者;生产简短的和新闻特色的研究以及关注当前的立法或政策;根据一个紧密的生产时间表进行生产;奖励那些能够以紧迫的时间进行运作以及能够生产以行动为主导的政策简报。这一类型的智囊机构包括传统基金会和经济政策研究所等。

　　除了这两种分类方法外,由于美国思想库对政策影响日益明显,学者们对思想库的价值取向也给予了较多关注。作为免税的 501(c)3 组织，他们可以产出意识形态一致的产品，但是禁止"投入较为可观的活动去试图影响立法"或者"直接或者间接代表或者反对任何公共要职的候选人，参与或者干涉任何政治运动"（安德鲁·瑞奇，2010）。

在杰姆斯·迈甘看来，虽然美国思想库独立于政党和政府，但都有一定的政治和意识形态倾向，思想库的政治和哲学基础不仅能够影响其指导研究的观点，而且影响其研究成果。他认为，所有思想库能够被广泛地分类为保守的、自由主义的、中立的和进步的四种类型。保守的思想库通常支持自由市场的经济政策和传统的社会政策。自由主义的思想库强调放任主义的经济学是基本的，但政府在社会政策中的作用应该被鼓励。中立的思想库坚持独立的和非党派的政策研究方法并顾及保守的和进步的因素的综合。进步主义的思想库支持国家干涉主义的经济政策，但在社会议题上不提倡国家干涉。

安德鲁·瑞奇对思想库意识形态的划分法依靠的是思想库在自身使命目标的声明以及年度报告中的关键词，而不是研究者、媒体或者政治家对其意识形态的评估，笔者更赞同安德鲁·瑞奇的这种划分方法。瑞奇将思想库划分为保守派、自由派、或者没有明显可辨的意识形态的组织三种类型。保守派是指那些对推进自由市场体制、有限政府、个人自由、宗教表达和传统价值观等持积极支持态度的思想库。当一家思想库主张通过政府政策来克服社会问题，渐进式社会公平、可持续环境以及降低国防支出，则归于自由派思想库。而对于那些在自身的使命声明中没有表现出明显意识形态倾向以及其研究倾向处于中间状态或者两者兼而有之的，划为中间派。里奇按照这种划分方法选取了 29 个样本，与其所做的另一项针对国会议员和记者的调查研究结果相对比时，相关率高达 0.81（安德鲁·瑞奇，2010）。按照安德鲁·瑞奇的分类方法，兰德公司、城市研究所、布鲁金斯学会、外交关系学会、国际战略研究中心、卡内基国际和平基金会属于中间派思想库。传统基金会、美国人企业研究所、哈得森研究所等属于保守派思想库。自由派思想库有经济政策研究所、世界政策研究所、美国国防信息研究中心、世界资源研究所。

对于以上这几种分类方法,笔者认为韦佛的分类比较清晰、明了,但是他对"没有学生的大学"这一类思想库的划分,显然已经不适用于思想库发展现状。因为在激烈的思想的市场竞争面前,曾经的"没有学生的大学"这样的思想库也已经变得更加市场化。迈甘的分类相对韦佛更加细致,也更加清晰反映了思想库的组织结构,在世界范围内的适用性也更强。但是,迈甘对政策倡导型和政策企业智库的分类有重复之嫌,而且迈甘的分类显然完全忽略了官方思想库的存在。而对于思想库意识形态倾向性的划分,虽然瑞奇的分类有一定的科学性,但是笔者认为很难对组织的意识形态的存在和本质给出明确评价。

基于笔者对美国思想库的文献分析和实地参与观察,以及世界范围内思想库比较研究的需要,笔者在综合前人研究的基础上,按照资金来源和机构归属把美国思想库划分为三大类:官方思想库、大学思想库和独立思想库。美国思想库的最大特点是以独立思想库为主,无论从资金、人员配置还是影响力上,独立思想库都居于核心位置。三种类型的思想库共同形成一个自由竞争、互为补充的思想市场。

官方思想库的边缘化

官方思想库是指政府体系内部的研究部门,直接服务于总统、国会和其他行政部门。官方思想库只是政策制订的辅助机构,而不是实际权力部门,它们中有的是法律明文规定的政府组成部分,有的是在最高行政官员或机构主张下建立,职能是为政府提供咨询。作为政府的特殊部门,它们的研究课题不是自己决定的,而是由相关的政府机构或官员决定。目前,美国的官方思想库主要有以下几种:

第一,直接服务于总统的官方思想库。美国是一个典型的总统制国家,总统的权力很大,经过 20 世纪 30 年代的大危机以及二战后行政权力的扩张,美国总统的权力更是膨胀到了极点。但由于现代社会问题的复杂化使决策日益困难,总统作为最高行政长官和国家政策的重要制定者,需要一些机构和人员帮助他处理日常决策事务,这就是总统周围的咨询机构产生、存在和发展的最直接原因。这些咨询机构有的是法定的,有的是依惯例存在的,有的是总统按照自己的法律权限设立的,但从根本上看,这些机构的作用无非是为总统提供各种咨询意见,但决策权绝对属于总统。另外这些机构的人员几乎都是总统提名和任命,形成了随总统进退的惯例。直接属于总统管辖的官方思想库是总统的办事机构和各专门顾问委员会。总统办事机构的数量、职能因各个总统的意愿和行为方式有所增减,其中重要的机构包括白宫办公厅、行政管理和预算局、政策规划办公室、国家安全委员会、经济顾问委员会、科学咨询委员会等。

白宫办公厅亦称"白宫班子",它是总统办事机构中的核心单位,也是最有争议和最重要的总统参谋机构。它既负责总统和各部门的联系,又负责给总统收集和提供信息,是集行政与咨询于一体的总统辅助机构。在这个班子中,关键职位是总统顾问、办公厅正副主任、总统助理。行政管理和预算局以前称总统预算局(建立于1921年,1939年划归总统管辖),1970年,根据尼克松总统的建议才改成现在的名称。它是总统的重要参谋机构,掌握着财权和对政府行政机构的评价权。其职责是协助总统编制联邦年度预算、监督预算执行以及协助总统改进政府行政管理。它是总统办事机构中人员最多的单位,其中有很多专家和经验丰富的文官。政策规划办公室成立于1978年,原名国内政策室,里根上台后将其改此名。其职责是向总统提供国内事务方面的咨询和建议,协助总统拟定和协调国内政策的各种选择方案,检查政府的主要国内政策。它是总统在国内政策方面的主要咨询机构。国家安全委员会成立于1947年并于1949年划归总统办事机构,它对各届总统的意义非同一般,是审议美国外交政策的中心,在对外决策和行动中直接影响总统的决定。该机构的法定组成人员除总统本人外,还有副总统、国务卿、国防部长、中央情报局局长、参谋长联席会议主席和总统国家安全事务助理。其日常工作由总统安全事务助理具体负责,职责是协调国务院、国防部、中央情报局的政策,根据国家安全的需要向总统提出各种建议,尤其是向总统提供与国家安全有关的内政、外交和军事的总体政策。总统经济顾问委员会成立于1946年,是总统在经济方面的专业思想库,其成员一般有三名,其中主席人选由总统任命,经参议院批准。它的职责是就经济发展和经济政策向总统提供咨询意见,协助总统草拟每年送交国会审议的经济报告。其成员都是经济方面的专家,如布鲁金斯学会就有数名经济学家担任过该委员会的主席一职。总统科学咨询委员会是一个专门为总统服务的官方思想库。它负责对科技决策向总统提供建议和咨询。该委员会由 18 位杰出的科学家和工程师组成,成员由总统任命,任期三年。在委员会下面设立了许多专门小组,有的为常设机构,有的是临时性组织,专门小组由科学家、技术专家和社会学家组成。它自成立以来,通过专门小组开展研究工作,完成了许多有重要影响的研究报告,为美国的科学进步和科技政策的制定作出了很大贡献。另外,在美国历史上,总统还设立过一些临时性的总统思想库,如总统对外情报顾问委员会、总统情报监督委员会、总统军备控制与裁军顾问委员会、国内动乱问题总统顾问委员会等。

第二,其他行政部门的思想库。美国除了中央政府和总统有内部咨询机构以外,其他的行政部门也有各自的内部咨询机构。比如,有些政府部门设有自己的科学咨询委员会,定期召集一些专家听取意见。还有一些部门设置了专门的内部咨询机构,像国务院、劳工部、卫生部、教育部、住房与城市发展部、能源部、运输部等比较重要的部门都设有总顾问或者总顾问办公室,专门负责与本部门有关的法律事务,提供本部门的立法建议。这些咨询机构一般人数较多,如能源部的总顾问有工作人员近 400 名,住房与城市发展部的总顾问有工作人员近 300 名。咨询机构的人员和部门内的其他人员一样,都是美国政府的雇员,在报酬和待遇方面是同等的。

此外,一个重要的行政部门的思想库是国防部的参谋长联席会议,它有陆、海、空三军参谋长和联络参谋组成,会议主席由总统亲自任命。它是美国军方的重要咨询机构,职责和权力很大。它的主要职责是负责准备战略计划,制订部队的战略方向;向国防部提供有关各个部队的建制和结构的建议,并对部队任务、联合作战、军事教育提供意见;提供军事材料和制定有关的军事条例;制定军队采购计划、对外军事援助等。参谋长联席会议对国防部的咨询作用是不言而喻的(李道揆,

1999)$^{390-478}$。

　　第三，服务于国会的思想库。直接服务于国会的官方思想库主要有国会研究服务处、国会预算局和责任局。这些支持机构在提供信息、决策分析、预算和决算的相关审查上各有专司。它们提供给国会的政策分析及研究报告让国会掌握完整且详实的资料，是国会不可或缺的专业咨询团队。

　　如美国国会研究服务处是国会图书馆下的一个独立机构，其发表的研究报告每每引起各国专家学者的广泛讨论与采用。其前身是1914年成立的国会咨询处，1970年立法重组法建议更名为"国会研究服务处"后延续至今。国会研究服务处有权力要求政府部门提供研究所需的相关核心资料，并且雇用短期专家学者为其提供研究服务，目的在于支持国会议员问政所需。国会研究服务部不提出政策建议，只是就国会议员提出的问题进行分析，提供事实，大多数研究报告是保密的。国会研究服务处超然于党派之外，协助参、众两院任何委员会或联合委员会就所交付的法案，总统或其他行政部门所提出的建议案，加以分析、鉴定及评估，使国会得以决定所提议案完成立法的可行性，估计该议案及其他选择方案的可能结果以及评估达成其结果的方法（陈淞山，1995）。

　　官方思想库由于是政府组织体系的一部分，因而容易获得重要但又不便公之于众的内部信息资料，这些信息资料对研究结果的准确性和有效性能产生很大的影响。同时，由于官方思想库靠近政府领导和高层决策层，往往与它们有直接的联系，因而其研究成果很容易传达给直接决策者，也更易于被接受和采纳。但是由于与政府的附属性关系，官方思想库在研究选题的确定、研究的纵深度以及创新性方面存在着不可回避的局限性。

大学思想库的双重角色

　　大学思想库主要是指那些由大学在其他机构、团体的协助下创建的，其经费主要来自校方的资金和一些基金会、企业的资助或私人捐助的思想库。大学思想库的研究人员大多是校内各学科的教授、访问学者和从其他大学、研究机构聘用的研究员。

　　大学思想库与其他类型思想库最大的不同就是承担着培养学生和进行政策研究的双重任务,具有双重角色。它们主要从事长期性和深度性的研究。与官方和独立思想库相比,大学思想库的研究成果学术性更强,政策相关性较弱。学者们往往不需要考虑自己的研究成果是否为政策制定者所接受,而是更多关注学术界的声誉。与此同时,无论是人才资源还是学术资源,大学思想库都具有自己的独特优势。大学思想库所在的大学一般具有悠久的历史,文化积淀深厚,具有人才培养和科学研究相结合的优势,容易形成启发灵感、活跃思维、增强创新性的良好氛围,从而使这类思想库易于产生创新性的思想、方法、成果和政策建议。另外,大学思想库一般都专业性很强,聚焦于某一个领域展开长期性、深层次研究。如哥伦比亚大学的地球研究所、哈佛大学的东亚中心、加利福尼亚大学的中国研究中心、约翰·霍普金斯大学的外交政策研究所以及耶鲁大学的全球化研究中心等都是有重要影响的大学思想库。

　　1947年,哈佛大学接受卡内基基金会的捐款,建立了哈佛第一个独立的研究机构——俄罗斯研究中心,为政府当时的冷战政策服务。在它之后,密歇根大学建立了日本研究中心,耶鲁大学建立了东南亚研究中心,普林斯顿大学建立了近东研究中心,宾夕法尼亚大学建立了南亚研究中心。哈佛大学除了俄罗斯研究中心之外,还有为中国人所熟知的东亚研究中心。前中心主任是已故著名"中国通"费正清教授,在他之后,又一美国著名汉学家傅高义接任中心主任一职。该中心主要研究范围是中国和东亚,其中包括中国、日本和朝鲜的政治、经济、历史、社会和法律研究,也研究中国的文化遗产和外交关系。中心近年来接受了许多中国大陆的访问学者,主要研究中国的经济理论和实践、中国经济特区、中国地方政治、当代中国史等课题,具有广泛的影响力。

　　加利福尼亚大学的伯克利东亚研究所成立于1978年,是全美最大的东亚研究中心之一,下设中国研究中心、日本研究中心、朝鲜研究中心,以及亚洲研究组、中国研究图书中心、东亚国家资源中心和中国语言研究校内项目。研究重点是东亚的人文科学和社会科学，但也涵盖亚洲其他区域的研究。这家研究所格外注重对亚洲地区，尤其是东亚地区及美国与亚洲国家关系等进行跨学科研究，它汇集了人类学、美术史、东亚语言文化的专家及政治、历史、经济、社会学专家，提供高水平的教学和研究成果，并通过与学术界之外的商界、新闻界和政府的经常沟通交流，为政府提供有效的公共政策建议。同样成立于1978年的乔治城大学的外交研究所主要研究外交实践者的技巧。该所通过两种形式进行研究：一是通过教员、常任和客座教授、外交官员和研究人员在一年或更长的时间里搞研究和交流项目，直接向学生教授课程、组织讲座和讨论，指导学生与从事外交研究的学术界人士和外交实践者之间建立合作联系；二是通过这些人广泛的学术和政治关系，在更大范围内以会议、工作小组、出版物和研究活动形式，将联系扩展到其他制定和影响外交政策的人士。

丹佛大学美中合作中心是美国密西西比河到太平洋之间地区唯一一个专门研究中国问题的机构。该中心隶属于丹佛大学国际关系学院，拥有自己的教职员工、学生，积极同中国及世界其他地区发展文化交流关系，以加强中美政策研究。该中心的宗旨是反映中美人民间的友好关系和时代精神，积极与中国的独立机构、学者及企业进行合作。美中合作中心在丹佛地区非常活跃，充分发挥了其作为教育机构的优势和特长。该中心与当地政府、华人媒体、学术界、商界关系密切，经常举办有关中国问题的研讨会，邀请各界人士参加并进行讨论。这对于加强美国西部地区的中国问题研究，增强公众对中国的了解，促进中美人民的友谊均做出了一定贡献。

除了老一代大学思想库外，近些年来，哥伦比亚大学的地球研究所和耶鲁大学的全球化研究中心在世界范围内赢得了很高的知名度。哥伦比亚大学的地球研究所成立于1995年，其宗旨是探索人类的可持续发展之路。现任所长是以"休克疗法"闻名于世的杰弗里·萨克斯。耶鲁大学全球化研究中心建成于2001年，其成立目的是"丰富校园关于全球化的辩论，促进耶鲁和政治世界的思想交流"。① 目

---

① 参见耶鲁大学全球化研究中心网页关于中心使命的阐述。http://www.ycsg.yale.edu/.

前,这两所大学思想库都与中国思想库在环境、全球化等领域开展了广泛的合作。

大学思想库的存在对于其他两种思想库而言是一种有益的补充。官方思想库属于政府体系的一部分,直接为政府决策服务,在提供信息和政策分析的同时难以产生新的思想。独立思想库主要专注于紧迫型的政策研究,往往无法对某一领域展开全面、系统、长期性的研究。而大学思想库在研究上偏重于长期性、学术研究的特点正好弥补了官方和独立思想库的不足。

独立思想库的优势地位

独立思想库主要是指在组织架构上独立于政府、大学之外的,从事政策研究的非盈利性公共政策研究机构。他们主要专注于紧迫性和前瞻性的政策研究,致力于服务公共利益并且为政府提供政策建议和影响舆论。

独立思想库作为自由市场中的经济实体,实行的是现代企业的运作模式,其研究选题和发展方向主要由董事会决定。它们的资金来源非常多元化,除了以基金会为主体的资金外,企业和个人也提供了大量资金,另外也有一部分来自于政府合同。独立思想库数量众多,机构规模、人员数量、选题设置、运作方式上都有很大不同,有的研究人员在百人以上,年运作资金几千万美金,也有的只有十几个工作人员,年运营资金几百万美金。

与官方、大学思想库相比,独立思想库无论在数量和影响力上都占据优势地位。按照资金来源、研究和运行特点,独立思想库又可分为三种类型:政策研究型、政府合同型和政策倡导型思想库。笔者的这种分类和肯特·韦佛(Kent Weaver)对美国思想库的划分几乎一致。①

所谓政策研究型是指偏重于通过政策研究来促进对社会、经济、政治、安全和外交等问题更好理解的思想库,如布鲁金斯学会,对外关系委员会等。布鲁金斯学

---

① 肯特·韦佛(Kent Weaver)认为,美国思想库主要有三种:没有学生的大学、合同研究机构和政策倡导思想库。

会(Brookings Institution)是华盛顿的主流思想库之一,其规模之大、历史之久远、研究之深入,被称为美国"最有影响力的思想库"并不为过。布鲁金斯学会遵循"独立、非党派、尊重事实"的研究精神,提供"不带任何意识形态色彩"的思想,旨在充当学术界与公众政策之间的桥梁,向决策者提供最新信息,向公众提供有深度的分析和观点。布鲁金斯学会对政府的政策制定影响巨大,学会的第一个重大成就是改革了联邦政府预算的制定程序。1921年以前,联邦政府各部、署、局直接向国会提出各自的预算,由国会审议。按照布鲁金斯学会的建议,国会在1921年制定了预算和审计法,规定建立预算局协助总统编制统一的联邦预算,以单独的预算咨文提交国会。这种由总统提出统一的联邦预算的程序一直沿用至今。1974年,根据布鲁金斯学会的建议,美国国会又制定了预算法,从而加强了国会对预算编制的权力。[①] 胡佛政府时期,布鲁金斯学会认为建设圣劳伦斯航道的计划耗资太大,于是建议政府取消了这个计划。除此之外,布鲁金斯学会对罗斯福新政各个方面的诸多批评和建议也颇具影响,成为当时反对新政的思想堡垒之一。

政府合同型是指那些在成立初期主要依靠政府合同资金进行运营的思想库,比如兰德公司(Rand Corporation)、城市研究所(Urban Institute)、卡托研究所(Cato Institute)。这一类思想库与政府关系极为紧密,大多在创办初期是美国政府通过财政资助或投资的方式建立,通过委托合同形式进行相关研究的咨询机构。也因此,很多人对这类思想库是否属于独立思想库表示质疑。笔者在此将它们归入独立思想库,原因有二:首先,它们虽然得到政府的资金支持,但不直接隶属于政府,服务对象也不只限于政府机构或政党组织,他们与政府的关系是一种基于具体项目的合同关系;第二,这些思想库在运营、管理和研究上都保持着相对独立性,坚持研究的客观性。以兰德公司为例,虽然兰德的客户大部分是美国联邦政府,但是即使就一个客户而言,比如五角大楼,其内部也有陆、海、空、情报、国防部长办公室等许多不同的部门,兰德通过与不同部门打交道,来实现一定的独立性。与此同

---

① 参见布鲁金斯学会网站 Brookings Institution History. http://www.brookings.edu/about/History.aspx.

时，兰德还有许多非政府部门和私营部门的客户等。目前兰德公司大约 65% 的收入来源于美国政府，剩余 35% 的资金主要来自于公司、基金会等。[①]

所谓政策倡导型思想库是指把强烈的政策声明、党派色彩和意识形态倾向与市场化的推销手段结合起来，努力影响当前政策争论的思想库。政策倡导型智库更关注推销和包装思想而不是生产思想，更强调为决策者生产简短的报告而不是长篇大论的研究，更注重在新闻媒体上宣传他们的思想而不是默默无闻地进行学术研究。具体而言，政治倡导型思想库的主要特点是：影响政府决策是其主要目标；游说国会影响立法，为行政部门出谋划策和利用大众媒体扩大影响是其主要活动方式。

政治倡导型思想库的主要代表有传统基金会（Heritage Foundation）、美国企业研究所（American Enterprise Institute）以及美国进步中心（Center for American Progress）等，其中传统基金会美国政策倡导型思想库的领军者。传统基金会在其网站上开宗明义表明自己是美国保守派组织，其政治主张是保守派一直以来所提倡的：主张小政府，限制政府开支和规模，捍卫个人自由，捍卫传统美国价值，强调美国需要有强大的国防实力。[②] 政策倡导型思想库并不十分在意学术界的反应，而是非常关心怎样才能把它们的思想灌输给选民、选举人团或决策者。传统基金会的会长艾德温·福尔纳（Edwin Feulner）曾说："我们的作用就是要尽力影响华盛顿的公共政策圈……具体地讲，最重要的是影响国会山，其次是行政部门，第三是全国性的新闻媒体（Donald Abelson，1996）[114]。"

这三种类型的独立思想库出现在美国思想库发展的不同历史阶段，其特点都与当时特定的时代背景和社会环境有密切关系。随着美国思想库的不断发展、完善，这三种类型之间不再有明确的区分，很多政策研究型思想库也开始采取政策倡导型思想库的营销手段，政策合同型思想库的资金来源也日趋多元化，而政策倡导型思想库也开始把更多精力和资金放在政策研究上。

---

① 参见兰德公司网站 About Rand. http://www.rand.org/.

② 参考美国传统基金会网站 About Heritage Foundation. www.heritage.org.

独立思想库的独立只是有限的独立,它不可能脱离其生存的政治、经济、文化土壤。不同的思想库在具体问题的研究上总是带有不同的倾向性和偏见。美国思想库的成立初期,创建者们力图使其独立于政党、政治之外,只是作为客观的政策研究者。但是,随着政策倡导型思想库在美国政治决策中的地位逐渐上升,美国思想库的政党和意识形态倾向性日益明显。美国独立思想库一般可分为自由主义和保守主义两种倾向,自由主义倡导政府的功能、社会福利和多边主义。保守主义倾向于市场主导、削减政府开支和单边主义,这实际上反映出了美国两党政治所体现的两种不同的政治思潮。美国思想库虽然在政治倾向和意识形态上有所不同,但归根结底都是服务于美国利益和公共利益。

本书的研究对象是独立思想库,而且主要集中在规模和影响力较大的独立思想库上,具体而言,如布鲁金斯学会、对外关系委员会、传统基金会、美国企业研究所、国际战略研究中心、美国进步中心等。本章接下来对美国思想库发展历程、影响力的分析都是针对独立思想库而言的。

第二节
美国思想库的发展历程

在美国,几乎所有的历史学家和政治学家都对美国国内政党的起源和政治改革运动有较一致的看法。但是对于思想库的发展历程,不同的学者却争论不已。唐纳德·阿贝尔森(Donald Abelson,1996)[22-36]根据思想库产生的数量,将其分为四次发展浪潮:第一波浪潮,1900～1945年;第二波浪潮,1946～1970年;第三波浪潮,1971～1989年;第四波浪潮,1990～1998年。詹姆斯·史密斯(James Smith,1991)认为美国思想库的发展大致经历了三个阶段:第一代思想库建立于1910年前后,主要是由慈善家出资建立;第二代思想库建立于二战以后的20年左右,主要是根据合同为政府服务;第三代建立于70、80年代,这一代思想库主要是兜售政策主张。

在此,笔者在总结其他学者研究的基础上,结合自身对美国思想库的文献分析与历史考察,将美国思想库的发展历程分为四个阶段。在这四个阶段中,美国思想库与政府的关系在不断变化、调整,从最初的远离政治过程到现在积极参与到政策制定的各个阶段,乃至在全球范围内拓展影响力,美国思想库走过了100多年的历史。每一个阶段所出现的新的思想库都反映了那个时代的特征,而且这四个阶段所出现的思想库不是一种互为取代的关系,而是一种互为促进和补充的竞争关系。

现代意义思想库的出现

20世纪初到40年代是美国思想库的诞生阶段,也是美国思想库发展史上的理想主义时期。这一时期出现的思想库大多"以社会科学为基础,以私人和基金会的资金为支撑,大部分工作是把学者和管理者的专业经验用于解决当时的各种社会和经济问题(Donald Abelson,1996)[110]。"他们的工作重点不是游说国会议员和行政官员,也不是为了获得资金支持而一味屈从于有影响的捐资者,而是为各级政府官员提供政策建议。在工作方式上,这一时期的思想库侧重于进行政策研究而不是政策宣传。另外非常重要的一点是,这一时期的思想库大多是富豪或者慈善家创立,拥有雄厚、稳定的资金支持。

这一时期的思想库之所以具有以上这些特点与其诞生的历史背景紧密相连。第一次世界大战结束后,国际格局发生了巨大变化,一方面,世界上第一个社会主义国家苏联在资本主义国家的包围中顽强地生存下来,并取得了惊人的发展,各国资产阶级政府对之又恨又怕,急切地寻求对付办法;另一方面,美国的经济、军事实力增强,极力向外扩张,但同时整个资本主义世界却陷入越来越严重的危机之中。1929~1933年,美国出现经济大萧条,国内矛盾日益激化,美国一批企业家和知识界人士认为应该建立一种致力于服务公共利益和帮助政府制定公共政策的专业研究机构。正是在这种大背景下,第一批现代意义上的思想库在美国应运而生。

在20世纪头十年崭露头角的有五个思想库:安德鲁·卡内基于1910年创立的

卡内基国际和平基金会,由前总统赫伯特·胡佛于 1919 年创建的胡佛研究所,1921 年成立的外交关系委员会,以及 1927 年成立的布鲁金斯学会和 1943 年成立的美国企业研究所。这一时期建立的思想库数量有限,组织体系不太严密,研究方法不够发达,而且为适应当时的需要,其研究范围比较狭窄,主要着重于经济、军事和外交等领域的研究。这些思想库虽然成立的背景都各不相同,但它们都有一个共同的宗旨,那就是组织和鼓励学者对社会、经济和政治问题进行科学研究,并努力为他们提供一个学术研究的氛围。这些思想库尽管吸引了大批有不同政治信念的政策专家加盟,但它们并不具有强烈的意识形态色彩。虽然在创建初期这些机构的学者偶尔为决策者提供咨询,但他们的主要目标并非直接影响决策,而是帮助公众了解和理解种种外交决策方案的潜在后果,为政府决策提供咨询和政策建议。

为了确保作为一个独立政策研究机构的地位,外交关系委员会坚持不与任何政府签订研究合同。为了确保政策专家的知识的自主性,布鲁金斯学会创始人罗伯特·布鲁金斯禁止董事会成员干预学会的研究项目,并把提供公正的政策专家意见作为学会的最高优先权。总之,提供一个进行学术研究而不是向决策圈灌输一个特殊意识形态取向的激励环境,是这一时期建立的政策研究机构的主要动机。

在思想库发展的初期,无论是创立者、管理者、学者、政府官员还是社会大众都对思想库给予了理想主义的支持和期待,他们都希望思想库能够真正做到客观、独立、公正、服务公共利益、不涉足政治过程。也正是因为这种思想库诞生时期的理想主义为美国思想库之后的发展、演变确立了一定的规则和底线。而建立在理想主义信念基础上的第一批思想库也因为在不同程度上坚守了最初的理想主义,所以一直是美国政府和公众所信赖的研究机构,无论是布鲁金斯学会、外交关系委员会还是卡内基国际和平基金会,至今仍然是美国最具影响力的思想库。

进入国家战略研究时期

20 世纪 40～60 年代,美国思想库进入国家战略研究阶段。这一时期美国的对内、对外政策大都遵循现实主义的理念,政府为了解决复杂的现实问题而直接出资创立了大量政府合同型的思想库,如兰德公司、哈德逊研究所、城市研究所、海军分析研究中心等。这些思想库的政策研究都是以国家利益为最高目标。

第二次世界大战后,世界分裂为资本主义和社会主义两大阵营,美国的经济、军事、科技实力得到空前加强,一跃成为最强的超级大国和西方阵营的盟主,世界进入美苏冷战时期。在国外,为了遏制共产主义力量在全球范围的发展,美国一方面需要扶持德、日等战败国及其他资本主义国家,另一方面又需要加强军事防御能力,在世界范围内部署军事力量。在国内,政府必须缓和各阶级、各利益集团之间的矛盾,解决各种棘手的政治、经济问题。如此纷繁复杂的国内、国际形势,迫切需要政府制定出高质量的公共政策,而这是依靠少数政治领导人难以实现的。二战期间,由于战争的需要,美国大批学者参与了由政府确定和组织的研究工作,为赢得战争的胜利做出了巨大贡献。有鉴于此,美国政府认识到了知识和政治相结合所可能产生的巨大效益。在这样的背景下,通过与政府签订合同开展研究的思想库迅速得到发展。最具代表性的是成立于 1948 年的兰德公司,1962年成立的海军分析中心和 1968 年成立的城市研究所。这些思想库的共同特点是,资金大部分来源于政府合同,主要服务于国家面临的战略问题研究。

兰德公司正式成立于 1948 年,在战后初期它的最大雇主是美国国防部,尤其是空军。兰德阵容庞大的科学家队伍广泛运用系统分析法、博弈论和各种模拟军事演习开始考虑不可思议的事。公司在创立后,运用新的方法和技术来分析研究公共政策问题,取得了丰硕的成果。在核战争危险的阴云下,兰德公司为美国冷战时期核战略的制定立下了汗马功劳,它们不但投入了大量的力量研究核问题,还为美国空军怎样才能最有效地保卫国家安全、防止苏联的进攻出谋划策。兰德根据政府有关部门的需要,运用系统分析和运筹学等前沿性的新理论来分析军事问题和各种社会问题,为二战后其他研究机构和思想库的建立与运作提供了一种全新的范式。

位于美国弗吉尼亚州亚历山德里亚的美国海军分析中心,是美国研究军事安全问题的另一个重要专业思想库。海军分析中心与兰德公司相仿,都是作为民间研究机构服务于政府防务部门,专门为美国海军和海军陆战队进行政策分析、作战研究的科研机构,素有"美国海军的兰德公司"之称。该中心直接接受美国政府委托的研究项目,并且负有军事创新任务,为美国海军建设、海军技术的研究和发展作出了显著贡献。海军分析中心的历史渊源可追溯到第二次世界大战期间,1942年,美国政府资助成立国家作战研究机构"反潜作战研究小组",其首要任务是帮助海军出谋划策击毁德国潜艇。该小组提出了一系列反潜艇战术理论和作战方案,把定量分析应用到海军作战,获得政府的高度评价。1962年,"作战评估小组"与海军研究所联合创建了海军分析中心。

在现实主义时期诞生的美国思想库在后来的发展中大多逐渐走向了综合型、多元化发展模式,为了保持研究的持续性、独立性和稳定性,其资金来源上也不再仅仅依靠政府合同,而是努力拓展资金来源的渠道。

历史转折中的爆炸式发展

从 20 世纪 60 年代后期到 80 年代末,美国思想库进入了一个爆炸式发展阶段,涌现出了大量不同类型的思想库。传统基金会、美国企业研究所、威尔逊研究中心、卡特中心、尼克松中心等思想库都成立于这一时期。

这一时期是美国思想库的大繁荣时期,也正是美国政治、经济、文化的重要转折期,面对越战、水门事件、日本和欧盟经济的崛起、第三世界的民族解放运动、美苏争霸等接踵而至的复杂问题,不仅仅是美国政府需要借助思想库的力量寻求政策的突破口,美国社会中的各种政治力量和利益集团也寻求能够反映其思想和利益的平台和渠道。这一系列因素促成了思想库的极大繁荣和多元化发展。

在这一阶段,思想库数量的激增导致了美国思想库市场的形成,各种不同类型的思想库开始争夺有限的注意力和资金,大众传媒成为思想库开始倚重的传播渠道。这一时期美国思想库的突出特点是多元化和竞争激烈,而且涌现出了一大批政策倡导型的思想库,采取各种市场化的营销手段影响政策制定。在这一时期出现的众多思想库中,美国企业研究所、传统基金会最具代表性。美国企业研究所是政策倡导型思想库的原形,其前身是1943年建立的美国企业协会。与布鲁金斯学会和卡内基国际和平基金会寻求远离政党利益不一样,美国企业研究所始终抱着这样的信念:思想的竞争对于一个自由和民主的社会是至关重要的。[①] 美国企业研究所通过邀请政府领导人参与研讨会、出版书籍和杂志以及鼓励它的常驻学者巩固与社团领导人和公共官员的关系等游说活动,致力于影响决策圈的政策选择。

思想库学者阿贝尔森(1996)[114]强调:"20世纪70年代早期政策倡导型思想库的增长,不仅为政策专业知识的政治化作出了贡献,而且改变了智囊机构和政府之间的关系。当更多的智囊机构开始参与决策圈的时候,它们为增加可见度所采取的战略发生了戏剧性的变化。现在智囊机构在政治舞台中不得不进行思想竞争的环境里,它们优先考虑的事情开始发生变化。为决策者提供及时的和政策相关的建议,而不是从事长期的学术研究成为这一代智囊机构的主要任务。"这一时期诞生的思想库具有浓厚的意识形态和党派色彩,它们的首要目标是推销政治主张,向政策制定者灌输它们的思想。一般来说,它们的工作方式是通过向政府决策者施压,使政府实施与他们自己或者捐资者思想信仰一致的政策措施。由于战后独特的国内外政治环境,它们已经成为国家政治生活中一支独特的力量。虽然美国国内税收总署禁止非营利的、享受免税待遇的思想库影响特定的立法活动,但许多思想库从来都不顾这条禁令,依然我行我素,协调行动影响美国的决策。

向全球市场的拓展

20世纪90年代初至今,美国思想库的发展进入全球拓展时期。美国人向来以上帝的选民自居,认为自己的天赋使命就是领导世界。冷战结束后,整个世界在政

---

① 参见美国企业研究所网站 http://www.aei.org/.

治、经济、文化和社会各个领域出现了结构性变化，全球化趋势日益加深，世界各国相互依存程度日益提高，美国的国家利益的外延也在不断延伸。在这种全球化的国际大背景下，美国思想库开始拓展全球市场，并且极为注重网络媒体的影响力。美国思想库在资金来源、学者构成、影响力方面都在走向全球化。

美国思想库的全球化发展得到了国际捐助机构和个人以及美国、欧洲和日本的私人基金会的鼓励和资助。日益丰富的国际资金来源也导致了思想库研究人员和学术活动的国际化。很多思想库大都加强了国际交流，设有访问学者项目，以便在全球范围内建立研究和影响网络。如国际战略研究中心、布鲁金斯学会、卡内基国际和平基金会、伍德罗·威尔逊学者中心等很多智库都为发展中国家和转型经济体中的智囊机构和高等院校研究人员提供到美国进修、访问机会，就国际问题交换信息和看法。国际战略研究中心的国际安全项目中有一个享有声望的军事人员计划，每年来自美国、韩国，以及中国台湾军队的代表聚集在中心进行国防工业、核议题以及后备役军人等研究并发表著作。除此之外，美国的智囊机构还积极地向其他国家和地区输送学术人员和政策思想，传统基金会、外交政策研究所和哈德逊研究所积极地向非洲、亚洲、东欧和俄罗斯推广自己的政策分析方法。传统基金会和城市研究所在莫斯科设立办公室，以输出"民主"和市场改革，帮助俄罗斯规划、实施市场转型的休克疗法（中国现代国际关系研究所，2003）。

布鲁金斯学会、卡内基国际和平基金会不但在位于华盛顿的总部设有中国问题研究中心，在北京也设有办公室，力图通过本土化的研究影响中国公众和决策者。卡内基国际和平基金会在2004年开辟了中文网站，布鲁金斯学会的中文网络也于2009年开通。2006年，布鲁金斯学会和清华大学合作建立清华—布鲁金斯公共政策研究中心，这是布鲁金斯学会一百年历史中建立的第一个海外中心。对此，布鲁金斯董事会主席，同时也是布鲁金斯中国中心的出资人约翰·桑顿认为："为应对全球化带来的挑战，布鲁金斯必须成为一个全球性的智库。我过去几十年中在中国工作的经验也表明美国必须改变对中国进行研究的方式，要把更多的注意力放在对中国发生的情况进行实地考察。如果仅仅坐在华盛顿的办公室，将很难对中国这样复杂而且不断变化的国家进行切题的、及时的和高质量的政策研究。我们希望把布鲁金斯的学者与中国本地的学者和决策者聚集在一起,对中国日新月异的变化中出现的政策议题进行研究。"①约翰·桑顿对中国中心投入了 1 250 万美金的资金支持,目前,清华—布鲁金斯公共政策研究中心已经成为一个中国和国际学者进行政策研究和对话的重要平台,在中美战略与经济关系、中美关于气候变化的合作、中国建立上海国际金融中心、中国宏观经济政策等方面发挥了很大的影响力。

就目前美国思想库的全球化发展情况来看,有能力拓展全球影响力的思想库都是那些在国内享有声誉,拥有雄厚资金和学术资源支持的思想库。对于大多数中小型思想库而言,因为资金的限制,只能把发展重点放在国内影响力的拓展上。

从历史的维度看,美国思想库的建立和蓬勃发展主要是因为美国日益上升的国际地位所致。由于国际、国内问题日益变得错综复杂,美国的决策者很难应付世界事务中的各种挑战,这就催生了一大批思想库。这些思想库研究各种国际、国内问题和美国的公共政策,通过各种形式不断给政府决策层提供各种信息和政策咨询方案,其功能和作用逐渐完善,其影响力也不断上升。

第三节
美国思想库的主要功能

自伍德罗·威尔逊于 1913 年成为美国总统并且开辟了向思想库咨询的传统以来,之后几乎历届总统都要借助思想库的创新思想来打造美国未来的蓝图(Jame Smith,1991)。在 100 多年的发展、演变中,美国思想库对公共政策的制定和美国社会的方方面面发挥着巨大的影响力,而这种影响力正是通过美国思想库所承担的具体角色和功能体现出来的。

---

① 引自笔者 2009 年 5 月 6 日在华盛顿对约翰·桑顿的访谈。

在思想库发展初期,布鲁金斯学会的前身政府研究所"成立的目的是帮助政府应对日益复杂的国内、国际问题,利用专家力量提供政策建议,同时为政府培养人才"。① 现任美国对外关系委员会总裁理查德·哈斯(Richard Haass,2002)认为思想库在五个不同方面影响美国外交决策者:为政策提供创新的思想;为政府提供专家库;为高层沟通提供渠道;教育民众;为调解和解决冲突提供非官方努力。美国布鲁金斯学会总裁塔尔博特(Strobe Talbott)称思想库为独立于立法、行政、司法之外的"第四权力。"②思想库学者杰姆斯·迈甘(James McGann,2005)³把美国思想库的主要功能归纳为:帮助政府对复杂的国内、国际问题做出正确的决策;在政府和公众之间承担居间、调停的角色;在政策辩论中充当独立的和权威的声音;确定政策议题;帮助公众理解政策问题;为政策制定者们建立了一个交流观点的平台;为政府提供人才;挑战传统。很显然,无论是学界专家还是政府官员和思想库管理者都对美国思想库所承担的重要功能和角色给予了高度的肯定。

具体而言,美国思想库的影响力主要通过其所承担的设置政策议程、进行政策教育、搭建"知识"与"权力"的桥梁、推进公共外交四方面的功能体现出来。

设置政策议程

1962 年,美国政治学家巴查赫(Peter Bachrach)和巴热兹(Morton Baratz)发表了"权力的两方面"一文,这篇论文指出了一个显而易见、但人们往往视而不见的简单事实:能否影响决策过程固然是权力的一面,能否影响议事日程的设置则是权力更重要的另一面。在美国公共政策制定过程中,虽然政府是直接的政策制定者,但事实上在政府采取任何执行措施之前,关于政策的议事日程和政策的具体方案构建就已经从思想库开始了。这就是权力的另一面,也是更为重要的一面。

对于美国思想库的这一重要功能,曾经担任外交关系委员会主席的戴维·洛

① 引自笔者 2008 年 5 月 7 日在华盛顿对布鲁金斯学会媒体学者 Ron Nessen 的访谈。
② 引自笔者 2008 年 6 月 25 日在华盛顿对 Strobe Talbott 的访谈。

克菲勒认为,"政府根本无暇考虑哪些长远性的战略问题。在政府看来,说服一些个别、有资格和资历的人组成一个群体,然后把他们召集到一起来确定哪些影响整个世界的主要问题,并提出可能的解决方案,这才是有意义的事情(托马斯·戴伊,2003)[48]。"他所说的这个群体就是思想库。正如社会学家威廉·多姆霍夫(William Domhoff,2000)所说:"政策的制定过程以非正式的形式肇始于公司的会议室里、社会俱乐部里和政策研究组织里。在那里,需要解决的问题得到界定和确认。"美国思想库作为政策研究的专业组织,汇聚了各个领域的权威专家,他们从服务于国家和公共利益的角度出发,对社会上存在的各种需要解决的问题进行考察、研究,从中确定出可以提上政策议程的问题,并且提出具体政策方案。美国思想库从诞生至今,一直致力于使其更好地承担这项功能,这项功能发挥与否也是美国思想库的生命线。

美国思想库设置政策议程的功能包括政策议程的确定和政策建议的构架两方面的意义。美国思想库一方面帮助政府对面临的复杂内政外交问题有清醒的了解,确定出急需解决的问题;另一方面为政府提出新的思想和可供选择的具体政策方案。除此之外,美国思想库不仅关注当前紧迫性的问题,也关注未来的发展趋势;不但提出新的政策,也对已有的政策提出批评和改进方案。在美国思想库的发展史上,关于这方面的典型案例非常多。

以传统基金会为例。传统基金会1980年推出的长达1 093页的《领导人的职责》曾经成为里根政府的一本重要手册,为里根政府的内外政策设置了蓝图,在80年代产生了重要影响。2001年,在9·11恐怖袭击事件后的30天,传统基金会成立了一个国土安全专责小组,并提供了250家报纸杂志的采访和185个广播电台和电视台的采访。第二年1月,美国国土安全局和美国参谋长联席会议对专责小组的综合建议进行审核,并最终实施了其中的2/3。同年,经过传统基金会长达20年在法律、技术和基本政策方面的努力,美国总统布什废除了反弹道导弹条约,从而为部署导弹防御系统扫清了道路。2005年,传统基金会在不到一个星期出版了一份报告"从悲剧到凯旋:重建生活和社区的主要方案",这是个针对墨西哥湾沿岸地区卡特里娜飓风而做出的"马歇尔计划"。白宫官员和国会很快接受它的许多建议,报告中的"猪肉换救济"方案建议将用于纯粹讨好选民的工程计划的资金转移到海湾重建项目上来,此建议在网上"博客圈"受到了极其热烈的欢迎,并在两个星期内被1 400多篇报纸文章引用。

美国思想库的政策建议功能还体现在对一些具体问题的前瞻性思考和具体实施方案上。1948年,布鲁金斯学会构建了具有跨时代影响力的、著名的"马歇尔计划"(也称为欧洲复兴计划)的政策方案。2007年,美国国际战略研究中心提出了"巧实力"外交思想,美国进步中心提出了重建美国军事力量的报告。

马歇尔计划(Marshall Plan)是第二次世界大战后美国援助欧洲的计划,也称为欧洲复兴计划,它成功地挽救了西欧濒于崩溃的经济,是美国对外政策中最成功的例子之一。

1947年6月5日,时任美国国务卿的乔治·马歇尔(George Marshall)在哈佛大学发表了12分钟的讲话,在这次讲话中他首次概述了美国向欧洲提供经济援助的必要性,马歇尔计划因此得名。1947年12月30日,美国国会参议院外交关系委员会主席亚瑟·范登堡(Arthur Vandenberg)给时任布鲁金斯学会总裁哈罗德·默尔顿(Harold Moulton)写了一封信,希望布鲁金斯学会能够帮助国会就援助欧洲拟订一项方案。亚瑟·范登堡在信中这样写道:"如果拥有一家独立的、高水准的政策研究机构的客观研究是非常有帮助的,布鲁金斯学会所享有的深远国际声望将使得你们的建议非常有价值。"[1]大约四个星期后,1948年1月20日,布鲁金斯学会向国会提交了20页的报告,其中包含了关于马歇尔计划的结构、重点以及运行程序的八项具体建议。后来这份报告被官方正式命名为"欧洲复兴计划"。1948年4月初,美国国会正式通过了由布鲁金斯学会所拟定的欧洲复兴计划。这与马歇尔首次向国会提出马歇尔计划方案相隔11个月。

奥巴马政府执政后,实施所谓柔性"巧实力"外交战略,认为美国应吸取布什政

---

[1] 参见布鲁金斯学会网站 The Marshall Plan. http://www.brookings.edu/about/history/marshallplan.aspx.

府对外政策过度依赖军事实力的教训,综合运用软硬实力特别是软实力,大力推行公共外交,传递美国价值观,重塑美国形象,从而更加有效地维护美国国家利益。而"巧实力"外交政策的构建者则是美国国际战略研究中心。2006 年,约瑟夫·奈(Joseph Nye)在《外交政策》杂志上发表题为《重新思考软实力》一文,提出美国必须变革其外交战略,要将美国的"硬实力"(经济实力和军事实力)与"软实力"(社会政治制度、意识形态和价值观等)巧妙结合起来形成"巧实力"。同年,美国国际战略研究中心发起成立了"巧实力委员会",由小布什政府副国务卿阿米蒂奇和约瑟夫·奈共同担任主席。该委员会由 20 多名国会议员、前政府官员、退役将军和商界精英以及学者共同组成,横跨民主、共和两党,研究重点之一是如何更好地推行公共外交,重塑美国形象。"巧实力委员会"于 2007 年 11 月发表了名为《一个更灵巧、更安全的美国》的报告。该报告建议美国政府在对外战略上应从五个方面进行改进。与此同时,如兰德公司、布鲁金斯学会、对外关系委员会、美国全球接触中心等思想库也把"巧实力"和公共外交作为美国外交的战略方向,"巧实力"外交逐渐成为美国思想库研究界的共识。2009 年 1 月美国国务卿希拉里在参议院提名听证会上表示,美国政府将推行"巧实力"外交政策,有效维护美国利益和国际地位。2010 年 5 月,奥巴马总统公布其任内第一份《国家安全战略》报告,"巧实力"思想在其中得到了充分的体现。

　　2007 年底,美国进步中心发表了一份名为《重建美国的军事力量:朝着一种新的改良型国防战略迈进》的报告,主张美国国防部应将对潜在竞争者的遏制放在次要地位,把更多的钱花在军队人员而不是硬件方面,这是对付恐怖分子和所谓"流氓政权"所必须的。报告具体提出,国防部应取消 V-22"鱼鹰"旋翼机、F-22A"猛禽"战斗机和 DDG-1000 多功能驱逐舰等三个大型研制与采办项目,放慢"未来战斗系统"的研发进度。2009 年 4 月 6 日,国防部长盖茨提出了 2010 年国防预算草案,要求国会削减"未来作战系统"的经费开支,停止 F-22 战机生产,中止 DDG-1000 多功能驱逐舰项目,并提出要降低对潜在大国的军事遏制,适应与"弱小"的敌手进行小规模、复杂的战斗的需要,加大对情报和人力的投入。奥巴马政府对美国进步中心的建议几乎是照单全收。①

很多情况下,美国思想库所提出的政策建议在短期内未必可行或者被政策制定者所接受,但是,从长时间段来看,美国思想库通过各种传播策略长期反复地倡导某种思想主张,从而对公共政策和舆论产生强大的影响力。

进行政策教育

美国思想库网站地址的后缀一般为 edu(education 教育)或者 org,这也从一个侧面反映出了美国思想库对自身的定位上是负有教育功能的非盈利组织。美国第一代思想库如布鲁金斯学会等曾被一度称为"没有学生的大学",这也反映了美国思想库所承载的教育功能。

美国思想库的教育功能包括对社会精英和大众两方面的教育,而且其受众不仅限于本国,也面向国际。思想库通过出版书籍、报告,通过在媒体上发表见解、文章,解读国内、国际问题和公共政策,通过举行各种公开的会议,潜在地培养了公众的政治参与热情和对公共政策的了解,客观上承担了政策教育和政治社会化的功能。另外,美国思想库通过组织各种针对政府管理人员的培训项目起到了对精英人员进行政策教育的功能。

美国思想库通过教育国民认识他们所生活的世界的本质来提高广大公民的政策素养,全球化的迅速发展使得这个长远功能变得比以前更重要。随着世界变得更为一体化,国际事件及其影响力日渐影响美国普通民众的生活。无论问题是确保美国农产品出口的国外市场、减少传染病的扩散、保护美国软件在国外不被盗版,还是防止美国港口被恐怖分子潜入,美国民众的生活都与外交政策息息相关。美国的阿斯汀研究所(Aspen Institute)从 1996 年开始就发出了一个关于全球相互依赖的倡议书,提议通过 10 年的努力来改善政府和民众之间的信息交流,让民众

---

① 联合早报,不容忽视的美国进步中心。http://www.zaobao.com/special/forum/pages7/forum _ zp090602. shtml.

知道政府的动机,以便获得民众对美国国际事务的支持。[①]

2001年9·11事件之后,面对美国公众的恐慌和迷茫情绪,美国思想库的政策研究者们纷纷出现在各大媒体上,就美国当前的局势和未来的政策进行深入的分析。9·11事件之后的第一时间内,布鲁金斯学会学者保罗·皮勒发表了《恐怖组织与美国外交政策》一书,及时、深入地分析了美国的处境,确定了反恐政策的必要因素并提出了具体的应对策略。这本书被称之为"是制定和实行反恐政策的指导手册(Warren Christopher,1998)。"数月间,这本书的销量突破几万册,各大媒体也对其中的政策观点广泛引用。2007年,传统基金会率先强调加强法治和提高边界安全的重要性,竭力反对特赦非法移民。大赦法案,被官方不准确地命名为"保证边界安全、经济机会和移民改革法案",该法案容易使人产生误解,很有可能对重塑美国的民族性格产生负面的影响。传统基金会通过向国会成员提供及时和透彻的研究,在努力废除这一法案中的过程中起了积极的教育作用,例如以废除这一法案为目标,在华盛顿地区的众多团体中建立联盟,通过电视广播和互联网告诉美国人为什么这一法案应当被废除。

美国思想库的政策教育受众不仅仅限于本国受众,也面向全球的受众。比如布鲁金斯学会和国际和平基金会在中国设立政策研究中心、开辟中文网站,其目的之一就是对中国受众推广美国的政策理念、进行政策教育。就政策培训而言,美国思想库有悠久的历史传统。布鲁金斯学会的前身政府研究所设立之初就有为政府人员进行教育培训的功能。现在布鲁金斯学会除了五大研究部门之外,还有一个非常重要的培训部门——管理教育中心(The Center for Executive Education)。他们通过举办各种研讨班,为公共和私人部门的领导者提供培训、进修的机会,尤其是涉及内政方面的一些问题如公共管理、政府改革等。笔者在2007年11月13～15日曾在华盛顿参加过一期布鲁金斯学会组织的培训项目:了解华盛顿的内部运作过程(Inside Washington:Understanding the Governing Process),为期三天的培

---

①　资料来源阿斯汀研究所网站 http://www.aspeninstitute.org.

训,费用高达三千美金,布鲁金斯学会组织著名的学者和前政府官员与项目成员进行面对面交流,并且组织项目成员参观政府行政机构、国会,与行政机构官员和国会议员进行交流。

除了布鲁金斯学会之外,哈佛大学的肯尼迪政府学院也一直为新当选的国会议员和新进政府的官员举办培训班,以使其能够较快地适应新的、可能十分陌生的政府工作,尽快进入新的角色。传统基金会自 1994 年也开始举办这样的培训班,向哈佛大学提出直接挑战,并夺去了很大一部分市场。此外,国际战略研究中心也建立了政府过渡培训项目,帮助行政当局新上任的官员顺利地进入政府管理角色。

搭建 "知识" 与 "权力" 的桥梁

美国对外关系委员会的一位资深副总裁盖瑞·萨摩(Gary Samore)曾经在接受笔者采访时说:"美国思想库最独特的功能就是为下届政府培养人才。"[1]事实上,盖瑞所说的为"下届政府培养人才"反映出了美国思想库所承担的知识与权力之间的桥梁功能。美国思想库不但为下届政府培养人才,使得"在野"者的知识有"入朝"转化为权利的通道和可能性,也为前任政府官员提供了一个休养生息、再次入朝的机会和平台。

美国思想库为学者们提供了与政策决策者进行紧密接触的舞台和进行政策研究的最佳环境,使得他们不但了解政策研究还了解政治现实。美国的行政当局是典型的"一朝天子一朝臣",每次换届选举后伴随着政府大换班,总统四年一选,牵涉官员的变动达 4 000 多人。政府部长等高级阁员不是由议会党团产生,也极少来自公务员,而是来自精英荟萃的思想库,这一点与欧洲国家和中国都很不相同。也因此,每隔四年有很多学者会从思想库进入政府成为直接的政策制定者。对此,肯特·韦弗(Kent Weaver,1989)认为"智库作为政府人才供应商的作用在很大程度

---

① 引自笔者 2008 年 6 月 26 日在华盛顿对 Gary Samore 的访谈。

上是行政精英渗透的结果。不像大多数议会制度,美国的内阁部长们并不是完全由议会的政党会议产生,高级部门官员也并非主要来自政府部门。有许多途径来获取这些政府职位,很多的职位在政府换届时需要填补,还有一些前政府官员从政府部门轮换下来但希望继续涉足政策制定。智库天然地适合这样的美国政治体系。"

美国历届政府都大量依赖思想库学者来填补高层职位,例如卡特总统曾吸纳了三边委员会、对外关系委员会、布鲁金斯学会等智库的数十位成员在他的政府任职。里根总统大量使用了较为保守的智库如胡佛研究所、美国企业研究所、国际战略研究中心、当前危险委员会和传统基金会的学者人才库来实施其政策议程。奥巴马政府组阁之后,布鲁金斯学会进入政府从政的有 30 多人,国际战略研究中心、对外关系委员会、美国进步中心等也都有大量学者进入奥巴马政府。2007 年成立于华盛顿的小型思想库新美国安全中心有超过十位政策专家获得奥巴马政府与外交安全相关的职务,如助理国务卿坎贝尔、副国务卿斯坦伯格等。通过美国思想库所提供的这个桥梁,掌握大量专业知识的智库学者们成功的将知识转化为了权力。

每当新一届总统上任之际,除了一大批思想库的学者进入政府之外,同时也会有很多前任政府官员进入思想库从事研究工作。例如在布什政府担任财长的鲍尔森离开政府之后进入霍普金斯大学做访问研究员,原劳工部部长赵小兰进入传统基金会担任荣誉研究员。原布什政府的国家安全事务委员会东亚主任丹尼斯·怀德现在是布鲁金斯学会的访问学者。曾于 2002～2006 年间任美国在台协会负责人的包道格博士,现在是卡内基国际和平基金会的副总裁。美国思想库之所以乐于聘用这些前政府官员,一则因为他们能够带来在政府内任职的经验和见识;二则也有利于思想库在政策领域的公信力;第三点,也是大家经常忽略的一点就是,为这些人提供一个再次将知识与权力进行转化的环境和平台。

在美国思想库里,除了大多数资深学者和前任政府官员外,还有一部分年轻的精英,他们把思想库视为一个通往白宫或者国会的桥梁,试图在这里积累政策经验和人脉,从而成长为明日的政治明星。美国思想库作为一个政策精英的孵化器和摇篮,为这些年轻人提供各种机会。比如传统基金会的"青年领袖计划"和对外关系委员会面向年轻精英的会员项目都是致力于培养未来的政策人才。前美国国务卿基辛格博士就是从对外关系委员会崭露头角,从而成为影响世界政治进程的政治人物。

在"知识"与"权力"的转换过程中,美国思想库所承担的桥梁功能赋予了其本身特殊的地位和巨大的舆论力量。

推动公共外交

"公共外交"作为一个专业术语由美国塔弗兹大学教授埃德蒙德·古利恩在1965年首次提出,是指那些"在外交政策形成和执行问题上影响公众态度"的做法。[①] 传统公共外交理论认为,公共外交是以政府为行动主体,以国外公众为目标受众的外交行为。而随着世界政治格局的不断变化、全球化的持续深入和信息技术的飞速发展,公共外交的行动主体已经从政府拓展为以政府为主导的,以思想库、利益集团、媒体和普通公众为主要行动主体的外交行为,而思想库在其中凭借与官方决策的特殊关系以及自身非官方的身份,在公共外交中发挥着独特而又重要作用。

目前,由于国际交往和相互依赖的加深,全球紧迫性议题以及若干国际事务必须借助跨国组织才能解决。思想库作为公共外交的重要部分,是国内与国际交流的一个平台,在双边和多边外交事务中发挥着重要作用。思想库就某些涉及双方利益的重大问题进行合作研究,有时会成为在幕后推动双边关系的"助推器"。以中美关系为例,美国政府高层官员在访华之前,通常都会选择一家与政府关系密切的思想库进行前期的演讲,并且选择一家思想库来打前站。思想库则带着访华的一些议题与中国各方面进行接触,试探中国的态度,在掌握了各方情况后,为美国

---

① The Murrow Center quote comes from the web site " What is Public Diplomacy" page http://www.publicdiplomacy.org/1htm.

政府的决策作充分准备。1998 年克林顿访华时,上海社科院、上海国际问题研究中心、美国哥伦比亚大学的研究机构等,在会前一起谈论了此次访问涉及的几个重要问题,形成备忘录,为双边关系提供政治和外交参考。之后克林顿关于台湾问题的'三不'提法,就吸取了双方思想库商讨的结论(陆洋,2005)。

2005 年 9 月,美国副国务卿佐立克首次公开提出希望中国成为"负责任的利益相关者"。事实上,在佐立克公开提出"利益相关者"这个概念之前的一周,布鲁金斯学会就拿到了佐立克的演讲报告,有针对性地提出了不少修改建议。佐立克的演讲发表后,"利益相关者"一时成为热门术语,并带来很多不同的解读。布鲁金斯学会专门派高级研究员到中国与相关机构接触,向它们做解释工作,同时听取中方的反应。2005 年 12 月 8 日佐力克与戴秉国在华盛顿举行了第二次"中美战略对话",会谈前,布鲁金斯学会做了大量准备工作,派研究人员到中国,与中方的研究机构进行了会谈,中美两边的智库后来分别把会谈结果向戴秉国和佐立克做了汇报,使得战略对话进行得非常成功。

2009 年 4 月,美国布鲁金斯学会下属的清华—布鲁金斯公共政策研究中心在北京召开了一次以"中美战略及经济对话的结构与形式"为主题的研讨会,参加者有中国的著名学者和美国副助理国务卿,以及美国国务院政策规划室副主任、美国国务院中美战略与经济对话秘书、美国财政部部长政策顾问等。(作为布鲁金斯学会的访问研究员,笔者也参加了此次会议)此次会议是为即将召开的中美战略与经济对话打一个前站,就讨论议题和相关合作进行事先的非官方途径的沟通。

除了充当"助推器"之外,美国思想库还通过组织对敏感问题的对话和对冲突各方提供第三方调停来承担一种更加积极的第二轨道外交的角色。

以西藏问题为例,在中国政府与流亡海外的达赖喇嘛集团之间的对话多年来一直未取得实质性进展,而达赖集团在海外的活动又引起国际社会强烈关注的情况下,自 2005 年至 2007 年,布鲁金斯学会中国中心组织专家学者多次与达赖及其"流亡政府"主要成员进行沟通、对话。与此同时,布鲁金斯学会也组织专家学者们与中国的思想库:国际战略研究基金会和现代国际研究院的学者们就西藏问题进行交流,提出政策建议。2007年10月中旬,在美国前总统布什授予达赖国会勋章前夕,布鲁金斯学会在华盛顿组织专家学者再次与达赖及其代表进行内部交流、对话。(笔者当时作为布鲁金斯学会中国中心访问研究员参加了此次会谈)此次会谈之后,布鲁金斯学会把政策建议和会谈内容呈交中国政府相关机构和中国驻美大使馆。布鲁金斯学会以非官方身份介入西藏问题,"所希望承担的就是一个官方之外进行沟通和对话的平台。"①试图积极推进中国政府与达赖流亡集团之间的相互了解和进一步的对话。

除了布鲁金斯学会之外,其他更多美国思想库也把自己的权限扩展到积极参与预防性外交、冲突处理和解决争端。卡内基国际和平基金会从20世纪80年代中期开始,就在华盛顿主持召开了一系列会议,把南非重要的政治家、牧师、商人、劳工代表、学者和流亡的自由派人物,与美国国会成员和行政机构的官员聚集在一起。这些持续了八年多的聚会,帮助美国在微妙的政治转折期对南非的未来增进了了解。同样,国际战略研究中心有一项以改善前南斯拉夫境内的种族关系,调和和沟通以色列宗教世俗的分歧,推动希腊和土耳其对话为目的的计划。

通过推动公共外交,美国思想库从一个独立于政府之外,不具有政策合法性地位的政策研究机构,成为一个对国内、国际政策具有重大影响力的权力机构。美国思想库所承担的公共外交功能有巨大的潜力来使缺乏沟通的国家之间、易发生冲突的地区和遭受战争破坏的社会建立和平、达成和解。思想库或者可以作为美国政府努力的补充,或者可以作为当美国官员介入不可能时的替代者。

通过这一章的分析,我们对本书的研究对象美国思想库及其影响力有了较为清晰、深入的认识和把握。美国思想库是为促进政府决策的最优化而诞生的,其根

---

① 引自笔者2008年1月16日在华盛顿对时任布鲁金斯中国中心主任,现奥巴马政府国家安全委员会亚洲事务资深主任杰弗里·贝德的专访。

本目的是服务于美国利益和公共利益。美国思想库通过设置政策议程、进行政策教育、搭建知识与权力的桥梁、推行公共外交在美国公共政策制定过程中发挥着巨大的影响力。经过一个世纪的发展完善,美国思想库不但对美国公共政策和舆论具有强大影响力,也对世界政治、经济乃至文化的走向发挥着重大的影响。接下来,本书将对美国思想库影响力的形成机制进行深入分析。

第三章 美国思想库影响力的形成机制

REVOLVING DOOR

American Think Tanks Research

Chapter Three: The Generation Mechanism of American Think Tanks' Influence

Opinion space for public policy

American Think Tanks and interest groups

American Think Tanks and mass media

American Think Tanks and public opinion

第三章
美国思想库影响力的形成机制

Chapter Three：The Generation Mechanism of American Think

Tanks' Influence

《纽约时报》的专栏作家列昂那多和哈佛大学历史学家希尔克曾对美国思想库进行过形象化的描述："他们将布鲁金斯学会描述为华盛顿政策网络的中心所在地,说在那里进行着各种交流沟通:在午餐时间,无论是以非正式的方式在布鲁金斯的餐厅,还是在例行的星期五的午餐,大家围坐在一张巨大的椭圆形桌子旁边,热火朝天的讨论着本周所发生的事情(Leonard Silk et al,1980)。"

作为以影响公共政策为最终目的的政策研究机构,美国思想库的目标受众是政策制定主体:行政、立法、司法机关以及在这些机关中担任特定职务的个人。作为不具有法定权利的非政府组织,美国思想库正是通过舆论的力量来影响政策制定主体的态度和行为。在公共政策制定过程中,除了思想库之外,还有利益集团、大众传媒、公众舆论等各种不同舆论因素都试图影响政策制定。

本章首先对公共政策制定过程中的舆论因素进行分析,将美国思想库纳入舆论学框架之下,然后从精英理论的宏观视角出发,综合政治学、公共管理学、政策科学等相关理论提出"公共政策舆论场"概念和理论框架。然后借助这一理论框架分析大众传媒、利益集团、公众舆论在"公共政策舆论场"中所处的不同舆论地位和角色,从而明晰美国思想库影响力的形成机制及其"舆论聚散核心"的地位。

第一节
公共政策舆论场

根据约翰·金登（2004）的政策制定过程理论，政策制定过程主要包含确定政策议题、拟定政策方案、政府制定政策三个阶段。在公共政策制定的过程中，政府是具有法定地位的直接决策者，也是政策制定的主体。其他重要的影响因素则主要来自思想库、大众传媒、利益集团和公众舆论。

本节首先对政策制定过程中的舆论因素进行简要分析，将美国思想库纳入舆论学框架之下，然后再展开对"公共政策舆论场"理论的建构。

政策制定过程中的影响因素

从事政治学和公共政策研究的学者通常用两种直观方法来描述参与美国政治决策过程的各种力量，一种是"漏斗"，另一种是"同心圆"。无论是漏斗还是同心圆模式，都是把政治决策过程中的主体和影响因素分为三个层次。处于核心和底端的影响力最大，处于外围和上部的影响力最小。以漏斗为例，漏斗的形状是上面宽，底部窄，包含三个层次。公众舆论、大众传媒、政治文化为第三层次，处于最宽部位，它们对决策产生最广泛和一般的影响。利益集团、政党和思想库为第二层次，它们代表不同政策观点并且形成不同的立场。国会、政府部门、总统和他的顾问等是第一层次，他们是政策决策的核心主体（Howard Wiarda，1990）。（见图 3.1 和 3.2）

政策制定的主体是指享有制定政策的法定权力，同时对政策后果直接承担责任的公共权力机关和享有职位权力的个人，包括行政、立法、司法机关以及在这些机关中担任特定职务的个人。按照"漏斗"和"同心圆"模式，处于核心和底端的国会、政府部门、总统及其顾问是政策决策的核心主体。更进一步而言，在美国公共政策制定过程中，最重要的政策制定主体是总统、国会和政府行政机构，他们共同构成了政策制定过程中的上层舆论源，或者说是政府舆论。

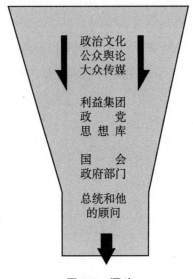

图 3.1　漏斗

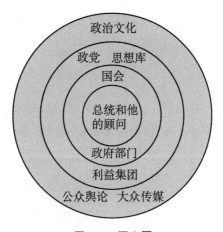

图 3.2　同心圆

　　主要由总统、国会、行政机构共同构成的政府舆论之间也不是简单的影响与被影响关系,而是互为影响和牵制。美国总统既是国家元首又是政府首脑,处于国家权力的核心地位,尤其是在对外政策制定过程中,美国总统所拥有的广泛权力使其处于政府舆论的核心地位。总统不仅可以就各种对外政策问题的情报搜集、分析调研、决策方案准备等向对外政策部门下达指令,可以对国会有关对外政策问题的审议施加影响,还可以对政策决策的执行情况进行监督,更重要的是就所有重大对外政策问题进行最终决策。美国历届政府提出的外交政策,如"杜鲁门主义"、"艾森豪威尔主义"、"尼克松主义"、"卡特主义"等等,无不是由美国总统亲自制定并领导实施的。[①]

　　就美国国会而言,它无论是在内政还是外交方面都发挥着重要的作用。立法权是国会的首要权利,宪法第一条第一款规定:本宪法授予的全部立法权,属于由参议员和众议院组成的合众国国会。国会主要凭借宪法赋予的立法权对总统的政策行为与行政权力构成了强有力的制约,国会立法的过程也就是通过议案的过程(李道揆,1999)[314]。在美国,总统领导下的行政机构的基本职能是执行法律和政策。在法律上,联邦行政机构是执行者而不是决策者,但在实际政治过程中,联邦行政机构有很重要的决策作用。联邦行政机构的决策作用表现在两方面:第一,直接决策。行政机构的正式权力包含了决策权,国会把一部分立法权委托给它们,使它们可以制定具有法律效力的行政规章条例。第二,参与国会和总统的决策过程。虽然行政机构具有一定的决策权力,但是因为没有宪法依据,行政机构权力的这种根本性缺陷,决定了其政治地位的局限性。

　　在"漏斗"和"同心圆"模式中,政治文化和政党都被列入公共政策制定的重要影响因素。笔者认为政治文化属于意识形态层面的深层影响因素,而政党在美国不具有强大的组织和影响力,因而在接下来的分析中,本书只把思想库、利益集团、

---

① 第二次世界大战结束后美国谋求世界霸权的指导方针与扩张计划。1947 年 3 月 12 日,美国总统杜鲁门在致国会的关于援助希腊和土耳其的咨文中,提出以"遏制共产主义"作为国家政治意识形态和对外政策的指导思想。后这一指导思想被称之为杜鲁门主义;艾森豪威尔主义主要是指 20 世纪 50 年代后期美国对中东的政策纲领。美国为填补英国、法国因侵略埃及战争失败撤出中东,从而造成这一战略要地形成的"力量真空";20 世纪 60 年代末,世界局势发生了不利于美国的变化,而美国却深陷越战泥潭,国内危机重重。为了摆脱美国的困境,尼克松入主白宫之际,采取现实主义态度,提出新的对外战略——尼克松主义,缓和美国力量相对下降的危机;美国总统卡特 1980 年 1 月在国情咨文中提出的一项对海湾地区的政策声明。鉴于苏联军队于 1979 年 12 月侵入阿富汗,卡特在这份咨文中警告苏联不要利用伊朗和阿富汗的动乱作为借口,谋求实现苏联长期以来企图获得一个温水港的目标。他声称:外部势力攫取控制波斯湾地区的任何企图,都将被看作是对美国根本利益的进攻。对于这种进攻,美国将使用包括军事力量在内的任何必要手段,予以击退。这一声明被称作卡特主义。

大众传媒和公众舆论列为公共政策制定中除了政府舆论之外的主要舆论因素。

在美国公共政策制定过程中,政府舆论和其他各种舆论因素之间互为影响。在这其中,美国思想库作为专业的政策研究机构,其核心目的就是生产舆论和影响舆论。利益集团作为一种舆论所反映和代表的是社会中某个特定群体的利益。大众传媒既是舆论的塑造者和引导者,更是作为舆论传播的媒介和平台。公众舆论所反映的是广大普通观众的意见,是民主社会得以运转的基础。在这四个重要的舆论因素之中,美国思想库的影响力在20世纪70年代之前的学术研究中曾经一度被忽视,后来逐渐被政治学家和思想库研究者所认识。但是,这些舆论因素之间的相互关系是怎样的,它们的影响力是否如同"漏斗"和"同心圆"所揭示的那样简单,而美国思想库在这其中又处于什么样的地位,其影响力是如何形成的,对于这一系列问题,至今学界还未能清晰地解释。

"公共政策舆论场" 理论

在目前没有直接的理论依据和框架可以对美国思想库影响力形成机制进行系统分析的情况下,笔者在精英理论、多元理论、舆论的社会分层理论、寡头论模式、舆论场理论以及多中心理论的基础上,提出"公共政策舆论场"概念和理论框架。

多元理论与精英理论

在美国政治学中,关于公共政策制定普遍推崇的主要有精英主义和多元主义两种理论模型。多元理论认为,决策过程是社会中为数众多的利益集团之间相互协调利益和意见的过程,只有少数人能够直接参与政策制定,但是群众可以通过参加选举、利益集团和政党,迫使政府考虑和接受其要求,从而影响政策的制定(李道揆,1999)[545-546]。这是一种由公众广泛推动的、自下而上的政策制定模式。政治学家戴维·纽瑟姆认为,思想库只能代表构成政策制定共同体中众多组织中的一种组织。这种观点深深根植于美国的政治文化,认为思想库和利益集团以及其他很多非政府组织一样,为了争取政策制定者的注意而经常相互竞争。唐纳德·阿贝尔森认为多元理论解释思想库的影响力上存在很大缺陷,"虽然多元理论假设政策是集团竞争的结构,但研究者很少深入分析为什么有些组织在政策决策的影响过程中比别的组织更具有优势(Donald Abelson,2002)[52-53]。"

在这一点上,精英理论对思想库影响力的解释更具有说服力。精英理论认为,在政策制定过程中发挥重要和决定性作用的是居于统治地位的社会精英而不是大众,精英理论把政策的形成过程看做是自上而下的(Thomas Dye et al,2003)。根据精英理论的解释,思想库与其他权利精英的密切关系是决定其影响力的关键因素。包括约瑟夫·佩谢克、托马斯·戴伊、威廉·多姆霍夫在内的一些学者都认为,思想库不但定期与政策精英相互沟通,而且他们还是整个国家权力结构的一部分。[①] 但是,精英理论也无法解释清楚思想库与其他舆论机构和力量相比其舆论地位如何。

基于此,本书对美国思想库影响力形成机制的分析将从精英主义理论的宏观视角展开,并在此基础上结合其他理论,提出"公共政策舆论场"概念和分析框架。在此必须明确的是:从精英理论的宏观视角来解释思想库的影响力形成机制与民主的真谛并不矛盾。因为在任何社会中权利的分配都是不平等的,没有什么政府能够保证其所有公民全部有效参与影响他们生活的所有政策制定。正如托马斯·戴伊(2003)[17]所言,"一个权力真正受到限制的国家精英集团,一个受宪法的约束禁止侵犯基本公民自由权的精英集团,可以被公正的视为是一个民主的精英集团。同时,精英集团的要求还受到宪法的约束,就是国家必须执行政府按照民众的意愿治理的原则,必须实行公开的、自由的、定期的选举,使得绝大多数人参与到政府领导人的新陈代谢中去。"

舆论的社会分层理论

对于政策制定过程中的各种舆论因素及其影响力,社会学家约翰·加尔东认

---

① 参见约瑟夫·佩谢克的《政策规划组织》,托马斯·戴伊的《谁掌管美国》,威廉·多姆霍夫的《权力精英》。

为：“舆论是由人们的社会地位所决定的，每一个社会公众都对政策问题有意见、看法、态度与主张，但是由于人们所处的社会地位不同，不同人的舆论对政策的影响力是不同的(Johan Galtung,1964)。”加尔东把影响公共政策的舆论分为三个部分：核心舆论、中心舆论、边缘舆论。加尔东所说的核心舆论是指政策制定者的舆论，中心舆论是指经常能对政策施加影响的思想库、大众传媒、利益集团等精英舆论。边缘舆论是指普通公众的舆论。加尔东划分核心、中心、边缘舆论的标准是信息的获取量和舆论表达的渠道。处于核心地位的人充分占有信息、又是政策制定者，因此他们的舆论是核心舆论。处于中心地位的社会各界精英，他们也具有条件了解与政策相关的信息，也可以通过各种渠道表达意见，因而是中心舆论。而广大普通公众，即无法掌握大量政策信息，又缺少渠道表达观点，因而是边缘舆论。加尔东的“舆论社会分层理论”对我们分析政策制定过程中的舆论因素提供了很好的视角。但是加尔东的理论并没有指出处于中心舆论地位的美国思想库与其他精英舆论的区别，也无法体现出各种舆论因素之间的互动关系。

寡头论模式

20世纪70年代，美国著名的政治学家托马斯·戴伊在其代表作《谁掌管美国》中提出了“寡头论模式”。托马斯·戴伊认为，在政策制定过程中，思想库还致力于在国家的精英集团、大众传媒、利益集团、政府官员之间合纵连横，寻找彼此认同的契合点，“正是在这里，那些事先被界定出的问题被更加详细的加以确认，并研究出具体的解决办法。智囊团里酝酿出的报告和推荐的意见方案会以书籍的形式出版，也会以文章的形式在报刊上发表。所有这些都为在新闻媒体和华盛顿即将进行的什么样的政策讨论提供一幅蓝图和预先的参考(托马斯·戴伊,2003)[51]。”根据戴伊的理论，虽然政府官员名义上是最直接的政策制定者，但事实上他们仅仅将别人早已制定好的政策合法化并执行这些政策而已。“在政策的合法化和执行过程中，政府官员们的确可以增加某些政策条款，可以对政策规定一些执行条件，进行一些修订和阐释，以至于对政策本身产生影响。但是所有这一切都只不过是辅助的增删而已(托马斯·戴伊,2003)[8-50]。”按照戴伊的“寡头论模式”，思想库在政策制定过程中起决定性作用，"是制定国家政策的中心协调机构……是制定国家政策的核心（托马斯·戴伊，1984）。"

戴伊的分析模式明确指出思想库在政策制定过程中的重要地位，但是却依然没有为美国思想库与其他各种舆论力量之间的关系提供一个分析框架。另外，如果按照戴伊的理论，美国思想库对公共政策的影响力就如同传播学效果研究中最初提出的"魔弹"论和"皮下注射"理论一样，是不可阻挡而且无往不胜的，但事实显然不是这样。

多中心理论

多中心理论由文森特·奥斯特罗姆（Vincent Ostrom）与埃莉诺·奥斯特罗姆（Elinor Ostrom）夫妇共同创建的，关于多元社会中公共事物的治理理论。"多中心"作为一个概念，包含着一种审视政治、经济以及社会秩序的独特方法，是一种思维方式和理论框架，是公共物品的生产与公共事务的治理模式之一。"多中心"是指多个权力中心和组织体制治理公共事务、提供公共服务。"多中心"意味着有许多在形式上相互独立的决策中心，它们在竞争性关系中相互重视对方的存在，相互签订各种各样的合约，并从事合作性的活动，或者利用核心机制来解决冲突。多中心理论强调公共事务供给的多元化，强调主体的参与和互动。向社会有效的提供公益物品是多中心理论的存在基础，利益相关者的多元化是多中心治理的可能。①

---

① 20世纪80年代以来公共管理领域兴起了一种新的研究范式——新公共管理理论并以此指导了西方国家的行政改革，其核心问题是变革公共物品和公共服务的供给结构和方式。在新公共管理理论诸多流派和主张中，具有代表性的就是由美国学者奥斯特罗姆提出的多中心理论。根据制度分析的观点，在把政府事务等同于公共物品与服务的提供的前提下，单中心意味着只有政府一个决策单位作为唯一的主体对社会公共事务进行排他性管辖的充分一体化的体制，也即意味着公共物品的供给者只有政府一家。与此相对应，多中心则意味着在社会公共事务的管理过程中，并非只有政府一个主体，而是存在着包括中央政府单位、各级地方政府单位、各种非政府组织、各种私人机构及公民个人在内的许多决策中心，它们在一定的规则约束下，以多种形式共同行使主体性权力。多中心理论对公共物品供给的重大意义在于在公共物品持续性的制度选择中，政府并不是公共物品的唯一供给者，在政府之外还存在其他成功的公共物品的供给形式。参见 http://wiki.mbalib.com/zh-tw/Elinor_Ostrom 以及 Elinor Ostrom. Governing the Commons：The Evolution of Institutions for Collective Action. New York：Cambridge University Press. 1990.

多中心理论为美国思想库影响力形成机制的分析提供了一个多维的视角。在公共政策制定中,政府、思想库、利益集团、大众传媒以及公众舆论形成了多个相互独立的中心并且存在着多元的舆论互动。

舆论场理论

"舆论场"是中国舆论学者提出的一个概念。这个概念是在德国心理学家勒温的社会场理论的基础上发展而来的。① 从微观上讲,"舆论场"包含若干相互刺激因素,是许多人形成共同意见的具体时空环境,表现为公众和环境相互作用的函数,包含多人的体验、现实需要及彼此呼应。"舆论场"的宏观含义则是指社会的公共领域。舆论的社会场之所以存在,首先是由人类社会的结构决定的。每个人在其周围聚集着一个利害相关、联系较多的小社会,在特殊时机突然陷入引起思想共鸣的环境,就要对社会问题或重大事件进行讨论。这时,正是一定的场合把大家集结在一起,场的气氛激发大家的思考,共同意见才可能形成。在"舆论场"中,物理空间的刺激、烘托、容纳、怂恿使带有爆破力的意见很快被众人接受,人们的思想被迅速地扭向同一个方向,优势意见取决于空间中出现的一种号召力,遵循某种原则的人们同这种号召力发生呼应,大规模的共同意见就产生了(刘建明 等,2009)。

根据"舆论场"理论,美国公共政策的制定过程实际上也是在一定的"场"中进行的,从宏观上讲,是美国社会这个巨大的舆论场,从微观上讲,是公共政策制定过程中的核心决策者和主要影响因素共同构成的公共政策舆论场。

"公共政策舆论场"概念及理论框架

综合以上各种不同理论所提供的分析视角和理论框架,"公共政策舆论场"是

---

① 库尔特·勒温称个人在某时间所处的空间为场时,他借用物理学上力场的概念,其基本要义是:在同一场内的各部分元素彼此影响;当某部分元素变动,所有其他部分的元素都会受到影响。此即勒温的场论(field theory)。他用场论来解释人的心理与行为,并用以下公式表示个人与其环境的交互关系:B = f(P,E)。B:Behavior 行为;P:Person 个人;E:Environment 环境;f:function 函数。此公式的含义是,个人的一切行为(包括心理活动)是随其本身与所处环境条件的变化而改变的。

指公共政策形成的具体时空环境。"公共政策舆论场"的构成因素主要包括:政府舆论、思想库、利益集团、大众传媒和公众舆论。公共政策的形成是政府、思想库、利益集团、大众传媒、公众通过各种传播媒介的互动达成的共识。美国思想库的影响力正是在与这些不同舆论因素的互动中得以形成,并通过不同舆论因素所承担的具体功能得以体现。

"公共政策舆论场"具有"多中心"、"网状互动"两大特点。"多中心"是指在公共政策制定这一公共事务治理过程中,政府、思想库、利益集团、大众传媒以及公众舆论形成了多个相互独立的舆论中心,共同参与公共政策的制定。"网状互动"是指各种舆论因素之间、各个舆论中心之间不是单向或者双向的线性关系,而是通过各种媒介形成一个相互交错的网络。

在"公共政策舆论场"中,思想库处于"舆论聚散核心"的地位。一方面,思想库是舆论生产的"工厂",是吸引各种各样的观点、看法、主张、建议,融和、碰撞的磁场和聚集地;另一方面,思想库是舆论传播的核心,它通过各种传播策略和传播渠道影响其他舆论。

在"公共政策舆论场"中,思想库、大众传媒、利益集团、公众舆论之间,形成一种"点、线、面、网"的互动关系(相互交融、相互影响)。一方面,各种舆论力量都努力影响政府舆论,从而在政策制定过程中发挥影响力。另一方面,政策制定主体既倾听其他各种舆论的声音,也在积极引导各种舆论,各种舆论因素之间不是单向性的影响与被影响的关系,而是各种舆论力量在观点的传播、交汇与交锋中逐渐形成占主导地位的舆论,其中美国思想库始终居于舆论领袖、舆论生产者与传播者的"舆论聚散核心"地位。(如图 3.3 所示)

图 3.3 所反映出的是"公共政策舆论场"中各种舆论因素之间的多中心、网状式互动关系:既呈现出从"A-B、A-C、B-C"之间的多层面相互影响之网状关系,亦呈现出"A-B-C-A、A-C-B-A、B-A、B-C-D……"之"多中心舆论场"概念。

在明确了"公共政策舆论场"的概念和理论框架之后,接下来从比较的视角着

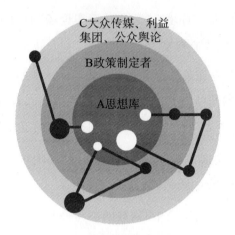

图 3.3(a) 公共政策舆论场(多中心)

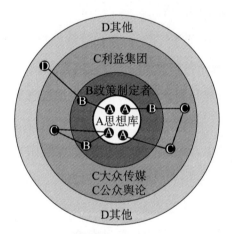

○ A思想库
● B政策制定者
● C利益集团 C大众传媒 C公众舆论
○ D其他
● 作用点

图 3.3(b) 公共政策舆论场(网状互动)

重具体分析利益集团、大众传媒和公众舆论与思想库相比所承担的不同舆论功能,以及它们与思想库之间的舆论互动关系,从而明确美国思想库影响力形成的复杂机制。

第二节
美国思想库与利益集团

　　利益集团是美国公共政策制定过程中的重要舆论因素,也被视为构成政治实体的基本单位(诺曼·奥恩斯坦 等,1981)。利益集团的定义有很多,其中戴维·杜鲁门的定义被人们广泛接受,"利益集团是一个持有共同态度、向社会其他集团提出要求的集团。如果通过它向政府的任何机构提出其要求,它就变成了一个政治性利益集团(戴维·杜鲁门,2006)。"这里所讲的政治性利益集团,按照李道揆的分析,是指"持有共同态度,为了一定目的,而寻求影响政府政策的集团(李道揆,1999)[274]。"

　　在"公共政策舆论场"中,利益集团发挥着重要的舆论功能,即是舆论的主体又是舆论的载体和渠道。思想库与利益集团之间既相互联系又有着根本区别:一方面,思想库作为舆论生产的工厂可以为利益集团提供舆论内容,客观上利益集团承担着思想库舆论传播渠道的功能,利益集团也积极通过提供资金的手段介入思想库舆论生产的过程;另一方面,虽然思想库和利益集团都致力于影响政策制定和其他舆论,但是两者的舆论传播目的和表达手段存在着根本区别。也正是因为这些区别才使得思想库更为政策制定者、媒体和公众所信赖。

利益集团的舆论特点

　　与西方其他国家相比,美国是世界上利益集团数量最多的国家,其种类也甚为繁杂,根据其追求的目标,可分为经济利益集团,如美国商会、全国制造商协会等;政治和社会权利利益集团,如美国犹太人委员会、美国以色列公共事务委员会等;公共利益集团,如环境保护主义者集团、全国消费者联合会等。利益集团作为美国政治过程中的一支基本力量,在政治和社会生活中起着十分重要的作用,是美国政治制度的产物和权力结构的组成部分,是美国多元化社会的反映,也是公民参政的一个渠道,它们无所不在对美国政策制定发挥着重要影响。

比较而言,思想库与利益集团之间的界限既模糊又清晰。说模糊是因为在有学者对思想库展开严肃的学术研究之前,思想库曾一度被政治学家所忽视,并且一度被视为利益集团的一种。近些年来,随着一些利益集团逐渐自身也从事一定的政策研究,两者之间界限更为模糊。事实上,思想库与利益集团在使命、人员构成、舆论表达方式上还是有着根本的区别。尤其是在舆论表达方式上,两者之间存在着法律所设定的严格界限。

从使命的角度来看,思想库是服务于国家利益和公共利益的政策研究机构,它们的使命是帮助政府作出更好的政策决定,促进社会进步。而利益集团成立的目的是服务于社会上某一特定群体的利益,而且很可能这一群体的利益是与其他群体的利益相对的。比如说烟草行业利益集团、能源行业利益集团等,它们所代表的和反映的是烟草商、能源商这些特定群体的利益和舆论。在某些问题上,也许思想库的政策观点与利益群体相同,但是思想库并不是某一特定群体的舆论代言人,而始终保持舆论生产者的独立角色。比如说,传统基金会在理念上一贯支持美国人拥有私人枪支的权利,但是传统基金会并不代表美国持枪者这一特定人群发表舆论,他们的代言人是利益群体——美国全国枪支协会。

从人员构成的角度来看,思想库的核心人员是来自各个社会科学领域的权威专家,他们的政治背景也很不相同,有的是共和党,有的是民主党,还有的是无党派人士。对于同一个问题,这些专家们很可能有着截然不同的视角和观点,而这也是思想库所允许的。因为思想库人员构成的多样性和专家地位,使得思想库所生产的政策舆论更具有权威性和可信度。而利益团体的人员则是由一群有着共同利益追求,对某一具体政策问题有着相同观点的人组成的集合体。他们为了共同利益组织起来并向政府机构提出要求或施加压力,这些要求有政治的、经济的、集团的、社会的等等。如美国全国制造商协会代表着全美 50 个州大大小小的制造商,其成员包括全美 85% 制造业商品的 12 000 家公司,以及 350 家全国性的行业协会和州一级的制造业协会,其目标是提高美国制造商在全球市场的竞争力。从某种意义上而言,利益集团是大众与政府之间的一个咬合点和管道。

从舆论表达方式的角度看,思想库主要通过三种方式影响政策:个人关系网、公开会议、媒体舆论等。受美国法律的规定,思想库作为非盈利的、享受税务免除的公共政策研究机构,不能介入具体的政治过程,不能为政治候选人捐款。而利益群体的舆论表达方式则是非常多元的,他们既可以采用思想库所使用的传播方式,又可以通过游行示威、在媒体上发布观点广告、法院诉讼、为候选人提供竞选基金等方法直接对政策制定施加影响。依据其公开活动采取的合法手段而言,一般将其分为直接游说和间接游说。

直接游说就是直接同国会议员、政府官员等决策者陈述其立场和观点,以影响其决策的方式。直接游说的具体方式有很多,主要有:第一,直接与议员及其助手交谈,与他们建立关系,进而提供信息帮助。第二,提供竞选捐赠。美国各个利益集团可以通过"政治行动委员会"合法地给议员或者行政官员提供竞选资金,通过资助候选人来实现其特定利益。① 第三,诉诸法律。当利益集团不能通过政治途径来维护其利益时,他们就有可能诉诸法律。比如全美妇女组织、宗教组织、华盛顿法律基金会等利益集团都将诉讼作为其实现目标的一种策略。间接游说从本质上来看就是制造舆论压力。间接游说方式包括:其一,动员公众形成舆论压力。利益集团经常采用刊登广告、发布新闻、发表谈话和演说、向选民寄送材料、安排议员与选区代表见面、组织或号召其成员给国会议员和政府机构写信、打电话、电报等方式,争取公众的理解和支持,制造强大的舆论压力,从而影响政府决策。其二,抗议示威。利益集团在采用温和手段达不到目标时,有时还会采用静坐示威、群众集会、街头游行、占领公共设施等较为激烈的手段。其三,影响选举。为了增强对国会议员的影响力,利益集团广泛介入各种选举过程,使有利于本集团的候选人取得胜利或与候选人建立良好关系,从而为利益集团今后的游说活动打下良好的基础。其四,利益集团组建政党。组建政党的目标并非为了选举,而是为了某一事业做宣

---

① 政治行动委员会(Political Action Committee,PAC)指的是为了影响选举而捐赠或者花费了超过1 000美元的私人组织。

传。如自由土壤党在19世纪40年代中期建立，它旨在反对奴隶制度在美国的扩展（詹姆斯·伯恩斯等，2007）。也正是因为利益集团与思想库在舆论表达方式上存在的明显不同，很多思想库把利益集团视为一种舆论传播的渠道。

利益集团除了在使命、人员构成、舆论表达方式与思想库有着明显的区别外，在舆论功能上也有着自身的特点。

首先，利益集团能够集中代表各种不同利益参与政策的制定过程，利益集团的主要舆论功能就是进入政治过程和影响政府政策。利益集团在政治生活中的活动几乎无孔不入，为了达到它们的目的和要求，利益集团寻求各种机会接近政府机构中重要的决策环节。借助于利益集团的利益传递机制，政府在政策制定过程中，可以了解到不同群体的利益，并在政策中体现并平衡各种不同利益集团的诉求，从而大大推动了公众与政府间的沟通，有助于形成制定政策所需要的多数舆论。

第二，利益集团的存在有助于化解舆论冲突，从而有利于政治稳定。各种利益的充分表达和平衡本身就有助于避免矛盾激化、防止冲突。利益集团作为政治参与的重要工具，通过这种工具，个人寻求对政治活动的影响，利益集团因而成为各个层次政治过程的核心。这种由大大小小利益集团所形成的公共领域具有积极的多元主义的意义，多元政治使各种不同的集团具有多个环节进入政府决策系统，产生一种稳定的理想的决策机制，并最终构成了代议民主政治的现实。为数众多的利益集团通过一定的渠道表达舆论，各种舆论在决策程序中不断碰撞磨合，进而达到各种舆论的妥协，政府决策也随之在各种舆论之间达到一种平衡状态。

第三，利益集团所反映和表达的舆论客观上弥补了国会立法工作的不足，对立法工作起到舆论监督作用。国会要处理的问题涉及各个领域，国会议员不可能准确掌握各个方面的情况。利益集团在维护自身利益的同时，客观上也提醒了国会议员某方面问题的存在。利益集团为了获得有利于自身的政策输出，会尽力说服议员，因此会通过直接游说、参加听证会等各种方式提供一些有关问题的详细资料和数据。而这些资料客观上可以对国会议员的工作起到帮助作用。当然，因为利益集团所代表的是某个特定集团的利益，因而其所提供的资料可能存在片面性，从而有助于形成利己的政策输出,这就需要国会议员有一定的鉴定能力。此外,利益集团时刻关注着国会议员的行为,拓宽了社会对议员的舆论监督通道。因为公众支持与否将直接关系到议员是否能够获得足够的选民支持,国会议员们都非常重视舆论评价。

以上谈到的都是利益集团舆论功能中一个方面,另一方面,利益集团由于其自身目标的单一性、自利性和短期性,加上利益集团不同的社会背景和经济实力,它们在弥补代议制和政党政治不足的同时,也给美国政治生活带来了一定程度的负面影响。各个利益集团在资金基础、组织规模等方面不是平等的,因而他们不可能在游说过程中拥有同样的影响力,也不可能在立法过程中发挥相同的作用。在游说过程中,拥有更强的经济实力和资金支持的利益集团通常可以更容易获得影响力,它们往往主张组织集团利益的最大化,而忽视了社会的共同利益。

思想库与利益集团的舆论互动

在"公共政策舆论场"中,虽然利益集团自身也反映和代表特定群体的舆论,是舆论的主体之一,但是从整体上而言,思想库与利益集团之间可以概括为"内容"与"渠道"的关系,思想库好比是舆论的生产商,而利益群体所承担的主要角色就是从自己所代表的群体的利益出发,根据自身需要、有选择性的对思想库舆论进行传播。在思想库发展的早期阶段,这种关系并不十分明显,20 世纪 70 年代以来,随着政策鼓吹型思想库的出现和影响力的日益增加,以及思想库市场的持续繁荣,美国思想库之间面临着严峻的市场竞争,在这种情况下,思想库与利益集团之间的这种舆论互动关系开始逐渐清晰,主要表现为以下两个方面:

一方面,思想库为利益集团提供舆论内容。在华盛顿,旨在对政策施加影响力的产业是一笔每年达数十亿美元的生意,每年院外活动者为了影响和干预政策而花费的金钱超过 15 亿美元,华盛顿被淹没在利益集团的汪洋中(托马斯·戴伊,2008)。为了在政策制定的主体面前赢得更多的关注度和影响力,利益集团需要对自己切身利益相关的问题进行深入研究和具体分析,而这一点对于大多数利益集团来说是无法做到的,因此他们需要到思想库哪里寻求舆论内容的支持。对于这一点,利益集团通常采用的方式是为思想库就某一具体政策问题提供研究资金,或者直接到思想库市场上去寻找适合自己需要的舆论内容。

例如,美国的军工集团大力支持一些思想库进行国防方面的政策研究,通过他们的研究成果去说服政府。其中最为著名的是由曾在里根政府中担任行政官员的弗兰克·盖夫尼创建的安全政策中心(Center For Security Policy),其经费主要来源于保守的家族捐赠者和波音、洛克希德、雷声等国防承包商,而这些家族和公司正是美国导弹防御计划的主要获益者(Michelle Ciarrocca et al,2002)。从 1988 年到 2000 年间,其成员先后发表了将近 200 篇鼓吹导弹防御的文章。安全政策中心每年出版一份《国家安全简报》,主题多为诸如"朝鲜导弹威胁"、"各自军控条约对美国的危害"之类(Michelle Ciarrocca et al,2000)。再比如,美国的以色列游说组织在美国企业研究所、布鲁金斯学会、安全政策中心、外交政策研究所、传统基金会、哈特森研究所等思想库都投入了资金进行有关中东问题的政策研究。2002 年 5 月,热心的犹太复国主义者、美籍以色列富商海姆·萨本出资建立了布鲁金斯学会萨本中东政策中心(The Saban Center for Middle East Policy)。[①]

另一方面,利益集团是思想库可以借助的舆论传播渠道。对于思想库而言,因为非盈利性公共政策研究机构的中立地位和美国法律所限定的不能介入政治过程的规定,思想库在舆论传播渠道上与利益集团相比相对有限。因此,有的时候思想库会借助利益集团的渠道进行影响力的传播和扩散。对于这一点,美国思想库的管理者们都毫不避讳,如国际战略研究中心总裁、对外关系委员会副总裁以及布鲁金斯学会副总裁在接受笔者采访时都曾经确认过这一点。

例如,国际战略研究中心曾经就美国的公共设施的老化和重建问题提出一项政策议案。为了更好地达到影响政府决策的目的,在其舆论扩散过程中,国际战略

①　参见布鲁金斯学会网站 http://www.brookings.edu/saban/about.aspx.

研究中心与美国的一些与公共设施建设相关的利益集团联系,如美国桥梁设计协会、美国劳工联合会、工匠联盟、钢铁工人联盟等,试图取得他们的舆论支持,并且借助他们的舆论力量和渠道进一步扩大思想库的影响力。①

对于思想库与利益集团之间的这种关系,很多学者表示担忧,认为思想库将逐渐为利益集团所控制,其舆论反映特定利益集团的利益,而不再是为公共利益服务。笔者认为,这种担心虽不无道理,但却过分夸大了利益集团在"公共政策舆论场"中的地位。

对于思想库而言,即便接受利益集团的资金支持展开对某一具体问题的研究,但是其研究过程和研究结果,也就是舆论的生产过程和产品,思想库掌握相对独立的主导和控制权。也正是因为这一点,思想库才能在激烈的市场竞争中赢得更多资金支持。也就是说美国思想库即便出于自身生存、发展的考虑也很难完全转变为利益集团的代言人。另外,思想库的舆论内容更多关注的是公共政策的宏观方向,而利益群体在这个方向的基础上就具体政策问题的细节对政策制定者施加影响。

第三节
美国思想库与大众传媒

美国民主的基本政治价值是民治,这个原则的实现必须依赖于政府对公众意见的了解和公众对政策信息的充分认识和意见的自由表达,这中间需要大众传媒作为政治参与渠道和舆论放大器。关于大众传媒对影响力的实证研究一直是传播学效果研究的主流。在各种研究的基础上产生了议程设置、二级传播、舆论领袖、培养理论等各种研究成果。它们都从不同角度证明了媒介对舆论的巨大影响力。

大众传媒在"公共政策舆论场"中起到不可替代的重要的作用。一方面,大众

---

① 引自笔者 2008 年 5 月 23 日在华盛顿对国际战略研究中心总裁 John Hamre(约翰·哈姆雷)的访谈。

传媒本身是重要的舆论机构,对公共政策具有强大的影响力,它不但传播舆论,还在塑造和引导舆论。另一方面,大众传媒是各种舆论得以传递、沟通、扩散的渠道和平台。但是与思想库相比,大众传媒在公共政策制定过程中,更多是承担信息通道的功能。两者根本的区别在于:大众传媒最重要的角色是舆论的中介和渠道,它的功能是传递信息,而且美国大众传媒绝大多数是以赢利为最终目的;而思想库的明确目的就是生产舆论、制造舆论,进而影响政府决策。大众传媒与思想库之间是互为促进、互为需求的关系。

大众传媒的舆论影响

在信息化时代,媒体主宰着大量的信息资源,其权力来自于它们可以决定什么是新闻、如何阐释新闻,来自于它们能够使得广大的受众熟悉政治文化。而今,大众传媒已成为美国公众获取国内外信息,并形成舆论观点的最主要来源之一,同时,媒体报道也是美国政府制定政策的重要参考依据以及推行政策的有力工具。美国媒体的权利是一种原生型或者初发型的权利,是它设定、决定了公众讨论问题的内容和日程(托马斯·戴伊,2003)[103]。具体而言,大众传媒对公共政策的影响力体现在以下几个方面:

第一,大众传媒是社会各界和决策机构重要的信息源和舆论传播通道。由于时间和空间的限制,媒体是人们获得信息的最快捷、高效的通道。而今,人们对世界的认识大多数依靠媒体所提供的信息世界,尤其是在对外政策问题上,大多数公众无法接触到美国以外的世界,他们对于外交问题的信息大部分来自于媒体。在这一点上,政策制定者也同样如此,从尼克松时代开始,白宫新闻办公室的人员每天早晨就把报刊上的重要文章剪辑成册,呈送主要官员们参阅。"绝大多数政府官员们一天的工作通常这样开始:或者浏览《华盛顿邮报》、或者浏览《纽约时报》……对于华盛顿大多数的政府官员们来讲,每天早上出现的新闻和评论专栏的内容便是他们一天所要谈论的问题(托马斯·戴伊,2003)[134]。"对此,前美国总统新闻秘书玛琳·菲茨沃特说:"在今天的大多数国际危机中,我们实际上削减了国务院和各个司局的官员。他们的报告虽然重要,但由于时效慢,无法利用它们做出基本的决策(Frank Stech,1994)。"大众传媒的职能不仅告诉决策者世界上正在发生什么,还会向他们翔实地提供世界舆论是什么样的,有关各方对发生事件的反应是什么。除此之外,大众传媒是为社会各种舆论提供了一个传播、放大和沟通的渠道,如果没有大众传媒,舆论的形成和舆论的影响力都将大为减慢和降低。以9·11事件为例,危机发生后,美国各大新闻媒体第一时间对这一突发事件进行了现场报道,为决策者和公众提供了最为快捷的信息,而电视媒体强烈的视觉冲击使得美国在最短时间内进入紧急状态,调动了全美公众的爱国情绪,由此拉开了一场席卷全美,乃至全球的反恐斗争。

第二,大众传媒设置了公众舆论和政府舆论的议程和框架。大众传媒也许不能成功的告诉我们如何去思考,然而它在引导和告诉我们应该思考什么方面,却做得惊人的成功(Bernard Cohen,1963)。当大众媒体决定报道哪些舆论以及如何传递的时候,现实世界已经被压缩了,在政治生活中讨论什么议题和怎样讨论这些议题都在很大程度上由媒体所决定(McCombs et al,1972)。大众传媒设定舆论议程的功能,不在于它如何影响公众对某个具体事件的看法,而在于它通过所提供的信息及提供信息的方式告诉公众什么是重要的,应给予关注,什么是不重要的,不必给予重视。这是一种隐蔽的影响方式,潜移默化地在公众的意识中形成某种定势、造成某种舆论,间接地对决策议程产生影响(徐海娜,2006)。大众传媒的框架功能主要是指媒体进行信息传播时,不同的传播框架和方法会影响受众对所传递信息的评价和思考方式。如果说大众传媒的议程设置功能引导受众去"想什么",框架功能就是引导受众"怎么想"。

以美国对外决策过程为例,大众传媒的议程设定功能可以有三种情况:首先,大众传媒可以将本来没有列入美国议程的某一事件或地区设定在议事日程之中。例如在1982年以色列入侵黎巴嫩南部地区,以军不断空袭和炮击原教旨主义的聚集地造成许多无辜百姓的伤亡。当这些镜头在美国电视上连续不断地播出时,里根总统直接致电以色列总理要求其停止这种不人道的攻击行动,以色列当局也立即接受了这一要求(李万来,1993)[280]。其次,大众传媒可以使本来已经设定在美国对外议程中的某一事件或地区在重要性上升级。例如由于媒介不断报道索马里战乱饥荒,黎民百姓尸横遍野的悲惨情景,而促使非洲事务在美国及其他西方各国的议程中迅速升级,最终采取军事救援行动。另外,大众媒介还可以改变或加速改变美国对外政策中的某些决策,这一点在美国的越战政策中表现最为突出。本来美国的传媒是支持政府在越战中的基本政策的,直到 1968 年哥伦比亚广播公司的权威新闻节目主持人克朗凯特访越归来,并在当年 2 月 27 日的新闻节目中指出,越战已经陷入僵局,美国不可能取得胜利,唯一的出路是停战谈判。从此,整个传媒舆论转向反战,每天将战场上传来的伤亡惨状和国内日益高涨的抗议示威反战情绪传播到每个家庭,从而使美国政府在内外交困情势下改变了长期作战的政策(李万来,1993)[321]。

第三,大众传媒引导和塑造了公众舆论。在美国公共政策制定过程中,无论是政府还是利益集团、思想库,都积极通过大众传媒的力量引导、塑造公共舆论,进而影响政策制定。

1989 年之前,美国公众对中国的印象总体来说是较为正面的。中国的改革开放和经济增长引人注目,代表的是一支新兴的进步力量。然而六·四事件之后,美国媒体对此进行了大量集中的报道和渲染,其中夹杂着许多恶意的歪曲和评论。诸如,中国对美国的出口使美国产生了大量的贸易逆差,使许多美国人失业;中国实力的增长导致其军事力量膨胀,使美国亚太地区的安全利益受到威胁;中国的经济改革虽然较为成功,但是共产党政权的独裁和专制却使人民的民主和人权得不到保障。凡此种种,形成了所谓"中国威胁论"和"妖魔化中国"的现象。美国媒体对舆论的影响和引导使美国民众对中国的看法发生了逆转,美国政府的中国政策成为公众关注的焦点,在一定程度上阻碍了中美关系的改善和发展。

另外,在 20 世纪 60 年代末和 70 年代初,美国民众反对越南战争的呼声已经在美国国内形成了相当广泛的共识,使尼克松政府最终做出中止战争的决定。而在

9·11事件以来美国社会再次形成了"言论一律"的舆论氛围,民众"谈恐色变"的心理为布什政府挑起反伊情绪、推行单边政策提供了有利的国内环境(王永芹,2005)。1992年,布什在离任前七周决定向索马里派遣维和部队,当时,大多数美国人支持这一人道主义救援行动。而1993年10月,在一次美军与索马里叛军交火中,美军士兵伤亡众多,各大媒体迅速播出了这一消息并且播放了一名美军士兵被打死后被拖在街头的残酷镜头。随即,美国公众爆发了大规模的反战情绪,85%的民众要求"带孩子们回家"。克林顿政府迫于公众舆论的压力,经过三天紧急磋商,宣布将于1994年3月31日前撤出全部美军作战部队(韩召颖,2007)。这一案例一方面反映出媒体对公众舆论所产生的影响,另一方面也反映出公众舆论对政策制定的影响力。

思想库与大众传媒的舆论关系

"谁决定着政治的内容,谁便统治着这个国家(Schatt-schneider,1960)。"在"公共政策舆论场"中,尽管大众传媒具有巨大的舆论影响和塑造力,但却不具有舆论生产的能力,决定了大众传媒舆论内容的是思想库。

媒体首先是舆论的反映者,其次才是舆论的代表者和引导者,它促进舆论的形成依赖于对事实的加工。"报纸不可能从冰点唤起一种活动。它没有呼风唤雨的神奇法术。新闻的活动是把潜在的东西加以提高,确立和宣布将要形成的意见,提出能领导运动的核心的东西,提出一定的办法和贯彻始终明确的目的。换言之,报纸的作用不是创造性的,而是加工性的,不是第一位的,而是第二位的(小野秀雄,1957)。"

在"公共政策舆论场"中,思想库与大众传媒之间的关系可以分为两个层次来理解:首先,两者之间是舆论生产者与传播渠道的关系,思想库设置了大众传媒的舆论议程;第二,思想库与大众传媒之间存在着一种互为需求的紧密联系,思想库需要借助媒体传播、放大影响力,媒体需要思想库的观点和声音提高公信力和收视率。

就两者之间的第一层关系而言,根据议程设置理论,很多时候媒介的议程影响了公众议程和政府议程,那么又是谁在设置媒体的议程呢?影响媒介议程的重要力量,从微观上来讲来自媒介从业者,从宏观上来讲来自意识形态,从中观的角度,有时来自其他媒介,特别是主流媒介,有时受到政府议程的影响,有时来自其他社会组织(沃纳·赛佛林,2007)。从根本上说,媒介的议程是生活的反映,是广大公众的普遍呼声为媒介议题提供了源泉。但是,在"公共政策舆论场"内,作为专业的公共政策思想的生产机构,思想库作为权威信息源和具有公信力的专家意见源为媒体设置了议程。美国思想库通常通过各种传播媒介,就某一问题在全社会形成舆论强势,促使政府对这一问题的关注,从而达到设置政策议程的功能。在"公共政策舆论场"内,表面上看,虽然媒体决定了哪些思想库的舆论可以进入媒体议程,但是无论大众传媒如何选择也不会跳出思想库所提供的舆论内容的整体。再简单一点解释,思想库就好比是舆论超市的提供者,大众传媒在这个舆论超市中具有选择哪种商品的决定权,但其最终选择的所有商品都是由这家舆论超市所提供的。

大众传媒与思想库之间之所以形成一种互为需求的紧密关系,一方面源于两者之间存在着议程设置的关系,另外还源于美国思想库之间日益激烈的市场竞争,以及美国大众传媒的私有化和商业化特性。

在美国思想库发展的早期阶段,思想库的角色主要是为政府提供政策建议,但并不参与和影响政策决策的过程,因此思想库很少出现在大众传媒上,其影响力也不被大众所感知。但是,在20世纪60、70年代,随着政策倡导性思想库的出现,思想库的数量急剧增多,思想库市场变得供大于求,如何吸引有限的受众、注意力和资金成为思想库面临的严峻问题。与此同时,信息技术的飞速发展对思想库的传统信息传播模式也形成了巨大冲击,越来越多的思想库开始意识到大众传媒具有巨大的影响力。在这样的背景下,为了适应市场和媒介环境的变化,思想库与大众传媒之间的关系变得非常密切。目前,几乎所有的美国思想库都积极寻求通过大众传媒进行舆论扩散,提高其对公众舆论的影响力,从而间接影响政策制定者。

从媒体的角度来看,美国的大众传媒最核心特点是私有化、商业化和独立性。私有化和商业化的性质决定了其必须通过赢得高额利润来维持生存和发展,这种经济利益的驱动促使大众传媒必须为受众提供权威、快捷的信息以保持和扩大其读者、观众和听众数量,吸引更多的广告客户。而在公共政策舆论场中,大众传媒获得权威信息的来源就是思想库,思想库为大众传媒不仅提供了免费的权威舆论产品,而且还提供了对这些舆论产品进行解释、分析的专家们。在美国各大广播电视网的评论节目中,思想库的专家、学者们总是频频出现,就某一社会问题或者政策热点进行解读,这一方面提高了思想库的知名度,另一方面提高了媒体的收视率和收听率。

美国大众传媒的独立性决定了其在"公共政策舆论场"中客观、中立的地位。但是,在任何政治、经济体制下的大众传媒都不可能做到完全的客观、中立,它总要受到各种因素的影响,包括资本、政治、意识形态等等。媒体在选择思想库的舆论产品和专家时也很难做到对各种舆论观点选择的平衡和中立,他们往往选择那些和自己已有的意识形态和观点相近的思想库。当然,思想库对此并非是完全被动的地位,它们会采取各种传播模式和渠道进行舆论传播,这一点我们将在第四章进行详细论述。

第四节
美国思想库与公众舆论

按照政治学家阿尔蒙德对舆论主体多样性的分析,公众分为精英、关注公众和普通公众三个层次(Gabriel Almond,1960)。本书所指的公众舆论,是指普通公众对各种公共政策所公开表示的大体一致的意见。

美国建立的政治制度体现了"民治、民享、民有"的基本价值,在美国政治生活中,人民的意志是政治统治的基础,如果离开了"人民的同意",民主就不能够成其为民主。可以说,公众舆论是美国民主制度赖以存在的社会基础和合法性来源,而公共政策制定的依据很大程度上直接来自于民众的意见。因此,在"公共政策舆论场"中,无论是思想库、利益集团、大众传媒还是政策制定者,他们都试图影响公众舆论,赢得公众舆论的支持。就思想库而言,公众舆论是美国思想库的目标受众之一,很多思想库在其机构的声明之中都明确指出要引导公众舆论的走向和社会思潮。但是思想库影响公众舆论的最终目的是通过它的力量来影响政策制定。

公众舆论的力量

英国法学家和历史学家布莱斯认为,"没有任何国家的公众舆论像在美国那样强有力,和同时代的其他国家相比,美国更像是在被公众舆论所统治(James Bryce, 1981)。"哈罗德·拉斯韦尔(2003)曾断言:"如果在政策制定过程中,缺少关于政策成功所仰赖的公众舆论,那么政策的制定过程就是十分危险的。当政策得以公开时,公众舆论的批评能够补救权力决策的缺陷,使政府在局面失控之前就能觉察和纠正问题,并改正错误。"

尽管学者们对公众舆论抱有理想化的期望,但是在实际的美国公共政策制定过程中,公众舆论具有多大力量却始终是一个争论不休的问题。20世纪以来,美国学界关于公众舆论的力量有两种完全不同的视角。一种是现实主义的阿尔蒙德—李普曼一致论,也被称为怀疑—否定学派,另一种是自由主义的理论,也被称为肯定学派。

阿尔蒙德在对大量数据和历史案例进行分析和研究之后得出结论:美国民众对外交事务和相关国际事务的基本知识所掌握的信息量十分有限,可以说近乎无知,"如果想避免对威胁的恐慌性反映,就必须时时切记美国公众舆论的摇摆不定和爆炸性潜质(Gabriel Almond, 1960)[55]。"詹姆斯·罗森瑙曾以剧院为比喻,将舆论制造者比做舞台上的演员,只有25%左右的观众坐在前排并且能够理解舞台上的表演,其余的大多数观众"置身于剧目之外,看不懂剧情,甚至听不懂台词,分不清演员。这部分人只能作出感性反映,或者一片沉寂,或者猛烈鼓掌仿佛要把剧院地基都要掀起来(James Rosenau,1961)。"从二战结束后到越战末期的 30 年时间里,现实主义学者们对公众舆论的影响力达成了阿尔蒙德—李普曼一致论,"公众舆论是反复无常的;公众舆论缺乏内聚力或结构;公众舆论对政策制定产生的影响力是有限的(O. R. Holsti,2003)。"

对于公众舆论有限影响力的观点,自由主义学者们通过对越南战争期间美国公众反战运动的舆论研究,对阿尔蒙德—李普曼一致论提出了挑战。近年来,越来越多的研究表明,公共舆论是理性的和稳定的,应该成为政策制定的基础,公众舆论与公共政策是一种呼应关系,两者之间存在相关性,公众可以通过各种方式表达舆论,而政策制定者也重视来自公众的舆论。罗纳德·辛克里作为里根政府的成员,根据其亲身经历指出,民意测验所反映出的公众舆论扎根于总统决策的全过程。布鲁斯·拉希特对政府军备开支水平和公众舆论之间关系的研究,也清楚地表明公众舆论与政府决策之间存在着呼应关系(Philip Tetlock,1998)。

事实上,无论是自由主义者还是现实主义者,对公众舆论具有政策影响力这一点是能够达成共识的,只是对于公众舆论在多大程度上能够反映出理性的民意,并且对公共政策制定的哪一阶段产生积极的影响的问题上持有不同观点。肯定学派指出了民意对社会管理的目标起着决定性的定位作用,而怀疑—否定学派将重心落在社会公共管理的决策过程中,总之两种学派都指出了民意与社会管理所构成的整个链条中的某一个重要方面(韩运荣等,2005)。公众影响力的产生受到决策背景、问题领域以及信息环境等诸多因素的制约和影响。在"公共政策舆论场"内,尽管在很大程度上公众舆论受到思想库、大众传媒、利益集团的影响和塑造,但毫无疑问,公众舆论是一个能够对政策制定产生很大影响力的重要因素。

例如,1964~1965 年,林登·约翰逊决定介入越南战事是因为公众支持,后来又由于公众舆论反对慢慢撤了出来。1990~1991 年的海湾战争,布什总统是得知有公众舆论支持的情况下才作出决定出兵打伊拉克的。在美国国内政策方面,我们也能看出公众舆论对政府的影响。1964 年的"民权法"、1965 年的"选民登记法"都是在公众舆论倾向于解除种族隔离、支持民权运动的形势下通过的。1973 年最高法院认可堕胎行为合法,这个决定是经过十年公众舆论反对声渐小的情况下作出的。70年代初,美最高法院认定"死刑"不合宪法,后来因公众舆论反对,遂又裁定"死刑"合法。美国公众舆论不仅制约政策的制定,有时还促使某些政策的实施或者搁浅。克林顿政府1994年的医疗保障改革计划就是在一片公众舆论反对声中搁浅(罗曦,2007)。

公众舆论之所以能够在美国公共政策制定过程中发挥实际的影响,从理论上讲是由美国的政治选举制度所决定的。定期举行的选举使得美国选民有机会对领导人的行为进行直接的舆论表达,这种舆论决定了领导人能否当选。而已经当选了的领导人因为面临下届任期的选举,所以会一直关注选民的意见,在作出任何决策之前评估公众舆论的倾向。但是我们不能由此简单归结为政府根据公众舆论制定政策,而是两者的互动关系在决策中起着重要作用——领导人既要代表民意,又要操纵民意。美国国务院早在第一次世界大战之前就成立了信息处以引导民众对外交政策的态度,对公众舆论的了解和引导成为美国外交决策程序的一部分。二战以后,各种民意调查机构纷纷建立,新闻媒体也不定期进行公众舆论的调查。在当今美国公共决策中,公众舆论所扮演的重要角色是宏观和方向性的。

思想库与公众舆论的呼应

关于思想库与公众舆论之间的关系,从阿尔蒙德舆论理论的视角是一种精英舆论与普通公众舆论的关系。在"公共政策舆论场"内,思想库与公众舆论的关系通常可以分为两种情况:第一,公众舆论是思想库的目标受众之一和影响政策制定者的工具,思想库作为舆论精英塑造并引导着公众舆论的内容和走向;第二,公众舆论为思想库的舆论生产设定了宏观的框架和范围,思想库反映了公众舆论。公众舆论与精英舆论的融合将会产生巨大的舆论声势对政策制定产生影响。

第一,思想库塑造了公众舆论的内容,引导着公众舆论的走向。思想库对公众舆论的塑造和引导主要是通过大众传媒来实现的,大众传媒的议程设置和框架功能,使得思想库可以借助它的力量影响公众舆论。对于公众舆论的主体而言,他们是群体庞大的普通公众,由于受教育水平和社会地位的限制,他们大多对公共政策问题缺乏兴趣和了解,他们主要通过大众传媒获得相关信息。在自身缺乏对公共政策理性判断的情况下,因为思想库所代表的专家地位和独立性,使得这些公众更容易信任思想库所倡导的舆论。这种情况主要发生在危机事件、外交政策问题和一些与公众实际生活距离较远的国内政策问题上。

比如说,对于美国的军备控制问题、导弹防御问题以及反恐战争问题等等,可以说完全是由思想库的专家们来确定出具体问题和政策框架。2008 年底,美国进步中心(Center for American Progress)发表了《2009 年核态势研究报告》,报告列出了奥巴马在政府过渡阶段、就职后 100 天内和第一年中应该就"核战略调整和核力量发展"做的事项。报告发布后,纽约时报、美联社、CNN 等媒体一致认为,此报告是奥巴马政府打造"新核力量"的指南。[①] 面对这一对于大多数公众而言完全陌生的问题,美国进步中心成功的塑造了公众舆论。事实上,在这种情况下所产生的民意是托马斯·戴伊所指的"自上而下制定出的民意",只是具有数量上的意义,从某种程度上讲只是思想库用来影响政策制定者的有力的工具。但是,这并不意味着公众舆论完全被思想库所塑造和引导,在公共政策的大的框架、方向上以及一些与公众实际生活密切相关的政策问题上,公众舆论具有很强的自主性。

第二,思想库反映并引导公众舆论。总的来说,公共政策舆论的生产是由思想库来主导的,因为他们有更多的专门知识和信息,然而,这并不意味着思想库不考虑公众舆论。思想库进行舆论生产时首先要顾及大原则:美国人的价值观和国家利益。这种情况主要发生在一些与社会大众密切相关的国内政策问题上,如社会福利政策、保险政策、教育政策、税收政策等等。在这一类的问题上,即使最普通的公众也有自己最实在的亲身体验和具体的要求。因此,对于这一类的政策问题,思想库在进行舆论生产的时候,通常通过实地调查和民意测验等信息渠道事先了解

---

① 资料参见联合早报,透视奥巴马左膀右臂的智囊。http://www.chinanews.com.cn/hb/news/2009/06-02/1715895.shtml.

公众舆论的倾向,对公众舆论进行深入的调查和分析,然后再进行具体的政策研究。思想库的舆论产品在一定程度上反映了公众舆论,更准确一点说,思想库的舆论产品是在反映公众舆论基础上的更加理性化、具体化的舆论。这样的舆论产品更容易与公众舆论产生强烈共鸣并且为政策制定者所采纳。

以美国进步中心提出的"进步性增长"(Progressive Growth)方案为例。2007年11月,美国进步中心发布了《进步性增长:通过清洁能源、革新与机遇扭转美国经济》的报告。报告指出,美国经济当前面临着五大挑战:当前促进经济持续增长的良性循环正在减弱;美国经济依赖于高碳型能源体系,全球变暖威胁经济资源;美国国民对未来充满恐惧,社会流动性不断减弱;全球化增加了美国的就业机会,在世界上留下了严重的贫困问题;布什政府的军费透支遗产和有限的财政收入使美国将来的投资面临风险。报告认为,"进步性增长"是解决五大挑战的最好途径。实现"进步性增长"的核心步骤包括:(1)促进美国向低碳型经济的转变;(2)刺激变革,促进生产力增长,创造就业机会;(3)促进经济安全,增强社会流动性,为国民创造经济上升的机会;(4)创造一个使不断增长的全球中产阶级增收的良性循环,为美国的产品和服务提供未来的消费者;(5)实行负责任的财政政策,保证国家的进步性投资。美国进步中心的这项政策建议显然建立在美国公众舆论的基础上,更多地为美国每一个家庭考虑。美国进步中心也声称"这些建立在现实基础上的观点,将有效地指导进步人士管理国家,实现所有地区经济增长和国民整体收入提升"。因为有了巨大的民意支持,进步中心的这些政策建议目前正成为奥巴马政府所具体实施的方案。[①]

在政策制定过程中公众舆论的作用并不是决定性的,公众舆论也受利益集团、大众传媒等精英舆论以及政府舆论的影响,有时甚至被左右。但是,从政治结构看,美国的公众舆论比其他国家能够更容易地介入政府决策。美国政治体制的集约化程度和控制社会的能力比较弱,社会舆论相对开放,以及国会在政策领域的巨

---

① 资料参见中国社会科学院报电子版,袁华杰,王鹏权:《进步性增长:新罗斯福时代,还是回归中间路线》。http://ssic.cass.cn/yb/29/3-1.html.

大权力,使美国成为政策方面最为分权的国家,这些都使公众舆论有很多机会和渠道去影响决策。

通过这一章的分析,我们明确了美国思想库影响力是其在"公共政策舆论场"中通过与其他舆论因素的互动而形成的。在"公共政策舆论场"中,存在着思想库、利益集团、大众传媒、公众舆论等多个舆论生产和传播的中心,而思想库处于"舆论聚散核心"的地位。思想库作为公共政策研究机构,其目的就是通过独立、高质量的政策研究提出创新的思想,从而影响政府舆论和其他舆论。利益集团既属于阿尔蒙德所言的"关注公众"又是舆论传播的渠道之一。利益集团的主要工作不是生产思想,而是通过各种渠道为特定集团争取利益。公众舆论所反映的是普通公众的意见,具有量的优势,可以形成巨大的舆论声势,因而成为其他各种舆论主体试图影响和引导的对象。而大众传媒承担的最重要的角色是各种舆论得以大范围传播、沟通的渠道和平台,以及作为舆论的放大器、塑造者和引导者。通过比较可以看出,美国思想库具有其他政治行动体和影响因素所不可替代的"舆论聚散核心"地位。

美国思想库所具有的舆论地位是其发挥影响力的基石,但是在数量众多、竞争激烈的美国思想库市场上,要想把"专家"知识转化为"政策"权力,实现美国思想库的影响力诉求,还必须依靠全方位的影响力策略,通过各种传播方式和渠道影响其他舆论因素,从而最终形成强大的影响力。接下来一章就是要详细论述美国思想库如何进行影响力的传播和扩散。

第四章　美国思想库的传播战略

REVOLVING DOOR
American Think Tanks Research

Chapter Four : American Think Tanks'
Communication Strategy

Interpersonal communication and its direct impact

Organizational communication and its brand construction

Mass communication and its opinion power

第四章
美国思想库的传播战略

Chapter Four：American Think Tanks' Communication Strategy

对于 20 世纪初的美国思想库来说，它们的首要目的是通过提供学术研究从而服务于公共利益。第一代思想库的创立者们，像安德鲁·卡内基、罗伯特·布鲁金斯等都认为思想库应该远离政治决策过程，也因此在那个年代思想库的舆论传播没有得到足够的重视，其政策影响力也很难被感知。

到了 20 世纪 60、70 年代，随着美国面临的国际、国内问题日趋复杂、对思想库的需求越来越大，思想库的数量急剧增多，各个思想库之间为了争夺有限的资金和注意力，开始加大舆论传播的力度。另外，在这一时期传统基金会、美国企业研究所等一批"政策倡导型"思想库诞生，它们的创立者和管理者们认为"思想就如同其他任何产品一样，需要走向市场，需要赢得受众（Donald Abelson，1996）[82]。"在这样的理念下，这些思想库采用市场营销的方式，不断改进传播策略，通过各种传播渠道扩大其政策产品的影响力。而今，经过一百多年的发展、演变，美国思想库已经形成了一套相对成熟的影响力策略和全方位的传播机制。

对于美国思想库影响力战略的研究，有助于我们明确美国思想库的影响力是如何进行扩散的，从而对中国思想库影响力的提高有一定的借鉴意义。

尽管思想库的规模、种类、研究方向、目标受众有所不同，但是他们采用的传播渠道和模式大致相同。具体而言，美国思想库采取的主要传播方式有人际传播、组织传播和大众传播。在大多数情况下,三种传播方式都是同时采用,互为补充和促进,共同构建了一个无所不在的战略传播网。人际传播有助于思想库的研究成果直接影响决策者,组织传播和大众传播担负着议程设置和塑造公共舆论的作用,从而间接影响决策者。大众传播可分为印刷媒介、电子媒介、网络媒介三种渠道,纸媒介的影响力更侧重长期性,电子媒介在舆论的形成中注重放大和引导,而网络媒介侧重于互动和全球性。

第一节
人际传播的直接影响

美国思想库作为政府体系之外的政策研究机构,不具有参与政策制定的法定权利。为了在公共政策制定过程中建立起权威地位,有机会对政策制定者产生直接的影响,美国思想库除了加强思想的创新能力、独立性和研究质量外,它们必须与总统、国会、政府行政机构以及社会各界之间建立起密切的关系和一定程度的信任。在这种情况下,人际传播是最为有效的传播策略,也是其他很多传播策略得以实现的基础。

人际传播是个人与个人之间的信息传播活动,是社会生活中最直观、最丰富的传播现象,其目的是建立与他人的社会协作关系以及相互认知,可分为面对面的传播和借助有型的物质媒介的传播。人际传播双向性强、反馈及时、互动频率高,是一种非制度化的传播,是建立在双方自愿和合意基础上的高质量的传播活动,尤其在说服方面其效果好于其他传播活动(郭庆光,2003)[81]。

于美国思想库而言,所谓人际传播方式主要是指思想库在舆论传播的过程中依靠各种人际关系网络影响政策制定,人际传播方式所带来的影响力也被美国学者称之为隐性影响力。① 人际传播通常依靠的渠道主要有:通过"旋转门"入朝为

---

① 唐纳德·阿贝尔森把思想库产生影响力的渠道分为公开的和隐性的两种,也可分为直接的和非直接的方式。

官;在总统大选期间担任总统候选人的政策顾问;给政府官员直接打电话,或者邀请政策制定者参加私人午餐、内部会议;保持与国会议员的密切私人关系;邀请前政府官员到思想库任职等。除此之外,美国思想库与其他思想库、学术界、企业界、媒体界之间所形成的"思想库意愿共同体",共同构建了一个强大的人际舆论传播网,从而使得思想库的影响力渗透到政策制定的各个阶段。

对于人际传播的重要性,布鲁金斯学会负责传播事务的副总裁 Melissa Skolfield 认为:"个人关系网在思想库的传播渠道中起到举足轻重的作用。很多时候,借助个人关系,思想库的研究者可以直接与政府决策者对话,使其了解或接受其研究成果。"①

"旋转门" 机制

"旋转门"机制是美国思想库最具特色的现象,其产生和运转根植于美国的政治体制。四年一度的总统大选,卸任的官员很多会到思想库从事政策研究;而思想库的研究者很多到政府担任要职,从研究者变为执政者,这种学者和官员之间的流通就是美国的"旋转门"。旋转门机制为思想库的舆论传播提供了两条通道:一是入朝为官,从而成为政府决策的直接制定者;另一个通道就是一个强有力的人际传播网络的形成。

对于思想库而言,旋转门机制所带来的政府官员与思想库之间的人际关系网使得思想库虽然在政府之外,但却与政府内部保持着密切的联系。美国思想库的"旋转门"使得知识与权力得到了最有效的结合,不但使得美国政治保持了活力和有效性,而且也使得思想库成为为政府培养和储备人才的港湾。长远来看,这种机制使得美国思想库的影响力直接渗入到美国政治决策的核心,成为决策过程必不可少的一部分。

---

① 引自笔者 2008 年 2 月 26 日在华盛顿对 Melissa Skolfield 的访谈。

　　布鲁金斯学会现任的 200 多名研究员中,有 1/2 的人具有政府工作背景,担任过驻外大使的就有六位之多。现任布鲁金斯学会会长斯图尔特·塔尔博特曾担任克林顿政府的副国务卿。原中国中心的主任和资深研究员杰弗里·贝德在加入布鲁金斯之前一直服务于美国政府,他曾是美国驻纳米比亚大使(1999～2000 年),也曾担任美国国家安全委员会亚洲事务主任。奥巴马政府上台之后,杰弗里又重返政府,出任奥巴马的特别助理和国家安全委员会亚洲事务资深主任。原外交政策资深学者苏珊·赖斯曾作为助理国务卿服务于克林顿政府,现在被奥巴马任命为驻联合国大使。莱尔·布兰纳德 2001～2009 年担任布鲁金斯学会资深研究员和全球经济与发展项目的副总裁,2009 年 3 月,她被任命为奥巴马政府的财政部副部长。到目前为止,布鲁金斯学会加入奥巴马政府的有 36 人之多。而这种人际关系网络带来的最直接的影响就是:布鲁金斯学会的政策建议可以迅速到达白宫、国会和政府各个机构,从而对政策制定产生直接影响。

　　比如,2009 年奥巴马访华前夕,布鲁金斯学会中国中心和东北亚中心联合举办了一次公开会议讨论奥巴马的外交政策。原中国中心主任杰弗里·贝德应邀出席发表主题演讲。在演讲中,他不但对奥巴马的各项外交政策进行了分析和解读,并且在演讲开始尤其强调了他与布鲁金斯学会的密切关系,尤其是他与总裁塔尔博特、东北亚中心主任卜睿哲、现任中国中心主任李侃如的同事和朋友关系。毫无疑问,这四位都曾经效力于克林顿政府的同僚,经过"旋转门"的几次旋转,在布鲁金斯学会与奥巴马政府之间建立起了牢固的人际传播网络。

　　在奥巴马政府任职的前布鲁金斯学会成员中,穿过"旋转门"次数最多、最为典型的当属美国常务副国务卿詹姆斯·斯坦伯格。从 1977 年至今,斯坦伯格五次穿越"旋转门"。斯坦伯格第一次穿过"旋转门"是在 1977 年,时年 24 岁的他担任了当时美国卫生、教育和福利部部长助理的特别助手。之后,从 1978～1981 年,他历任美国总检察长特别助理,美国参议院劳工和人力资源委员会的少数党法律顾问,参议院军事委员会的首席助理。1985 年,斯坦伯格第二次穿过"旋转门",他在英国伦敦国际战略研究所和兰德公司担任研究员。斯坦伯格第三次穿过"旋转门"是在 1993 年,

表 4.1   任职于奥巴马政府的部分布鲁金斯学会成员

姓名	职务
杰弗里·贝德	国家安全事务顾问
莱尔·布兰纳德	财政部副部长
詹姆斯·斯坦伯格	常务副国务卿
苏珊·赖斯	驻联合国大使
卡洛斯·帕斯卡尔	驻墨西哥大使
大卫·桑德罗	能源部助理部长
托马斯·多尼伦	副国家安全顾问
丹尼尔·本杰明	助理国务卿
伊沃·达尔德	驻北约大使
彼得·欧尔萨格	国会预算局局长

资料来源:根据布鲁金斯学会网站信息整理。

这一次他效力于克林顿政府达八年之久,先后担任了副助理国务卿、国务院办公室主任与国务院政策规划司司长以及国家安全事务副助理。2001 年斯坦伯格的第四次"旋转门"之旅使他成为了布鲁金斯学会的副总裁,负责外交政策项目。2009 年 1 月,奥巴马提名斯坦伯格担任副国务卿,成为排名仅次于国务卿希拉里的国务院高官,这是斯坦伯格第五次穿越"旋转门"。[①]

除了布鲁金斯学会与政府之间的"旋转门"之外,其他美国思想库与政府之间也保持着这种旋转门机制。美国对外关系委员会的成员中曾任国务卿的有十多人,曾任财政部长、国防部长或副部长的有数十人。大约有 54 名外交关系委员会的成员曾被邀请入卡特政府,如副国务卿菲利普·哈比比、财政部副部长A·所罗门、驻联合国大使唐纳德·麦克亨利。美国企业研究所的 30 多名高级研究员中有一半曾在政府任过要职,2001 年小布什当选为总统后,美国企业研究所有 20 多位学者进入政府,其中包括副总统切尼、国防部国防政策委员会主席理查德·帕尔、

---

① 资料参见祁怀高:奥巴马外交团队:"旋转门"的解读。http://www.news365.com.cn/wxpd/wz/hqjj/200911/t20091102_2511098.htm.

副国务卿约翰·博尔顿等。

　　除了智库人员进入政府外，前政府官员卸去公职后返回智库的例子也有很多。1976 年的竞选失败之后，福特总统与美国企业研究所建立了联系。同样，在卸任美国驻联合国大使后，珍妮·柯克帕特里克回到了美国企业研究所。前国防部长理查德·切尼也在布什总统竞选落败后加入了美国企业研究所。卡特总统的国家安全顾问兹比格涅夫·布热津斯基 1980 年接受了国际战略研究中心的职位，加入了亨利·基辛格、哈罗德·布朗、威廉·克劳上将和詹姆斯·施莱辛格等这些政坛名流的行列。国务卿舒尔茨在里根政府的任职期满后接受了胡佛研究所的职位，而他的同事们如理查德·艾伦、威廉·贝内特、杰克·坎普和埃德温·米斯接受了美国传统基金会的职位。①

　　通过以上列举的这些"旋转门"，美国思想库与白宫、国会和政府各个部门之间建立起了纵横交错的人际传播网络，从而渗透着思想库对政策的影响力。这也正如前美国国务卿乔治·舒尔茨所说的"著名政治人物和智库在一起为智库的专家们开辟了多种渠道（Donald Abelson，2006）[155]。"

担任总统政策顾问

　　除了借助旋转门机制进行舆论传播外，在大选期间为总统候选人担任政策顾问，以及与现任总统的各个咨询委员会保持紧密关系是思想库发挥影响力的重要渠道。如果智库学者有机会加入总统外国情报顾问委员会（PFIAB）、总统经济政策顾问委员会、总统情报监督委员会，以及总统军备控制与裁军咨询委员会等重要的咨询委员会，智库学者可以对总统奉行的政策施以直接影响。

　　以总统经济政策顾问委员会（President's Economic Policy Advisory Board，简称 PEPAB）为例。1981 年 2 月 10 日里根总统宣布了由 12 名成员组成的 PEPAB

①　参见布鲁金斯学会、国际战略研究中心、胡佛研究所、对外关系委员会的网站资料。

正式成立,他深信这样一个机构可以在协助他执行其经济政策时起到重要作用,除了委员会的秘书安德森外,PEPAB还包括一些著名智库的经济学家如阿瑟·伯恩斯(美国企业研究所)、米尔顿·弗里德曼(胡佛研究所)、保罗·麦克拉肯(美国企业研究所)、赫伯特·斯坦(美国企业研究所)和托马斯·索维尔(胡佛研究所)。在最初的一年,PEPAB六次会见了里根总统讨论什么政策必须执行以推行他的经济战略。虽然它的成员们经常就如何恢复美国经济的状况意见不合,但他们始终如一地支持里根减少政府在经济中作用的努力。根据其成员透露,PEPAB的观点得到了总统的高度评价,"这些经济界大师的建议是非常受重视的,他们的个人立场加在一起的联合力量是不可抗拒的,如果委员会竭力反对,里根政府想长期执行任何重要的经济政策将会是很困难的(Donald Abelson,1996)[78]。"

每隔四年,美国的总统大选期间会有很多思想库的学者为总统候选人担任政策顾问,试图能够影响总统候选人,进而影响未来美国总统的政策理念。"尽管常常被忽视,但智库似乎对总统选举期间思想的发展和完善做出的贡献最大……在此期间,总统候选人征求广大知识分子的意见以建立大量国内和外交政策问题上的政策立场。总统候选人与政策专家交换意见,并在竞选中检验它们,这就像是一个国家级的营销策略的测试(Donald Abelson,1996)[67]。"

对于思想库专家和总统候选人而言,两者之间是一种互相需要的"共赢"关系。对于罗纳德·里根、吉米·凯特、乔治·布什这些在参加总统竞选期间对华盛顿和美国政治并不非常熟悉的候选人而言,与思想库建立联系,听取专家们的政策建议,不但可以帮助他们迅速、准确、深入的了解华盛顿政策以及美国面临的国内、国际问题,而且可以为他们带来一个强大的关系网络。而对于思想库的专家而言,通过为总统候选人担任政策顾问,他们不但可以发挥其政策影响力,而且可能在总统候选人成为总统之后被邀请加入政府。近30多年来,美国思想库通过这种方式在多届美国总统的战略形成、政策制定方面发挥了重要的作用。

里根竞选期间对思想库政策顾问的依赖创造了美国历史之最。1980年大选期间,大约450名政策顾问就国防、外交、内政、经济政策等问题为其提供政策建议,这些政策顾问人员有一半来自美国思想库。比尔·克林顿竞选期间,美国进步中心为其设计了竞选大纲。① 1990 年 3 月至 1991 年 8 月,克林顿担任民主党领导委员会主席期间,就与该研究机构关系非同寻常。克林顿参加总统角逐后,该所多名成员被吸纳进竞选班子。竞选成功后,美国进步中心总裁约翰·波德斯塔被委任为克林顿政府白宫办公厅主任。和卡特总统与里根总统不同的是,克林顿表面上没有花费很多时间发展和思想库的联系,但是他非常清楚思想库在议题确定上的重要影响力,他非常明确自己需要什么。克林顿不但在竞选期间依照美国进步中心的政策建议,在进入白宫之后,他把很多美国进步中心的政策建议进行实施,包括改革美国健康保障体系,帮助社区应对犯罪等(Donald Abelson,2006)[36-39]。

2008 年,在奥巴马竞选进入最后阶段,美国进步中心加入了其竞选团队,从竞选策略到当选后的政策调整,美国进步中心为奥巴马提供了见解独到、贴近实际的研究报告,深受奥巴马的赏识和认可。奥巴马胜选后,美国进步中心的多位学者和管理者被委以重任。进步中心总裁约翰·波德斯塔被任命为奥巴马政府过渡事务主管,执行副总裁巴恩斯被任命为白宫国内政策委员会主任。在波德斯塔的运作下,很多进步中心的专家被委以重任,进步中心的很多政策建议也被奥巴马政府所采纳。

在乔治·布什竞选总统期间,美国媒体对他在外交政策方面的能力给予很多关注和担心。为此他组建了一个 100 多人的政策专家团队,其中很多专家来自胡佛研究所,这些专家中包括后来担任布什政府国家安全事务顾问和国务卿的康多莉扎·赖斯,还有胡佛的高级研究员约翰·泰勒。1998 年 4 月,布什拜访胡佛研究所,接受访问邀请之前,布什对胡佛并不熟悉,但是他与胡佛研究员经济学家 Michael Boskin 的友谊使他对胡佛很重视。大约四小时的会议之后,有 12 名研究人员成为布什竞选政策顾问。除此之外,布什还从美国企业研究所和国际战略研究中心吸纳了顾问。在竞选期间他还设立了一个政策顾问委员会,专门就国内政策

---

① 美国进步中心(Center for American Progress)最早称作美国进步政策研究所,是美国民主党领导委员会的政策机构,成立于 1989 年。

如技术和教育方面的问题帮助他进行深入了解。布什的首席经济顾问是美国企业研究所的 Lawrence Lindsey。布什在教育政策方面的顾问也来自很多著名智库,像美国企业研究所的 Lynne Cheney,她也是副总统切尼的夫人。布什政府的一位资深工作人员曾经说,布什相信总统应该是设定规则和目标的人,身边要围绕一批有智慧的人,总统要倾听他们的智慧(Donald Abelson,2006)[39-42]。

对于思想库而言,发展和加强其同总统、国会和各行政机构的关系非常重要,除非他们能够创造一个广泛的遍布整个政府体系的联系网络,否则思想库很难对政策制定产生广泛影响(Donald Abelson,1996)[72]。

思想库意愿共同体

所谓"思想库意愿共同体"是指以思想库为核心而组成的,以影响政策制定为目的的人际传播网络。"思想库意愿共同体"的成员不仅仅包括各种不同思想库的学者、管理者,也包含了与思想库运行密切相关的其他学术机构、基金会、商界、政界、媒体界的精英。"思想库意愿共同体"所构建的人际传播网具有难以估量的影响力,以布鲁金斯学会的董事会以及"机遇 2008 项目"(Opportunity 08 Project)的人员构成为例,可以窥见一斑。

美国思想库的最高决策和管理机构是董事会,他们通常由著名的政界、商界、学界、非政府组织的社会精英组成。思想库的董事会成员本身都是美国社会的最具影响力的舆论领袖,有的还是国际舆论领袖。由于董事会的难以接近性,因而在以往的思想库研究中对董事会很少提及。笔者在 2008 年 5 月 5 日至 6 日曾应邀以观察员身份参加布鲁金斯学会为期两天的董事会会议,基于实际参与观察的经历,笔者认为董事会成员构成的"思想库意愿共同体"在美国思想库的信息传播中承担着极其重要的作用。

根据布鲁金斯学会 2007 年度报告,董事会成员共有 44 名,其中董事长是约翰·桑顿,董事会成员包括卡瓦哈斯(Arthur Culvahouse)、达波斯坦(Kenneth Du-

berstein)、丁文嘉（Vishakha Desai）。卡瓦哈斯是世界著名的律师事务所
O'Melveny & Myers LLP 的董事会主席，他曾经担任里根总统的首席法律顾问，
1989 年获得里根授予的总统勋章，1992 年获得国防部长切尼（Dick Cheney）授予的
国防勋章。2008 年大选期间，他负责为共和党总统候选人麦凯恩（John Mccain）寻
找副总统候选人，并被美国舆论界视为麦凯恩当选总统之后的大法官候选人。[①] 共
和党人达波斯坦曾担任里根政府的白宫办公厅主任，也曾为尼克松和福特总统担
任过顾问，是美国著名的舆论领袖之一，经常出现在各大媒体的访谈节目之中。他
除了担任布鲁金斯的董事会成员之外，还是波音公司、飞利浦公司、对外关系委员
会、哈佛大学、霍普金斯大学等多所商业机构和思想库、大学的董事会成员。[②] 丁文
嘉现任亚洲协会会长兼首席执行官，除此之外，她还在多家美国最具影响力的机构
担任董事职务，包括纽约市公民委员会、纽约市文化事务咨询委员会。[③]

　　与这三位董事会成员相比，目前担任董事会主席的约翰·桑顿（John Thorn-
ton）的个人背景和关系网则更为国际化。他曾经担任高盛公司前总裁兼首席运营
官，目前是清华大学"全球领导力"项目教授、美国艺术与科学院院士、汇丰银行北
美执行主席。在世界范围内，他与南非前总统曼德拉、澳大利亚前总理陆克文、英
国前首相布莱尔、英国 BP 总裁、英特尔总裁、福特总裁、新闻集团默多克等众多政
界、商界领导人关系密切。除此之外，他与中国的政界高层也有着密切的交往。例
如，在 2009 年董事会期间，布鲁金斯邀请了奥巴马政府的重要内阁成员和董事会
成员和学者一起讨论美国未来走向。约翰·桑顿向政府官员们就美国未来的环境
政策问题进行了尖锐的发问。第二天，奥巴马的私人顾问打电话给约翰·桑顿，希
望在环境问题上得到桑顿和布鲁金斯学会的建议。另外，约翰·桑顿曾借助与中
国高层领导人的关系递交了布鲁金斯的研究报告，进而影响了上海国际金融中心
的建立。

---

① 参见 Arthur Culvahouse 的简介。http://en. wikipedia. org/wiki/Arthur_B._Culvahouse._Jr.
② 资料参见 Kenneth Duberstein 的简介。http://en. wikipedia. org/wiki/Kenneth_Duberstein.
③ 资料参见丁文嘉的简介。http://www. threetalk. org/tsmain/transcript/vishakha%20CH%20bio(1).
pdf.

"机遇 2008 项目"(Opportunity 08 Project)是布鲁金斯学会与美国广播公司(ABC)合作的一个为期两年的研究项目。这个项目的目标是:在具有历史意义的 2008 大选期间,超越党派纷争,把一些具有实质意义的、美国面临的紧要政策问题提上议事日程。

这个项目的研究人员大约有 60 多人,除了汇集了布鲁金斯学会自身的顶尖研究人员以外,还有来自其他著名思想库和大学的学者、媒体的记者以及商界和政界精英,而且这其中的很多人在奥巴马入主白宫之后,也从政策研究者成为了直接的政策制定者。在"机遇 2008 项目"中,有布鲁金斯学会最具媒体知名度的资深研究员奥汉伦(Michael O'Hanlon);有哥伦比亚广播公司的记者、主持人卡琳(Cali Carlin);有国际战略研究中心的资深顾问、乔治敦大学的国际关系教授格林(Michael Green);有美国企业研究所的研究员卡干(Frederick Kagan);有布鲁金斯负责外交政策项目的副总裁帕斯卡尔(Carlos Pascual),他曾经担任过美国驻乌克兰大使,目前进入奥巴马政府,担任美国驻墨西哥大使;也有资深政界人士,如从 1979~2005 年担任过 13 届国会众议员斯特好姆(Charles Stenholm)等等。[①]

通过以上分析可以看出,无论是董事会还是"机遇 2008 项目",其成员构成都是跨越不同领域,由这些成员所形成的"思想库意愿共同体"构建了一个强有力的人际舆论传播网,在美国甚至全世界范围内具有不可估量的影响力。

第二节
组织传播的品牌塑造

组织传播指的是以组织为主体所从事的信息传播活动,包括组织内传播和组织外传播(郭庆光,2003)[101]。任何组织都是与信息传播同步生成的,组织的目标、系统、规范的形成和运作都离不开传播,而组织传播活动又必须凭藉组织的系统才

---

① 资料参见布鲁金斯学会"机遇 2008 项目"。http://www.brookings.edu/projects/opportunity08.aspx.

能进行。组织传播的主体是组织,其传播对象可以是组织内的个人和群体,也可以是其他组织和组织之外的特定公众或者更广泛的大众。组织传播的总体功能就是通过信息传递将组织的各部分联结成一个有机整体,以保障组织目标的实现和组织的生存与发展。组织传播既是保障组织内部正常运行的信息纽带,也是组织作为一个整体与外部环境保持互动的信息桥梁(凯瑟琳·米勒,2000)。

美国思想库的组织传播主要是指组织外传播。组织传播是美国思想库塑造品牌影响力和机构美誉度的一个重要策略。组织传播通常采用的方式是举行会议,组织培训、交流项目,参加国会听证会等。通过组织传播,美国思想库为社会公众、决策者、专业人士构建了一个意见交流的平台和空间,同时也为决策者提供了一个接受政策教育的基地。在某种意义上,正是因为这种传播模式的存在使得美国思想库被称为"没有学生的大学"。

举办会议

举办公共论坛和会议是美国思想库用来提升对公共政策问题的认知度最为常见的策略之一。美国思想库经常召开大大小小及各种各样的讨论会、专题研讨会、纪念会、答谢餐会等,定期邀请政策制定者、学者、记者和来自私营以及非政府组织的代表讨论最新发生的,往往也是最有争议性的政策议题。这些会议大部分是面向公众开放的,社会各界公众都可自愿报名参加,额满为止。在各大思想库的网站上,公众可看到大型思想库会议的文字记录、音频或视频记录,这些会议为广大公众、决策者、专业人士构建了一个意见交流平台,促使意见领袖们讨论问题,同时思想库也借举办会议的机会塑造了机构本身的品牌和声誉。

通过布鲁金斯学会网站的记录,布鲁金斯学会的"机遇 2008 项目"(Opportunity 08 Project)在 2007 年 2 月至 2008 年 10 月期间举行了 22 次公开会议,会议内容既有对大选中出现的各种现象和问题的讨论,也有对总统候选人的前瞻性政策建议,另外还有对大选所未涉及问题的深入思考。这些会议的举行地点不限于华盛顿,而是跨越了多个州。根据布鲁金斯学会的财政预算,"机遇 2008 项目"投入在媒体信息传播上的费用大约为 100 万美金,占这个项目总投资的一半,其中会议投入就为 42.5 万美金。[①] 由此可见美国思想库对于会议这种传播渠道的重视程度。

表 4.2　　　　2007 年 2 月~2008 年 10 月"机遇 2008"项目举行的公开会议

会议	时间	地点
2008 大选:最后几周	2008.10.31	华盛顿
2008 大选中的意识形态、性别和种族问题	2008.10.17	华盛顿
总统候选人所忽略的问题	2008.10.14	华盛顿
竞选的基本法则:经济,战争和总统	2008.9.26	华盛顿
2008 大选中的选民	2008.9.12	华盛顿
美国外交政策和 2008 年总统竞选	2008.6.26	华盛顿
改革卫生保健	2008.5.22	克里夫兰(俄亥俄州)
下届总统面临的能源挑战	2008.5.12	华盛顿
交通运输与经济	2008.4.28	华盛顿
军队的未来	2008.4.7	科勒尔盖布尔(佛罗里达州)
伊拉克和阿富汗的未来	2008.3.31	华盛顿
竞争力:从查尔斯顿到中国	2008.1.11	查尔斯顿(南卡罗来纳州)
青年人的投票	2007.12.5	华盛顿
机遇 08:更好的方向	2007.12.3	华盛顿
国内外的国家安全问题	2007.11.16	拉斯维加斯(内华达州)
爱荷华州能源和国家安全论坛	2007.10.17	爱荷华州
预算赤字和卫生保健成本飙升	2007.9.26	曼彻斯特(新罕布什尔州)
关于反对恐怖主义和极端主义的长期战争	2007.9.19	华盛顿
民主问题论坛	2007.8.22	里诺(内华达州)
当前的国家军事力量	2007.6.29	华盛顿
应对全球变暖的新政治环境	2007.5.22	华盛顿
应对全球变暖的新政治环境	2007.5.22	华盛顿
机遇 08:为下一任总统的独立意见	2007.2.28	华盛顿

除此之外,思想库也会经常举办各种小型的午餐会、讨论会,会议不对公众开放,仅限于被邀请的特定人士,受邀参加这种会议的往往是政商学各界名流。思想库由此可以及时了解到政府的政策走向,从而使其研究同步甚至超前于这种走向,

---

[①] 参见布鲁金斯学会战略计划报告 The Brookings Institution Internal Report. Strategic Plan. 21-24.

并将自己的政策理念传递给政府相关决策人员。而政府官员也可以及时从思想库汲取研究成果，从而启发自己的思路，开阔自己的视野。这一类会议的议题一般是比较敏感的，如 2007 年，布鲁金斯学会召开的与西藏问题学者的内部研讨会和与前香港特首董建华的午餐会都属于这一类会议。

会议这种舆论传播方式对于舆论氛围的塑造十分有效，通常在一些突发事件发生后，各大思想库都会就相似的问题召开会议、发表观点，进而在全社会形成强烈的舆论氛围。比如，9·11事件后至次年 9 月份一年间，很多思想库组织各种会议探讨美国面临的反恐问题。美国企业研究所在国防问题方面举行了十几次活动；布鲁金斯学会在有关防恐战争问题方面投入了很大精力；卡内基国际和平基金会的学者们讨论中东地区的民主推进和美国与俄罗斯的核竞争关系；总部位于纽约的对外关系委员会举办了多次会议，讨论伊拉克的不稳定局势和核恐怖活动；西海岸的智库也广泛对这些问题展开研究和讨论，如胡佛研究所在 2002 年 5 月举办了一次为期两天的会议，讨论如何用科技力量反恐怖活动。这些不同思想库围绕相似问题在一段时间内举行较为密集的会议，一方面为社会各界提供了交流空间和平台，另一方面吸引了大量媒体对会议议题的报道，从而在全社会形成一种舆论氛围。

美国思想库举行会议的地点和方式并非一成不变，出于目标受众和舆论传播效果的考虑，美国思想库在会议地点和形式选择上颇费心思。

比如，自 2006 年 10 月开始，卡内基国际和平基金会陆续主办了"重新定义中国政策"的系列辩论会（Reframing China Policy: Debate），讨论中国重大及引起争议的问题，以及这些问题对于美国政策造成的影响。卡内基国际和平基金会举行的这一系列会议与传统上智库采用的会议形式有很大不同，主要体现在以下三点：地点在国会听证大厅而不是在智库；会议采用学者辩论的形式而不是观点陈述；会议受众限定于政府官员和精英阶层。卡内基的辩论会通过发邀请函的方式来确定观众，每次参加辩论会的观众大约有 60～70 人，其中 30％～40％都是国会议员和他们的助手（如行政助理、办公厅主任和法律顾问等）；20％左右的观众来自行政当局,如国务院、国防部、商务部、财政部等;其他观众则主要来自商界和学术界。对于组织这一系列会议的目的,卡内基国际和平基金会研究员裴敏欣博士坦言:"有关中国的学术活动在美国很多,但是内容并不生动,而辩论会的形式比较生动,能够把不同意见都体现出来。另外,因为国会在国际问题上有很大的发言权,增加他们对中国问题的了解很有必要。但是国会议员和其助理平时都很忙,没有时间老往智库跑,所以卡内基把辩论会开到国会山是送货上门。"①

作为一种传播策略,思想库举办各种类型的会议不但可以吸引媒体和公众的关注度,有利于就某一问题形成舆论氛围,而且还可以通过会议现场公众与官员、学者的互动使得思想库发挥一种"公共空间"的作用,不同的舆论在此汇集、沟通。而内部会议的召开则有利于思想库与政府官员之间和舆论精英之间就政策问题沟通信息、达成一致。

进行学术交流与培训

美国思想库在组织传播中采取的另一个策略就是针对政策制定者举办的各种短期培训项目,以及在各国学者之间举办的交流项目。通过这种培训、交流项目,一方面可以使得思想库的学者们有机会与政策制定者直接交流思想,也可以使得各国学者之间就政策问题交流信息,构建一个国际影响力的舆论传播网络,另一方面就是对项目参与者的直接影响。

早在 1978 年,外交政策研究所就成立了一个华盛顿项目,目的是就国内、国际问题对领导人进行培训。该组织创建华盛顿项目是为了提供一个论坛,以供学者与决策者交流意见。数十名美国政府官员和学者参与了此项目,许多人都担任或曾经担任过国家安全相关的职位,如第二次限制战略武器条约谈判代表和前军备控制和裁军署主任保罗·沃恩克,前国防部助理部长和国家安全委员会成员莫

---

① 引自笔者 2008 年 3 月 6 日在华盛顿对裴敏欣的访谈。

顿·霍尔珀林,以及克林顿总统的国家安全顾问安东尼·莱克等。[①]

为了方便思想库的学者和华盛顿决策者在关键的国内和外交政策问题上进行交流,自 1980 年,胡佛研究所设立了为期两天的、由高级研究员理查德·伯雷斯负责的华盛顿研讨会(Washington Seminars)。每次会议首先邀请 12～15 名政府官员参加在斯坦福大学的培训,每次会议都有一个详细的主题,讨论会直接涉及某一项具体的政策条款或者立法。已参加过这些研讨会的包括众议院的民主党及共和党成员,来自众议院和参议院各委员会,如外交关系委员会、拨款委员会、预算委员会、军事委员会、财政委员会、外交事务委员会、筹款委员会、情报委员会的人员,以及参议院多数党领袖办公室的国会工作人员和众议院议长等。根据胡佛研究所 1990 年 2 月发布的备忘录,"当讨论会刚开始时,一个很明显的重要事实是:华盛顿的许多参与者彼此从未见过或只是略有了解。这些项目对学者和政策制定者之间的对话发挥着至关重要的作用,对于立法和行政部门的政策制定与实施具有重要意义……这对于有效的发展和实施立法及行政部门的政策方案是非常重要的(Donald Abelson,1996)[68]。"

对于这种传播渠道所带来的影响力的认识,使得传统基金会在 1995 年创办了一个专门针对新一届国会议员的培训项目,第一届就有 56 名国会议员出席。之后,众议院提出了 15 条改革法案,其中 13 条都是由传统基金会提出的。在新一届国会执政的 100 天内,传统基金会的学者们在国会听证会作证的次数超过 100 次。[②]

关于国际学者之间的交流项目,布鲁金斯学会东北亚中心的访问学者项目非常值得一提。东北亚研究中心是布鲁金斯外交政策项目下属的一个研究中心,现任负责人是著名"中国通"卜睿哲(Richard Bush)。这个访问学者项目创建于 1998 年,自 1998～2009 年,每年从中国大陆、中国香港、中国台湾、日本、韩国、蒙古邀请一位访问学者到布鲁金斯进行访问研究,为他们提供为期 8 个月的,每个人大约 4

① 参见 The Institute For Policy Studies. http://www.ips-dc.org/.

② 资料参见传统基金会网站 Heritage history. www.heritage.org.

万美金的研究经费,并且安排他们参加各种会议活动,与政府官员直接交谈,访问纽约、西雅图等城市,以加强他们对美国政治的了解。自 2009 年 8 月开始,这个访问学者项目每年分为两期,每期四个月。被邀请的访问学者不限于学术领域,也可以是政府官员、媒体从业者和企业界人士。这个项目不但为东北亚地区的学者提供了一个了解、参与美国政治的机会,也同时在东北亚各国的精英群体中建立了一个布鲁金斯学会的政策影响网络。通过影响这些来自世界各国的舆论精英,美国思想库实现了影响力的全球传播。

参加国会听证

到国会听证会作证,面向国会议员和其他社会各界舆论精英陈述政策建议,是思想库学者们影响政策制定的一个非常重要的策略。这不但可以对政策制定产生很大的影响力,增加思想库在政策制定者眼中的可信度,同时也会赢得更多的媒体曝光度。在这里必须提到的一点是,为了能够得到被邀请到国会听证会作证的更多机会,美国思想库积极与国会各个部门保持密切联系。到国会听证会作证的次数也被学者们认为是证明思想库影响力的一个重要指标之一。

国会听证制度是美国国会政治生活中的一个重要环节,具体是指国会的常设委员会或专门委员会就某个具体问题举行公开会议,传唤或接受政府官员、利益集团代表、知名学者或某些公民个人与会,并听取他们提供的证据和意见。听证制度具有如下功能:第一,实现不同利益集团之间,以及它们与国会委员会之间的信息交流;第二,在听证过程中实现对受众的舆论影响;第三,通过听证,获得来自专家、学者就某一具体问题的政策建议或者批评。国会举行听证会若不涉及国家机密问题,一般会对外界公开,允许媒体进行报道。

美国国会的听证会对于塑造舆论起着重要作用,思想库学者们在听证会上作证不但会直接影响政策制定者,听证会内容还会被媒体广泛报道,从而影响公众舆论。关于国会听证会的巨大影响力,1966 年的富布赖特听证会是一个非常典型的例子。

1966 年 3 月 8 日至 30 日，参议院外交关系委员会主席富布赖特连续主持了 12 次有关中国问题的听证会，邀请了 14 位德高望重的"中国通"到场作证，他们包括鲍大可、费正清、本杰明·施瓦茨、约翰·林德贝克等。这些学者通过国会听证会这个平台，从各个方面批评了 1949 年以来美国政府推行的对华"遏制并孤立"的僵硬政策。指出孤立中国的政策业已失败，政府有必要检讨对华政策背后的逻辑，重新审视对华政策，采取一种更加灵活的"遏制但不孤立"的政策，发展对华贸易（战略物资除外），放宽美国人员访问中国的限制，最终与中国关系正常化。之后，《纽约时报》《华盛顿邮报》、《新闻周刊》《生活周刊》、哥伦比亚广播公司（CBS）等媒体陆续发表了美国公众对听证会的反馈意见，无论是支持者还是反对者都对中国的历史、政治、文化、经济、军事、中苏关系、中越关系有了更多的认识。当年 6 月 14 日的《华盛顿邮报》刊登了路易斯·哈里斯就这次听证会而举行的民意测验的结果：55％的受访者认为参议员富布赖特的作法是对美国有利的，而 45％的人则认为他这样做是有害的。这次听证会是美国改变对华政策的一个新的起点（张立平，2005）。

国会听证的影响力在最近两年的中美关系中也有鲜明的体现。2008 年 7 月 23 日，在北京奥运会举办前夕，美国知名学者、中国问题专家李侃如（Kenneth Lieberthal）在美国国会众议院外交关系委员会的听证会上表示，北京奥运会成功举行符合美国的利益。针对美国国内一些抵制奥运会的声音，李侃如认为，良好的美中关系不仅符合美中两国利益，也有利于整个亚洲局势，中国人为举办奥运会感到自豪，如果美国政府试图利用奥运会在政治上得分，注定将在中国人民当中产生强烈不满。李侃如在听证会上的发言引起了美国媒体的高度关注并引发了一系列讨论。同样，对于中美在环境问题上面临的共同挑战和合作空间，2009 年 6 月 4 日，时任布鲁金斯学会访问学者的李侃如在参议院外交关系委员会的听证会上提出了自己的政策建议。李侃如两次在国会听证会上的发言都对美国政府的对华政策产生了重大影响。①

①　资料参见布鲁金斯学会网站。Kenneth Lieberthal（李侃如）是美国著名的"中国通"，现为布鲁金斯学会中国中心主任。http://www.brookings.edu/china.aspx.

在国会听证会作证为思想库学者提供了一个就公共政策问题,面向政策制定者和舆论精英以及媒体直接发表意见的重要渠道,同时也使得思想库在决策者眼中建立更好的信誉。

第三节
大众传播的舆论扩散

大众传播是指职业工作者通过机械媒介向社会公众公开的、定期的传播各种信息的一种社会性信息交流活动(刘建明,1992)。现代社会,大众传播是信息环境的主要营造者,是人类感知外部世界和经验的一扇窗口。大众传播通过对信息的大量生产、复制和大面积传播,能够在短时间内将同类信息传遍整个社会,造成普遍的舆论声势。大众传播的议程设置功能、社会整合功能、社会动员功能,以及传播的公开性、权威性、显著性和直达性使其拥有巨大舆论力量。美国思想库的大众传播活动通常分为两种:一种是自行设立大众传媒,如创办期刊、广播、电视节目,设立出版社、网站等;一种是利用外界的大众传媒,如报纸、杂志、广播、电视等。

在思想库所倚重的众多传播策略和渠道中,大众传媒所产生的影响力是最为可见的,但是在美国思想库的早期发展阶段,大众传播策略未得到足够的重视和运用。在 20 世纪中期,关于决策者向哪个思想库征求意见的问题几乎没有疑问。在国内政策方面,布鲁金斯学会几乎没有对手。在外交政策问题上,对外关系委员会、卡内基国际和平基金会和胡佛研究所的成员经常参与协商。也因此在那个时代,思想库大都依靠传统的自身出版书籍、杂志和研究报告等方式进行信息传播。近 30 年来,随着像传统基金会这一类政策倡导型思想库的发展,信息传播技术的发展,以及越来越激烈的思想市场的竞争,美国第一代思想库也开始认识到依靠外界大众传媒的重要性。布鲁金斯学会媒体学者在接受笔者采访时谈到:"布鲁金斯的黄金年代是在 20 世纪 80 年代末之前,当董事会和高层管理者们意识到传统基金会已经后来居上的时候,我们面临的就是改变传播策略和模式。"①

对于大众传播的力量,卡内基国际和平基金会的裴敏欣认为:"思想库的研究成果一旦引起大众传媒的注意,就会引起全社会和决策者的注意,形成强大的舆论力量。"②阿贝尔森在分析思想库的信息传播时曾经这样写道:"在国会专门委员会提供立场鲜明的政策主张,出版有争议的国内或者国际问题的研究报告都可能在某些政策制定领域引起关注,但其所产生的影响力可能远比不上 CBS 晚间新闻上的一个画面或者是《纽约时报》或者《华盛顿邮报》上的一篇评论文章(Donald Abelson,2006)[156]。"

概括而言,美国思想库的大众传播主要通过印刷媒介、电子媒介、网络媒介三种渠道,不同的渠道承担不同的作用,发挥了不同的影响力。美国思想库通过大众传媒进行舆论传播的逻辑是:思想库通过大众传媒影响公众舆论,进而影响政策制定者。(见图 4.1)

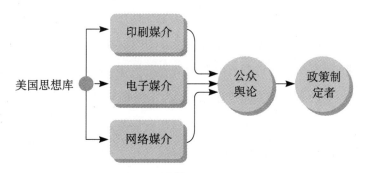

图 4.1　美国思想库大众传播图示

印刷媒介的思想投射

印刷媒介是舆论久远的载体,印刷媒介的影响力可以跨越时空,把舆论时量无

---

① 引自笔者 2008 年 5 月 7 日在华盛顿对 Ron Nessen 的访谈。

② 引自笔者 2008 年 3 月 6 日在华盛顿对时任卡内基国际和平基金会中国项目主任裴敏欣的访谈。

限地延续下去。

对于思想库的舆论传播，与其他传播媒介相比，印刷媒介的主要优点有三个：首先，读者拥有主动权；其次，印刷媒介具有便携性和易存性；第三，印刷媒介更能达到受众反复接触的积累效果。印刷媒介的缺点是时效性不强，不能像广播电视那样进行实时报道，而要经过一个制作周期。另外的一个缺点是受到文化程度的制约。对于思想库的舆论传播而言，仅凭借印刷媒介无法影响最大范围的普通受众，印刷媒介的主要受众是精英群体和知识分子。

在美国思想库发展早期，出版书籍、政策简报、杂志是思想库非常倚重的传播渠道。从 100 多年前第一代思想库到今天的政策倡导型思想库，无不出版、发行各种书籍、杂志、报告，并且与美国的主流报刊媒体保持密切联系，积极发表各类评论文章。最近二三十年来，随着信息技术的发展和思想库领域竞争的加剧，各大思想库在广播、电视、网络等媒体上的传播力度有所加大，但是，印刷媒介始终是一种重要的传播渠道。很多实力雄厚的大型思想库都拥有自己的印刷媒介，他们一方面通过自己的印刷媒介，另一方面通过外界专业的印刷媒介，大规模进行舆论扩散。

目前，美国思想库发行的享有盛名的杂志有很多，如美国对外关系委员会主办的《外交》，卡内基国际和平基金会的《外交政策》，国际战略研究中心的《华盛顿季刊》，布鲁金斯学会的《布鲁金斯评论》等，都在世界范围内有着广泛的影响，尤其是《外交》杂志已经成为美国外交政策的风向标。《外交》自 1922 年创刊以来，已经成为美国对外事务的喉舌。《外交》是一个带有学术色彩的外交事务论坛，经常登载政府官员和著名学者关于国际问题的评论和政策建议，这些建议通过《外交》这个媒介平台被刊发后，经常产生巨大影响，进而被政策制定者采纳。例如，1947 年外交关系委员会的乔治·凯南在《外交》上以 X 为笔名发表了"苏联行为的根源"一文，提出遏制政策，这一理论竟然影响美国对外政策长达半个多世纪之久。1993年，塞缪尔·亨廷顿在《外交》上发表"文明的冲突"一文，也在国内外学术界掀起轩然大波。兰德公司的资深战略家理查德·库格勒和斯蒂芬·拉腊比曾于 1993 年在《外交》上发表"建立一个新北约"，该文发表之后迅速得到欧美各大媒体的广泛报道,激起了人们对欧洲问题的广泛争论。此文发表时,正值克林顿政府酝酿北约东扩政策,因而在很大程度上推动了这项政策的具体实施。对此,时任国务卿克里斯托弗曾在其回忆录中写道"当克林顿政府就北约未来进行考虑时,学术界专家们进行了公开的辩论。影响了我关于北约东扩思想的一篇文章是 1993 年 9 月《外交》杂志发表的建立一个新北约(Warren Christopher,1998)。"

除了杂志外,美国思想库还印刷各种形式的政策报告。政策报告有的是公开发行的,大都是免费索取,有的报告是仅提供给国会、白宫及政府各个机构的官员。研究报告的具体形式通常有政策简报、政策建议和研究报告几种形式。1996 年,美国总统克林顿竞选连任时,对外关系委员会不失时机地发表了资深研究员詹姆斯·辛的政策建议报告《结网:与中国有条件的交往》,提出同中国交往的十项原则。这些建议和主张成为克林顿总统第二届任期时对华政策的蓝本(王缉思,1999)[278]。

美国思想库出版的书籍种类很多,其中有个人的著述,也有集体的著述。书籍作为一种传统的信息传播方式,其目的主要在于对某些具体的政策问题进行系统的、全面的论述、提出建议,着眼于长期的、宏观的影响力。像布鲁金斯学会有自己专门的出版社,每年出版大量的著作,仅 2007 财政年度就出版 50 多部著作。2001 年,布鲁金斯学会出版的《恐怖主义和美国的外交政策》一书,在很短的时间内成为最受媒介和政策制定者瞩目的书籍。这本书确定了反恐政策的必要因素,并且提出了对抗恐怖主义的政策建议,被誉为"制定和实行反恐政策的指导手册(王缉思,1999)[201]。"20 世纪 80 年代,胡佛研究所出版了《80 年代的美国》一书,全面反映了保守派对美国国内外问题的看法,在亚洲政策上提出了平衡战略的建议,认为美国不应从亚洲撤军,而应该在亚洲各种力量中维持均势,这一建议后来成为里根政府亚洲政策的主线(张继业,2001)。

目前,思想库出版政策报告和书籍更加开始注重时效性和政策针对性,内容更为精炼和简短,在出版时间上也力求契合社会舆论焦点。美国企业研究所是第一个认识到为决策者提供简洁且内容丰富分析的重要性的智库,传统基金会是专注于"快速反应"的公共政策研究的成功典范。传统基金会可以在 24 小时内为每位国会议员和总统以手工递交的方式,提供当前政策问题的执行摘要。在一到两页的政策报告中,传统基金会的研究人员概述了他们认为美国国会和白宫正在考虑的问题的关键信息。对此,传统基金会在其 1990 年的年度报告中指出,"我们的整个传播战略是基于一个简单的前提:决策者通常没有时间去费力地阅读和领会长篇的、复杂的书籍和报告(The Heritage Foundation,1990)。"

美国思想库除了借助自己的印刷媒介进行舆论传播外,近些年来他们开始逐渐加强与各大主流报纸和杂志的密切联系,借助这些专业媒体的力量使其舆论进行大范围的传播。

电子媒介的声势效力

电子媒介主要是指广播和电视,美国各大思想库都积极鼓励自己的学者接受广播、电视媒体的访问。思想库的学者们通过电子媒介向社会公众分析当前政治局势、阐述政策观点,从而起到了议程设置和引导公共舆论的作用。

传播学者麦克卢汉认为任何媒介都是人的某种功能的延伸,按照麦克卢汉的理论,广播是人的听觉的延伸,电视媒介是人的中枢神经系统的延伸。有了广播和电视之后,人类接受信息和思维的方式都开始改变。电视第一次将人的视听结合在一起,在较以往任何传媒都真实的程度上传递信息,它既作用于人的听觉,又作用于人的视觉,比其他媒介更生动、传神、直观、迅速。从某种程度上而言,电子媒介尤其是电视媒介是当今影响美国人的最重要的媒介。正是因为有了电子媒介,才使得每个公民都可以了解政策信息、参与到政策讨论中来。在公共政策领域,广播、电视媒体不但是重要的舆论传播通道,同时其自身也是重要的政治行动者和舆论制造者。

近些年来,无论是思想库研究学者,还是思想库管理者,都把媒体曝光率作为一个衡量思想库影响力的重要指标。而媒体的曝光率中很重要的一个指标就是电子媒体的曝光率。唐纳德·阿贝尔森认为"对于思想库的学者们而言,大众传媒是他们把思想传递给公众和政策制定者的最有效的渠道(Donald Abelson,2006)

[206]。"为了传递思想,他们频频出现在电视媒体的政策评论节目中,在不同的广播节目中发表评论,尽管很难确定思想库学者们在媒介上的曝光度到底在多大程度上能够转化成政策影响力,但是思想库都在把提高媒介曝光度作为优先考虑的事。对于思想库而言,成为媒体经常报道的对象,可以为思想库提供在公众心中播种下大规模公共政策辩论的种子的机会,另外,思想库被媒体引用的次数有助于产生一种政策影响力很强的"感觉"。

在众多的美国智库中,几乎没有哪一家能像美国企业研究所一样在 20 世纪 60、70 年代就敏锐的认识到电子媒体在将它们的观点传递给美国大众方面所发挥的重要作用。早在 1982 年,美国企业研究所就在电视上开辟了一个"公共政策论坛",通过 600 家电视台、有线电视台和广播电台进行播出(Donald Abelson, 1996)[83]。虽然很可能美国企业研究所是最早设立电视节目进行舆论传播的思想库,但是真正在电子媒体的运用方面进行了全方位的努力并且取得显著成功的还要属传统基金会。

埃德温·福尔纳是美国传统基金会的主席,他指出智囊团应当巧妙地将他们的研究成果广而告之,"因为观点就像生产出来的产品,必须适当的进行营销以吸引消费者的注意。"福尔纳还解释道:"你写了多少本书,你做多少研究这些都不重要,你必须营销你的产品,并且把他们从书架上卖出去(Donald Abelson, 2006)[82]。"显然,福尔纳的哲学已经对传统基金会看待媒体在决策圈的作用产生了显著的影响。在其年度报告中,传统基金会这样描述其传播项目:这个项目运行在不同的轨道上,为媒体提供关于当前热点问题的评论和信息,确保媒体在关键的政策问题上会引用我们的观点……传统基金会负责公共关系的工作人员希望塑造辩论的形成,而不是坐在电话旁等待媒体记者和制作人打来电话邀请传统基金会学者提供评论、分析(The Heritage Foundation, 2007)。传统基金会通过各种方式与媒体建立密切关系,除了鼓励学者们参加广播、电视的评论节目外,传统基金会还购买电视时段。1982 年,传统基金会从 PBS 购买了 90 分钟的电视节目时段,之后,传统基金会分别在 1994 年和 1996 年建立了两套设备先进的无线电播音室。1997 年他们又创办了每周一次的政治新闻谈话网络,特邀保守派评论家凯尔·托马斯做主持人。2003 年,传统基金会投入了 660 万美金,大约占总资金的 19.3% 用于媒体和政府公共关系。同年,传统基金会在其年度报告中宣称,传统基金会的学者 2003 年度出现在电视媒体的次数是 1 100 次,广播是 1 418 次(The Heritage Foundation,2003)。2007 年,传统基金会在媒体和政府公共关系方面的投入则高达 830 万美元,将近其 4 800 万美元预算的 17%。

在传统基金会的强大媒体攻势面前,其他美国思想库也纷纷寻求电子媒体的曝光率。2001 年,布鲁金斯学会建成了广播、电视演播室,以便于学者们接受电子媒体的访问。胡佛研究所也认识到电子媒体能够对政治信仰与观点的形成和发展产生显著的影响。目前,胡佛研究所考虑为学术创办一个电视终端的可能性,使用卫星全面地传播胡佛学者的政策观点、影响舆论。国际战略研究中心的学者威廉·泰勒(William Taylor)曾坦承他会抓住一切机会出现在媒体上,并不仅仅是因为个人的原因,而是因为国际战略研究中心的声誉和教育公众的使命(Donald Abelson,1996)[88]。

之于对大众传媒影响力的认识,美国思想库积极鼓励学者们接受大众传媒的访问,并把媒体采访率和引用率作为考核学者的指标之一。从事思想研究的学者们也把媒体引用率作为衡量思想库影响力的重要指标之一。以下是 2008 年和 2004 年媒体引用率排名前 8 位的美国思想库。

表 4.3 **2008 年媒体引用率排名前 8 位的美国思想库**

思想库名称	媒体引用数量
布鲁金斯学会	2 166
美国企业研究所	985
传统基金会	922
对外关系委员会	892
兰德公司	754
国际战略研究中心	726
美国进步中心	692
凯托研究所	591

资料来源:Michael Dolny. Right Ebbs, Left Gains as Media 'Experts': Think tank balance still skews right. http://www.fair.org/index.php? page=3857.

表 4.4　　　　　　　　**2004 年媒体引用率排名前 8 位的美国思想库**

思想库名称	媒体引用数量
布鲁金斯学会	4 724
传统基金会	3 114
美国企业研究所	2 902
对外关系委员会	2 265
凯托研究所	2 241
国际战略研究中心	1 873
兰德公司	1 694
卡内基国际和平基金会	1 399

资料来源：Michael Dolny. Right, Center Think Tanks Still Most Quoted：Study of cites debunks "liberal media" claims. http：//www. fair. org/index. php? page＝2534.

以上关于 2004 年和 2008 年美国思想库媒体引用率的排名，所使用数据来自尼克森数据库（Nexis Database）关于美国主流大众传媒的资料储存。这些主流大众传媒主要包括华盛顿邮报、纽约时报、华尔街日报等报纸，以及美国广播公司（ABC）、哥伦比亚广播公司（CBS）、全国广播公司（NBC）、福克斯新闻网（FOX）、有限电视新闻网（CNN）等电子媒体。对于思想库在电子媒体的曝光率能在多大程度上改变政策制定者的态度，学者们一直争论不已，但是电子媒体曝光率所产生的舆论传播的广度、密度和强度，以及由此带来的舆论声势是不可低估的。

众多美国思想库的传播实践证明，媒体的报道在帮助思想库有效传播观点方面的确是能够起到关键作用，但是，为什么有的思想库比其他思想库更容易受到媒体的青睐呢？唐纳德·阿贝尔森认为这取决于思想库规模和研究范围的大小。像布鲁金斯学会、传统基金会这些大型思想库更像是一站式的"政策商店"，更方便媒体。笔者认为，除此之外，思想库管理者对于大众传媒之于思想库影响力重要性的认识，其投入公共关系资金的多少，以及思想库所拥有学者的形象和表达能力如何，都是影响思想库媒体曝光度的重要因素。

网络媒介的全球传播

当全球化在经济、政治领域向人类快速逼近时，美国思想库的舆论传播也进入全球意识阶段,网络媒体在这一巨变中起到举足轻重的作用。

近些年来,网络媒介以其信息传播的快捷、互动、全球化成为美国思想库全球传播战略中的重要一环。正是有了网络媒体,国与国、地区与地区之间的信息传播才基本实现了无障碍化,人类才得以整合丰富的信息,了解全球的动向和世界思潮。通过网络媒体,全球网络用户都可以了解美国思想库对公共政策的分析报告和观点解析,从而潜移默化地在全球范围内构建着美国的软实力和舆论传播网络。

网络媒介与传统媒介相比,具有信息传播的交互性、开放性和全球性三大独特优势。虽然网络媒体作为传播信息的载体与传统媒体一样,仍然依靠收集和发布信息反映世界,但网络舆论量远比报纸和广播电视丰富得多,结构也更为复杂。网络媒介以多维、全方位和实时互动的传播结构,创造了全新的、平等的、没有强权和中心的舆论场。网络突破了传统媒体的线性传播,实现了意见的多维交流,等量沟通成为现实。在网络中,网络舆论的自由度更大,充满人人参与、人人表达的民间话语,而且不同内容、不同类型的话语构造了一个个信息包。尼葛洛庞帝对网络媒介的传播作出这样的结论:"一个个信息包各自独立,其中包含了大量的讯息,每个信息包都可以经由不同的传输路径,从甲地传送到乙地……正是这种分布式体系结构令互联网络能像今天这样三头六臂。无论是通过法律还是暴力,政客都无法控制这个网络(尼葛洛庞帝,1997)。"网络信息的传播无国家和地域的约束,不受时空的限制,实现了全球信息的共享。各种不同的价值取向、思想观念、宗教信仰、风俗习惯和生活方式等等的冲撞与融合也成为可能和必须面对的事实。可以说,因为网络媒体的这些特点,使得美国思想库的舆论传播更具活力和全球范围内扩散的能力。

目前,几乎所有的美国思想库都有自己的网站,每一个网站都是思想库全方位展示自己的平台。实力雄厚的思想库都会花费巨资用于网络的设计、维护和更新。像布鲁金斯学会、卡内基国际和平基金会、国际战略研究中心、对外关系委员会、传统基金会、兰德公司这些思想库的网站,都是非常方便的了解美国公共政策的窗口。在网络上,受众既可以阅读思想库的政策报告、购买书籍,也可以收听、收看思想库举办的会议以及思想库学者在各大电子媒体上接受访问的录音或者录像。受众只要简单注册为会员，就可以定时收到思想库发送给他们的免费的最新政策信息和会议举办的邀请信息。这些网站同时允许访问者免费下载所有的研究资料。除此之外，思想库的网站上公布思想库管理层的成员名单和所有学者的名单及其联系方式，受众可以非常方便的与这些学者进行观点的直接沟通。

在美国思想库的众多网站中，卡内基国际和平基金会和布鲁金斯学会在全球舆论传播方面应该说是走在最前列的。目前，在笔者的视野范围内，只有这两家思想库的网站开设了不同语言的频道。早在 2004 年，卡内基就推出了中文网（Carnegie ChinaNet），旨在向中国的"政策制定者和学者广泛介绍来自卡内基基金会的著作、杂志、活动及其他信息资源，以增进中美之间国际政治和公共政策领域的学术交流及相互了解。"①卡内基中文网站上定期提供卡内基基金会学者研究成果的中文翻译以及基金会附属的《外交政策》杂志部分文章的中文翻译，内容涵盖国际政治、经济、军事和外交等多领域。所有刊登在网页上的文章供读者免费阅读和转载。网站声明"您只需在引用我们的资料时注明卡内基中文网为文章出处，并且注明我们的网址，即可以自由地使用我们的信息。"②除此之外，网络用户还在网站上进行极为简单的邮件注册就可以免费定期收到《卡内基中国透视》（Carnegie China Insight Monthly）电子月刊。《卡内基中国透视》利用卡内基国际和平基金会的人力与信息资源，向中国政策制定者和学者介绍美国政策界对当前中国和国际问题的看法，提供客观而深入的分析与思考。

布鲁金斯学会在 2008 年就酝酿推出中文网站和其他几种语言的网站。2009年其中文网正式推出，其主要目的也是提升布鲁金斯学会在中国地区的品牌知名度和政策影响力。布鲁金斯学会的网站上不但有邮件信息订阅服务，还有多媒体和博客等，可以说是一站式服务的"媒体超市"。应该说，在美国社会因为媒体的商业属性以及美国宪法第一修正案对舆论自由的保障，网络媒体在美国的影响力难

---

① 参见卡内基中文网 http://www.carnegieendowment.org/programs/china/chinese/index.cfm.
② 参见卡内基中文网 http://www.CarnegieEndowment.org/China.

以与中国网络媒体的影响力相比。但是,从信息传播和接受的便利角度以及全球传播的角度而言,网络媒体将会成为美国思想库越来越倚重的传播媒介。

在竞争激烈的思想市场,如果缺乏全方位的舆论传播机制,再好的思想也会被埋没。没有了舆论传播,美国思想库就难以生存,更谈不上产生影响力。对此,美国国际战略研究中心的总裁约翰·哈姆雷(John Hamre)曾经接受笔者采访时说:"每当学者们向我提交研究选题时,我问的第一个问题是,你有没有渠道把研究结果传播出去?"[①]

美国国务院政策和计划署主管理查德·哈斯(2003)也曾坦言道:"要引起决策者对新思想的青睐不是件容易的事。因为整天泡在众多的信息中已经让他们够繁忙的了。为此,思想库要充分利用多种渠道和市场策略——出版各类文章、书籍和不定期的论文;不定期地出现在电视、杂志和报纸访问当中;写一些读者喜闻乐见的时文、简报和网页。"

拥有 MBA 学位的传统基金会的总裁则把思想库的舆论传播提升到市场营销的高度,"思想就如同其他任何产品一样,需要走向市场,需要赢得受众(Donald Abelson,1996)[82]。"

全方位的舆论传播为美国思想库带来了市场竞争力和影响力,但另一方面却从某种程度上使得美国思想库的商业化倾向越来越重。而今,对于美国思想库的学者们而言,他们花费在战略传播上的时间和精力与花费在政策研究本身的几乎对等甚至略高。虽然,美国思想库是一个在思想市场自由竞争的经济体,但是,在具有商业属性的同时,美国思想库从本质上是一个服务于公共事业的政策研究机构。如何平衡与把握好两者之间的关系,是目前美国思想库必须面临的挑战。

本章对美国思想库所倚重的各种影响力的策略进行了细致、深入的分析。接下来的一章,笔者将对美国思想库影响力产生基础进行剖析。

---

① 引自笔者 2008 年 5 月 23 日在华盛顿对约翰·哈姆雷(John Hamre)的访谈。

第五章　美国思想库影响力的产生基础

REVOLVING DOOR

American Think Tanks Research

Chapter Five：The Soil and Foundation of American Think Tanks' Influence

Political culture cultivate social ideology

Political system create market demand

Sufficient fund ensure sustaining development

Business operation promote idea innovation

第五章
美国思想库影响力的产生基础

Chapter Five：The Soil and Foundation of American Think Tanks'

Influence

与世界其他国家的思想库相比，美国思想库不仅起源最早、数量最多，而且对政策的影响力也是最大的。二战之后的时代，思想库与美国就像汉堡包、苹果派与美国的关系一样。究其原因，除了其特殊的舆论地位、全方位的舆论传播策略之外，从深层次来看，与美国思想库所处的特殊的政治、经济、文化环境以及其自身成熟的商业化运行机制有着必然的联系。

对此，布鲁金斯学会国际顾问委员会主席 Antoine Van Agtmael 认为："因为政治的去中心化和多元的政治文化使得思想库有机会影响政策，很多学者希望通过自身对信息和知识的掌握帮助政府制定更好的政策，而美国的慈善传统和基金会文化则为他们提供资金支持。很显然：有需求，有人力，又有资金，这就是思想库繁荣发展和产生影响力的原因。"[1]

杰姆斯·迈甘在其研究中指出，影响各个国家思想库发展程度和影响力的主要因素有政治体制、公民社会、言论环境、经济发展程度、慈善文化、大学的数量和独立性等(James McGann，2005)。

布鲁金斯学会董事会主席约翰·桑顿认为："质量、独立性和影响力是布鲁金

---

[1] 引自笔者 2008 年 5 月 6 日在华盛顿对 Antoine Van Agtmael 的专访。

斯学会一直坚守的核心理念,影响力来源于质量和独立性,而质量和独立性又加强了影响力,三者是相辅相成的。"①

从舆论学的视角来看,"思想库是在一定的政治体制下产生的,其作用的大小以及发挥作用的空间是由所在国家的政治、经济体制决定的。没有一定的政治民主,思想库的充分发展是不可能的。思想库需要思想自由和科学研究自由的政治环境。独立探索政治经济问题不受政府的干扰是这种政治环境的标志。充足的资金是它生存的重要条件。思想库与政府机构、社会,特别是媒体之间的平等地位与良好互动,决定它能否产生好的研究成果和影响力(刘建明等,2009)[205]。"

以上几种观点从不同的视角对美国思想库影响力产生的基础进行了分析,杰姆斯·迈甘更多强调宏观环境,约翰·桑顿强调的是微观运行机制,Antoine Van Agtmael 则从经济学的视角对思想库进行分析,而舆论学视角更强调舆论形成的环境。很显然,任何一种单一的视角都是不全面的,在综合以上四种视角的基础上,笔者认为美国思想库影响力产生的深层基础包含以下几个重要的因素:独特的政治文化、开放的政治体制、发达的基金会、成熟的运行机制。

第一节
政治文化创造了思想基础

美国思想库之所以能够在美国产生、兴盛并且在政治过程中发挥巨大影响力,与美国独特的政治文化存在着直接关系。如果把美国思想库比喻成一棵参天大树,那么独特的政治文化就是这棵大数赖以生存的思想和文化土壤。

阿历克西·托克维尔在《论美国的民主》中指出,有助于维护美国民主制度的主要原因是自然、法制和民情。同时他认为按照贡献对他们分级的话,自然环境不如法制,而法制不如民情。在托克维尔眼中,民情无疑是最为重要的因素,托克维

---

① 引自笔者 2008 年 5 月 6 日在华盛顿对约翰·桑顿的访谈。

尔强调的民情就是美国的政治文化(托克维尔,2006)。美国的政治文化以自由、平等、个人主义、民主等价值观为中心,独具特色的政治文化塑造了美国国民的政治意识形态。更进一步而言,美国的政治体制、美国思想库影响力的产生都是其政治文化的反映。

影响思想库的政治文化因素

1956 年,美国政治学家布里埃尔·阿尔蒙德在政治学杂志上发表的《比较政治体系》一文中,首先使用了政治文化这个概念。阿尔蒙德认为:"政治文化是一个民族在特定时间内对政治潮流的态度、信念和感情的总和,是政治体系的基本倾向。任何政治体系或国家都有自己独特的政治文化,它通过各种途径直接决定着每个社会成员的政治态度,也影响着政治体系中每个政治角色的功能(Gabriel Almond, 1956)[391-409]。"影响美国思想库的政治文化主要是个人主义、自由主义、实用主义、社会责任意识和不信任政府思想。

从某种角度而言,个人主义与自由主义是一脉相承的,个人主义和自由主义是美国分权的政治体制和权利法案得以确立的思想根源。个人主义强调个人先于社会而存在,个人是本源,社会是派生的,社会、国家是个人为了保障自己的某种权利或利益而组成的人为的机构。个人主义的价值观强调"人人生而平等,造物主赋予他们某些不可转让的权利,其中包括生命权、自由权以及追求幸福的权利,建立政府的目的就是为了保障这些权利(加里·沃塞里,1994)。"在个人主义指导下,个人的利益和权利得到保障,个人的才智和创造力得以被充分发挥出来。这种思想体系和价值观念在经历了各个时代的历史演变之后,已经广泛渗透到美国社会的各个方面,成为美国关于人的价值的核心,也成为美国民主思想的出发点和归宿。从一定意义上说,自由主义是一种代表个人主义的政治语言,不过与个人主义相比,自由主义带有更为浓厚的政治色彩。

自由主义构成了美国政治文化的基础,确立了美国的自由资本主义制度,奠定了美国宪法中言论自由的根基。在美国,不同种族之间虽然存在着相当深的矛盾,但无论是有种族优越感的白人,还是曾经受过种族歧视的黑人,或是固守民族传统文化的华人,他们都坚定地崇尚自由主义价值观。政治上,自由主义相信天赋人权、个人自主,主张限制政府权力,把国家职能局限于保护个人自由和权利。平等、民主、共和、宪政、法治等都是自由主义的应有之义和基本原则。自由主义的这种思想深深地影响了美国的立国者们,使其成为《独立宣言》和《合众国宪法》的指导思想。《合众国宪法》则确立了自治原则,规定人民是政府的基础,人民拿出自己天赋人权的一部分来换取政府的保护。同时,宪法也体现了对权力的限制和对公民权利的保护,确立了相互制衡和相互监督的三权分立的联邦制度。而权利法案则明确保障公民的基本权利,规定了言论自由、出版自由、宗教信仰自由、和平集会自由等权利,确定了政教分离的根本原则。建立在个人主义和自由主义基础上的政治文化为美国思想库的发展提供了施加影响力的政治空间和舆论空气。

实用主义的政治文化也是影响美国思想库政治行为的重要因素。正如美国著名历史学家小阿瑟·施莱辛格所说:"美国人以务实民族而著称,重事实而轻理论,从结果上发现命题的含义,把试验和谬误视为通向真理之路,而不在乎演绎逻辑(Schlesinger,1986)。"缘起于美国的实用主义具有其显著的独特性,其基本内涵是以行动求生存。实用主义是一种行动哲学,特别强调实践对人类生存的决定性意义。康马杰(1988)在《美国精神》一书中也指出:"美国人讨厌理论和抽象的思维,不纠缠于任何深奥的政治哲学,但他们却靠一种注重实际的行动哲学使他们的政治机构像他们发明的机器一样灵活。"美国人普遍形成了独立、自由、务实、不拘泥于传统、不迷信权威、竞争进取、富于创新的民族精神,显示出其特有的求实、求利、求效的心态,这也成为美国社会的主要价值取向和人生信念,它深刻影响了美国人的价值观。正是因为实用主义的政治文化使得美国思想库这样一种独立于政府之外、又不同于大学的、专业的政策研究机构得以在美国形成并且蓬勃发展。美国思想库从事政策研究所秉承的也正是在"知识"与"权力"之间寻找到一条实用主义道路的理念。

美国政治文化的一个突出特点就是兼具个人主义与社会责任意识的双重精神。美国思想库之所以最早在美国诞生,除了20世纪初美国面临的日益复杂的国内、国际问题外,更重要的原因是美国人对政府的不信任和社会责任意识。这两种政治文化的存在为美国思想库提供了巨大需求动力和经济支持。基于掌权者更易于谋取更大私利的认识和对政府、官员不信任的思想,美国人认为,政府和政客属于最不能相信的团体之一。为防范政府权力范围无限制地扩张,人们只能把政府当作异己的力量加以怀疑、柔化、限制,甚至反对。公共责任是美国政治文化的重要组成部分,是与个人主义相辅相成的观念。美国著名政治家伊拉扎将公共责任观念表述为道德主义政治文化,他强调民主政府应建立在公共利益原则基础之上,他认为政治是人类追求完美社会的伟大行为之一,同时也在运用权力完善公共利益。因此,普通大众和政治家都将政治看作以公共利益概念为核心的公共行为,如果对公共利益和整个社会幸福是必要的,社会力量可以干涉私人行为(Daniel Elazar,1984)。

政治文化的舆论需求

美国思想库作为一种独立于政府权力体系外的政策研究机构,舆论是其影响政策制定的工具。正是独具特色的政治文化为美国思想库提供了充足的"舆论空气",奠定了舆论民主的思想基础,塑造了积极的、赋予创造性和参与性的舆论主体,并且塑造了强大的舆论需求。美国政治文化对思想库的具体影响体现在以下三个方面。

第一,美国政治文化所崇尚的个人主义与自由主义,鼓励个人积极表达思想、追求真理,维护个人的言论自由,这种政治文化为美国思想库影响力的产生创造了民主的社会意识和舆论环境。在这样的社会意识和舆论环境下,各种观点可以自由的表达,既可以对现任政府提出新的政策建议,也可以批评政府的已有政策。也因此,政府迫切需要借助思想库的智力支持在各种纷繁复杂的舆论中,寻找到舆论的核心和各种舆论的契合点。除此之外，在宽松的舆论环境下，众多思想库可以在舆论的市场上自由竞争、辩论。美国思想库众多，观点的争论也非常激烈，甚至一个思想库内部的不同学者之间也经常存在观点上的巨大分歧，这一方面有利于具有创新性舆论的产生，另一方面也有利于推动影响力的扩散。另外最为重要的一点是，这种政治文化有利于发挥每一个个体的创造力和激发创新精神。

第二，参与的政治文化塑造了美国思想库影响力得以形成的舆论主体。美国的政治文化从本质上来讲属于一种参与的政治文化。政治文化与这样一些基本问题密切关联，即谁可以参与政治决策、公民享有什么样的权利和自由、怎样做出决策、人民总体上如何看待政治家和政府(加布里埃尔·阿尔蒙德，1987)。政治文化是政治的灵魂，影响着人的政治行为，在一定程度上决定着公民的政治行为方式，并赋予政治过程以不同的意义和形式。阿尔蒙德曾把政治文化分为教区的、服从的和参与的三种政治文化。在教区的政治文化中，根本不存在公民参与决策的现象，绝大多数公民并不关心政府的事情。在服从的政治文化中，公民对政治系统和输出过程存在着倾向，但却很少意识到自己作为参与者的存在，从本质上来说，他只是一个被动的从属对象。在参与的政治文化中，公民有着高度的政治意识，了解许多信息，对作为整体的政治系统以及有意义的公民参与有着明确的倾向，他们对影响政府的决策有着积极的兴趣。美国就属于典型的参与的政治文化(Gabriel Almond，1963)。正是因为这种参与的政治文化使得美国知识分子、企业家和社会公众关注、参与政治，希望通过思想库的创新思想提高政府的政策制定能力和水平。像布鲁金斯、卡内基这样的实业家和一些知识分子创建了思想库这样的政策研究机构，目的就是为了帮助政府制定更好的公共政策，维护公共利益。美国思想库作为舆论制造的工厂，其实现影响力的工具是舆论，而舆论与公众的参与天然联系在一起，没有大规模公众的参与，就不会形成强大的舆论声势。

第三，没有市场的需求就不可能有思想库市场的繁荣，更谈不上影响力的产生，对政府不信任的政治文化为思想库的发展提供了广泛的受众和市场需求。无论是政府官员、媒体还是社会普通公众都对思想库的专家地位和独立性抱有信任和需求。

美国思想库面临两方面的市场需求，一是思想需求，二是人才需求。所谓思想需求又分为三个层面的意义，第一个层面是指美国政府面临复杂的国内、国际局势，需要思想库提供的思想支持。第二个层面是指美国媒体需要思想库以舆论领袖的身份提供政策解读和创新观点。媒体是一个信息传播的渠道和平台，其本身不具备生产思想的功能，媒体与思想库之间是一种互为需求的关系，思想库需要借助媒体传播、放大影响力，媒体需要思想库的观点和声音提高公信力和收视率。第三个层面是指广大社会公众对思想库的需求。思想库在公众与政府之间开辟了一个政策交流的平台，从某种意义上承担了哈贝马斯所讲的"公共空间"的功能。社会公众和政治精英在这个公共空间可以就政策问题轻松、自由的交流。所谓人才需求是指四年一度的美国大选对政治人才的需求很大，而思想库承担了为下届政府培养人才、输送人才的"蓄水池"和"旋转门"的作用。

美国之所以成为思想库的圣殿并不是因为政策研究和意识形态驱使上的无限需求，而是因为美国参与的政治文化从本质上鼓励社会各界积极参与到决策过程中来。更进一步来讲，因为对个人主义、自由主义的信仰，因为对政府的不信任，美国的政治体系被宪法确定为三权分立和联邦制，再加上政党制度的虚弱，为思想库发挥影响力提供了充足的空间和各种机会。

第二节
政治体制提供了生存空间

美国思想库的产生发展，与美国政治的需求密不可分。可以说，美国思想库之所以能够在美国公共政策决策过程中发挥重要的影响，是由美国政治制度的特点所决定的，美国思想库是为了适应美国政府的需要而建立的。

美国政治体制的基本特征是三权分立和权利制衡，这种制度结构必然形成权利的分散和决策机制的公开性与开放性。分权制衡的政治体制和宽松的政党制度为美国思想库提供了巨大的需求和施加影响力的空间,同时这种权利的分散和制衡也使得政府决策必须依赖思想库的智力支持。

权利碎片化的政策需求

美国是联邦制国家,政权组织形式为总统制,美国政治制度的基本原则中最主要的是权利的分立和制衡。多元的政治文化加之权利的分立导致了美国政治的高度碎片化,从而也为思想库影响力的拓展创造了更多的渠道和空间。

詹姆斯·麦迪逊在《联邦党人文集》第51篇写道:"防止几种权利逐渐集中于一个部门的最保险的办法就在于——给予每个部门的领导以必要的宪法手段和个人动机来阻止其他部门作出超越职权范围的事情……必须以野心对付野心(James Madison,1969)。""由于我们是具有与生俱来的弱点和缺陷的人类,那就得受到统治,同时也不能完全相信政府(Larry Arnn,2005)。"弗瑞德齐指出:"分权乃是文明政府之基础、宪政主义之内涵……通过分权,宪政主义对政府行动提供了一套有效制衡的体制(Carl Friedrich,1968)。"基于这样的政治理念,美国的开国之父们以宪法的形式确立了三权分立和相互制衡的政治制度。

所谓三权分立是指在中央政府建立平等而又彼此独立的立法、行政和司法三大部门。其中,立法权属于国会,行政权属于总统,司法权属于各级联邦法院。立法机关负责制定法律,行政机关负责执行和实施法律,司法机关负责解释法律,这三个部门彼此平等、相互独立并且相互制衡。国会有立法权,总统对国会通过的法案有权否决,国会又有权在一定条件下推翻总统的否决。总统可以提出立法议案,可以否决法律,可以提名美国政府官员和联邦法官。法院作为司法机关,可以宣布国会通过并经总统签署的法律违宪。总统负责实施法律,但是所需经费由国会负责提供。在这种相互制衡的关系中,最重要的是国会与总统之间的制衡关系,在公共政策制定过程中,国会与总统具有同等的提议权和决策权。国会的每一级议事机构如小组委员会、委员会等都能在不承担政治风险的情况下否决总统提议的法案。国会通过立法权、控制国家预算和财政的权力、任免国家高级公职人员和对总统进行日常行政监督的权利,对总统构成强大的制衡能力。而总统通过向国会提出必要的立法建议、对立法过程施加影响以及否决国会通过的法案等,又对国会形成反制衡。

美国政治权利的碎片化不仅仅表现在三权分立,还表现在美国国会内部、行政机构内部。在国会,参议院和众议院在立法上各具独立权,除此之外,还有很多委员会和分委员会具有决策的权利。美国国会分为两院制,由参议院和众议院组成,目的也是为了使两院之间相互制约。参议院设议员 100 名,由每州选举 2 名参议员组成,任期 6 年,每两年改选 1/3 的参议员。众议院有议员 435 名,由各州按人口比例选举众议员组成,任期 2 年,期满全部改选(李庆四,2007)。众议院可以弹劾总统和包括联邦法官在内的其他官员。参议院批准对联邦高级官员的任命和对外条约。参议院和众议院均对彼此的立法享有绝对的否决权,任何议案都必须同时经参众两院同意。除此之外,两院均设有许多委员会,还设有由两院议员共同组成的联席委员会,国会工作大多在各委员会中进行。在国会山上所讨论、审议和立法的问题涉及内政、外交的各个领域,可谓无所不包,而各委员会的议员不可能具备各个领域的专门知识,这就势必需要借助思想库这一"外脑"的智力支持。

行政当局由很多强大的机构组成,每个机构都有自己的政策取向。国会和总统领导的行政当局互不从属、互相竞争。另外,面对着庞大而繁杂的国内、国际问题信息与资料,国会与行政当局之间往往会发出不同的声音。为了赢得政策主导权与公众的支持,政府和国会都需要专门的机构与独立的政策来源对信息进行综合分析与整理,这就为思想库各展其能、各施影响提供了更多空间和可能性。有需求才有供给,思想库的存在和发展正好适应了美国"政治市场"的需求。

美国思想库之所以能够发挥巨大的影响力,还与美国公共政策决策机制中权利的碎片化有着必然联系。政策制定过程主要包含确定政策议题、拟定政策方案、政府制定政策三个阶段(约翰·金登,2004)。思想库、大众传媒、利益集团和公众舆论都是政策制定过程中的重要行动体和舆论因素,它们都对政策制定发挥着各自的影响力。由于思想库的独立性、专家地位,以及其所拥有的大量高级人力资源、丰富的脑力支持,频繁的对外专家交流以及不间断的政策问题研究,使得思想库较其他机构更能够搜集到更为广泛、权威的信息,提供更独到、详实、具有创新性的政策建议。

松散政党制的舆论活力

除了联邦制与权力分散外,美国还存在相对虚弱的政党。松散的政党制度为思想库提供了更多发挥影响力的机会。

美国政党与其他国家政党一个显著不同的特点就是组织分散、权力也分散。美国的民主与共和两大政党都对任何人开放,而且选民可以随时改变立场。美国两大政党虽然是全国性的政党,但都没有中央领导机构,没有一个统一的权力中心。两大政党的各级组织都各是一个权力中心,相互之间彼此独立、各自为政。党的全国组织——全国代表大会和全国委员会既不是全党的领导机构,也不是决策机构,对州和地方党组织也没有控制权。而党的全国委员会对下级党组织和党员也没有进行纪律制裁的权力,州和地方党组织也是如此。从地方到中央,美国政党的每层都对应着政府的每一级。尽管各层之间有所联系,但每一层就财政、支持者、提名和政纲而言都独立于其他各层,没有哪一层次上的政党对其他各层有实际的控制权,也就是说,相互之间彼此独立,互不隶属。并且,政党领袖对同党人士也没有直接发号施令的权力,没有对违纪犯规的本党人士进行纪律处分的权力。政党领袖寻求下级的支持主要是通过劝说、协商等手段,而不是通过命令(施密特 等,2005)。这与其他西方国家如英国、德国、加拿大等国的政党具有明显的不同。在德国,政党都建立了自己的政治基金会进行政策研究,为本党参政服务。在英国和加拿大,政党的全国领导机构都对下属机构具有较强的控制力,对下属机构和党员也有较强的纪律约束力,国会议员都非常强调政党原则和党内团结。而在美国,白宫和国会山里的决策者却不需要遵守一套固定的政党原则。美国松散的政党制度的一个最重要的后果就是——政党没有建立自己有规模的政策研究"臂膀",因此作为一种政治组织,它们就不可能在政策发展方面起太大的作用。为了填补政党政治留下的空白,美国思想库大量地向国会和政府行政部门提出各种政策主张和建议,美国的决策者经常积极地向思想库的政策专家寻求政策意见。

就国会内部的民主、共和两党而言,尽管国会内的组织是按政党组建的,但是对于本党的国会议员,两大政党都缺乏严格的纪律约束。参众两院各有其民主党和共和党的组织,但两院的民主党或共和党是彼此独立的,不从属于全国政党。尽管总统是执政党的当然领袖,但总统不能给国会的本党组织下命令。在这种情况下,国会议员们可以根据自身的价值观做出决策,而不必去考虑这些观点是否与自己所在政党的利益和政策相悖。但是,国会议员每天不仅要拟定政策方面的大概观点,还要思考、回复许多具体的、非常技术性的问题,这些都要求他们具备专门知识。显然,议员们不可能是各个领域的专家,更不可能为每个待需要他们考虑的立法或行政议题做所有的准备工作,他们需要政策专家们的帮助。虽然国会议员可以依靠很多官方思想库或者是利益集团来获取有关议题的信息和数据,然而这些机构往往无法提供独立思想库所能提供的客观、中立、创新性的思想。可以说,这种弱势的政党体制不仅为思想库敞开了大门,而且提出了更多的需求。

另外,美国政党制度不同于其他国家政党的一个最大特点是稳固的两党制,即民主党和共和党通过选举而轮流执政,其他任何小党都无法冲击这两大政党的稳固地位。这种轮流执政的模式为思想库学者与政府官员之间提供了一个稳固"旋转门"。一个政党一旦执政,其政府班子往往大换血,很多前任政府官员会到思想库休养生息,以待东山再起。而思想库的很多学者则加入政府,成为直接的政策制定者。两党轮流执政所带来的"旋转门"机制在"知识"与"权力"之间构架了一座桥梁,更为美国思想库发挥政策影响力提供了便捷有效的通道。

总而言之,思想库的生存必须以现代民主政治制度为土壤,美国开放的政治体系为思想库提供了良好的生存土壤和发挥影响力的广阔空间。

第三节
稳定资金保证了机构运营

美国思想库作为非盈利机构,其生存和发展离不开稳定的资金支撑,美国思想库影响力的拓展更离不开以基金会为主体的多元化的资金保证。

思想库研究学者肯特·韦佛和安德鲁·里奇曾经通过定量分析指出:"影响美国思想库媒介曝光率的一个重要因素就是资金,美国影响力排名前五位的思想库运营资金都不少于 1 千万美金(Donald Abelson,2002)[90-92]。"

美国思想库的运营资金一般来自于基金会、企业、个人捐款和政府合同。基金会作为一种相对稳定和长期的资金来源是美国思想库得以运营的基础。出于对政府不信任的政治文化传统和基督教所宣扬的"乐善好施"的慈善思想,以及美国政府在税收上对慈善的鼓励政策,美国拥有世界上最发达的基金会。除此之外,美国企业和个人也热衷于慈善。这些都为美国思想库从事政策研究和进行舆论传播提供了充足的财源。

更进一步而言,美国思想库所具有的独特投资价值——对公共政策的影响力和社会进步的推动力,是其能够赢得充足资金支持的更深层原因。

基金会的资金支持

美国基金会的发达有其历史和文化渊源。从历史渊源来看,美国人的慈善文化传统来源于英国的慈善思想。自 1620 年首批英国清教徒乘坐"五月花"号抵达美洲大陆后,英国人便源源不断地移民到这块新大陆来。这些早期移民在向北美移民过程中曾得到英国慈善团体或个人的资助,即使在他们到达并在北美定居之后,仍继续得到英国慈善组织的捐助。受英国这种慈善观念的熏陶和影响,这些早期移民很自然就在思想和实践上继承了英国的慈善思想。从宗教文化传统来说,美国许多人信仰基督教,而基督教则明确教育信徒要乐善好施(刘澎,2001)。基督教的这种宗教思想也成为美国人慈善思想的重要源泉。

美国基金会的数量是世界任何国家都无法比拟的,根据 2000 年版美国《基金会年鉴》提供的数字,当时资产在 300 万美元以上、年捐款在 20 万美元以上的基金会共有 10 492 家,这个数字不到全美大小不等的正在活动的基金会总数的 1/4。从整体上说,这些基金会控制着多达 3 000 亿美元的资产(托马斯·戴伊,2003)[52]。它们不仅资助美国的教育、科技、文化艺术、社会科学研究等,还推进全球文化传播、关注世界粮食与人口问题以及促进美国对国际问题的研究,从而在美国政治中发挥着重要影响。

在美国思想库的发展历程中,很多具有影响力的重要思想库最初的创建都得益于具有远见卓识的企业家和基金会的资金支持。以布鲁金斯学会和卡内基国际和平基金会为例,布鲁金斯学会的成立得益于企业家和慈善家罗伯特·布鲁金斯。1916 年,包括罗伯特·布鲁金斯在内的一批企业家为了提高政府公共政策水平创立了政府研究所。1922 年和 1924 年,在罗伯特·布鲁金斯的资金支持下又创立了经济研究所和布鲁金斯研究院。1927 年,这三个机构合并成为美国布鲁金斯学会。1910 年,美国钢铁业巨子、实业家和慈善家安德鲁·卡内基在自己 75 岁生日时,拿出 1 000 万美元建立了卡内基国际和平基金会这个集基金会和思想库于一身的民间组织,试图通过教育公众热爱和平、鼓吹利用司法仲裁手段解决国家间争端等方式,来促进世界各国和人民之间的友谊,以达到消除战争、维护世界和平的目的。①

对于政策研究的财力支持,福特、卡内基和洛克菲勒三家基金会独领风骚。1936 年,福特家族设立了福特基金会,20 世纪 50 年代,亨利·福特第二将基金会的功能扩展为一个推动国家政策制定的组织。无论是环境、人权还是城市建设问题,福特基金会都投入了大量资金进行政策研究。多年来,福特基金会是向布鲁金斯学会提供大笔资助的组织。福特基金会的一名成员还曾担任布鲁金斯学会的总裁。而洛克菲勒基金会对外交事务情有独钟,戴维·洛克菲勒曾担任对外关系委

---

① 资料来源于布鲁金斯学会和卡内基国际和平基金会网站关于其历史的介绍。www. brookings. edu,www Carnegieendowment. org.

员会的董事会主席,直到 1985 年才隐退。美国思想库在 20 世纪 80 年代左右数量激增,除了政府需求增大的原因之外,很大一部分原因归结于基金会对政策研究机构的大规模资助。在 1982~1987 年间,美国基金会对思想库的资助总额从 5.2%上升到 10%,具体而言就是从 7 千万美金增加到 2 亿美金(Diane Stone,1996)[46]。

　　一个世纪以来,美国思想库、基金会、政府三者之间逐渐形成了一种稳固而密切的关系。由于美国的慈善文化传统和税收制度的优惠,基金会热衷于为思想库提供研究基金。而美国思想库由于有了基金会的稳固资金支持,它们就可以有充足的运营资金从事独立的政策研究和影响力的传播。而政府作为需求方,则得益于并且支持基金会和思想库的持续运作。基于政府、基金会、思想库之间的密切关系,托马斯·戴伊(2002)曾指出:"各基金会是联系官员和知识界之间的主要纽带。"不可否认,基金会与思想库之间的密切关系不可避免地会对美国思想库研究的独立性带来一定的影响,但是美国思想库大都积极拓展资金来源的渠道,从而保持相对的独立性。

　　除了基金会的捐赠外,美国的企业和个人也都热衷于慈善事业。以美国国际战略研究中心为例,2007 年度其近 3 千万美金的运营资金中,20%来自于基金会,39%来自于企业,个人捐赠占到 10%。[①] 对于美国思想库的发展而言,多元化的资金来源避免了思想库对某一资金源的过度依赖性所带来的弊端,有利于保持研究的独立和客观。

税收制度的催化力量

　　美国基金会的发达和全民的慈善热情,虽然源于历史文化传统,但是却并非是简单的利他主义,而是利人利己之举。可以说,美国完善的税收减免制度是美国基金会和慈善事业发展的助力器和催化剂。

① 参见国际战略研究中心网站 2007 Annual Report. www.csis.org.

《美国慈善法指南》作者阿德勒曾指出:"美国慈善部门以其活力、多样性、经济实力和成长速度而格外引人注目。一个影响慈善事业发展的重要因素是——美国有一个对慈善发展有利的法律环境(贝奇·阿德勒,2002)。"

美国的联邦税法和州税法都对慈善组织以及慈善捐赠行为进行了全方位的规制。美国慈善税法以减免税收的形式保证了捐助者的经济利益,税法促使美国富豪们创立基金会,高额的遗产税使美国富人们大都放弃了把财产留给后代的做法,而代之以将财富投入基金会。国家对基金会运作给予的大量免税、减税优惠,使得慈善基金会可以获得其他企业无法企及的高回报。

几乎在美国现代慈善组织诞生的同时,美国国会就开始建立鼓励民众捐款的相关制度。根据美国税法规定,每年只要捐献一定数额的收入就可减免收入税,于是许多人为避免缴纳高额的财产税而纷纷捐献。美国政府从 1913 年开始征收个人所得税,仅仅四年后,美国国会就通过法案,规定捐款或实物捐赠可用来抵税,所得税可抵税部分最高达 15%,借此鼓励民众捐赠行善。1935 年,美国政府提高个人所得税和企业税,但同时允许公司用捐款抵税。目前,美国个人所得税的可抵税比例维持在 50%,企业的这一比例则为 10%。在税收减免的作用下,美国人民以及美国公司都十分乐于捐献。刺激美国人进行慈善或公益事业捐款的还有美国的遗产税。美国遗产税于 1797 年首次开征,当时是为发展美国海军筹集资金。1916年,遗产税成为固定税,美国的遗产税、赠予税实行高额累进制,遗产超过 300 万美元以上时税率高达 55%,而且遗产受益人必须先缴纳遗产税,后继承遗产。高额的遗产税促使很多美国富翁另想高招,以成立基金会或者其他的捐赠方式,既规避了高额的税款,同时赢得了乐善好施、服务公益的好名声,而且还能在一定程度上保障了其子女后代的利益(李韬,2003)。

伴随着美国经济的发展和美国人收入的增加,越来越多的美国人在纳税和慈善之间选择了后者。完善的慈善减免税政策直接推动了民众捐款的热情和捐款数量的增加,非营利性慈善组织的数量也以惊人的速度增加。1953 年,美国有 5 万个慈善组织,2006 年,美国的慈善捐款总额超过了 2 900 亿美元。截至 2008 年,据不完全统计,美国有大小慈善机构约 140 万个,总资产占美国经济的 5%。而在过去 40 年中,美国人年均慈善捐款占美国国内生产总值的 1.8%。[①]

美国的税收制度除了通过减免税的方式鼓励捐赠外,其捐赠免税程序也极为科学。美国人捐款减免税极其方便,只需要在年底的报税单上附上非盈利机构的抵税发票,即可坐等税务局寄来的退税支票。对于如何界定什么样的机构可以享受减免税,美国税法也有明确的规定,比如美国税法 501(c)3 规定,符合下述三个条件的组织可以享受免税待遇:一是该组织运作目标完全是为了从事慈善性、教育性、宗教性和科学性的事业,或者是为了达到该税法明文规定的其他目的;二是该组织的净收入不能用于使私人受惠;三是该组织所从事的主要活动不是为了影响立法,也不干预公开选举。[②] 对于美国思想库而言,要取得签发抵税发票权利必须受到税务局各项严格的监管。思想库需要给税务部门提供年度收支明细账,以及其付给管理人员和主要研究人员的薪酬等,同时还必须通过专门机构对思想库的财务和经营状况进行审计。另外,美国思想库每年必须公开其财务报表,供社会公开监督。

由于美国税收制度的优惠待遇和完善的税收体系,美国思想库可以获得稳定的资金支持。另外从商业的角度来看,无论是对于基金会而言,还是对于企业和个人而言,把资金捐赠给思想库事实上是一种思想的投资。美国思想库虽然不能为投资者带来直接的和显性的资本回报,但从长远的角度来看,却可以为营造更好的政策环境做出贡献,这不但有利于投资者自身,也有利于社会的发展。另外,通过对思想库的资金投资,投资者有机会参与到政治决策的核心过程中来,寻求对政策制定发挥影响力的最佳机会。从深层次来看,有利于民主政治的不断发展和完善。

思想库的投资价值还体现在它是连接金钱和政治的纽带,虽然表面上金钱不能直接影响政治,但金钱却可以通过支持思想库的政策研究,然后再通过专家的政

---

① 参见中国社会组织网,美国慈善史:从卡内基到盖茨。http://www.chinanpo.gov.cn/web/showBullte-tin.do? id=30739&dictionid=1632&catid=.

② 参见美国税务局网站 http://www.irs.gov/charities/charitable/index.html.

策建议转化为政治影响力。

第四节
商业运营推动了政策创新

美国思想库之所以能够具有影响力,除了适宜的土壤,参与政治决策的机会以及稳定的资金支持外,同样离不开其全方位的独立性和完善的运营机制,正是独立性保证了思想的创新能力,政策实业家的领导力推动了美国思想库的持续发展。

在思想自由竞争的市场上,美国思想库作为一个自由竞争的经济体,其产品是思想,目标客户是政策制定者,思想库的成功不是以利润的多少来衡量,而是取决于是否产生了影响力。影响力获得的基础就是产品质量,产品质量的优劣是决定市场成功的关键因素,而决定思想库产品质量的决定因素又在于思想库研究人员的素质、思想库的独立性和完善的运行机制。事实上,美国思想库所遵循的三个核心价值:质量、独立性、影响力之间是互为因果、相辅相成的。

独立性的机制保障

美国思想库大都宣称自己是非党派、非政府的独立政策研究机构。美国思想库的独立性包括思想的独立、资金的独立和政治的独立。所谓思想的独立是指思想库专家们研究的独立性,学者以开放的思维来开始他们的研究项目,并通过对事实的客观分析获得结论。研究的独立性保证了思想库产品的高质量和创新性。为了保证思想的独立性,美国思想库在机构设置上以研究人员为核心,一般分为政策研究和行政管理两大块,政策研究为核心,行政管理服务于政策研究。

以布鲁金斯学会为例,研究部门分为五大部门:外交政策、经济研究、城市研究、全球经济与发展以及政府研究,每个部门由一位副总裁负责,不同部分下设不同研究中心,由主任负责。研究中心内部是不同级别的研究人员,资深学者、研究学者、访问学者等，一般资深学者配有一到两名研究助理。行政管理则分为资金管理、后勤服务、媒体服务、管理培训、出版社，每个部门各设一名副总裁，直接对总裁负责。其中媒体服务的副总裁负责整个思想库研究产品的推销，一般由具备政府公关或者媒体背景的资深人士担任。所有这些行政部门的日常工作就是为研究部门提供支持和服务。对于美国思想库的学者而言，所需要做的就是保证研究的高质量。

美国思想库学者的工作方式非常宽松，无论是研究选题还是工作时间上都具有很大的自主性。还是以布鲁金斯学会为例，学者们可以在自己的研究领域自主选择课题、举行研讨会，进行学术交流与访问。当然，在举行大型的公开研讨会时，需要和具体项目负责人进行事先沟通，在不违背国家利益和机构声誉这个基本底线下，一般都会按照学者的计划进行。比如说，笔者在布鲁金斯做访问学者期间研究的选题是美国思想库，于是笔者计划举行一次以思想库为主题的、面向华盛顿公众的会议。笔者需要做的是和所在研究中心的主任进行议题与会议可行性的沟通，然后进行会议时间的初步安排和其他参会专家的人选确定。之后的细节工作，比如会议场地的安排，会议信息的传播、邀请函等工作会有研究中心负责行政事务的人员来完成。会议举行完毕后，相关会议的文字和影像资料会在布鲁金斯网站上发布，这项工作也会有相关行政和传播部门来完成。

资金的独立是指思想库虽然接受基金会、企业、个人的资助以及政府的合同项目资金，但是思想库的研究不受到资金来源的影响。美国思想库是不以盈利为目的的非政府组织，大都是企业化运作、实行商业化管理。规模较大的思想库一般人员在 100 到 300 人左右，年运作资金在 1 千万到 5 千万美金左右。资金的来源直接决定和影响了美国思想库研究选题设置和研究方向，每家思想库在接受资金捐赠时都力图保证自己的研究过程和结论不受资金来源的影响。但是，不可回避的事实时，金钱总是或多或少地影响着思想的走向。

为了保证资金的独立性，美国思想库的资金来源大都保持尽可能的多元化，包括大量公共和私人的资助方。资金来源的多元化对于保持独立性和保证研究质量非常关键。对此,布鲁金斯学会董事会主席约翰·桑顿说:"我们相信很多资助者在学术和资金方面都会做出有价值的贡献,但是最终必须由我们的学者来决定研究的问题及得出的结论。"①在思想库的资金来源渠道中,基金会通常占的比例最大,在很多思想库的创建之初都是依赖于基金会的巨额资助。对于一个智库来讲,如果拥有一笔稳固的基金,对于其研究选题的独立性而言是非常有益的。像卡内基国际和平基金会因为拥有巨额基金可以支撑其日常运营,其总裁杰西卡·马秀丝(Jessica Mathews)坦言:"我们拥有相对充足的基金,因此我们在研究选题上具有很大自主性,我们也可以把更多时间花费在研究,而不是寻找资金上。"②对于一些会员制的思想库而言,通常个人捐赠会占到一定的比重,像传统基金会和对外关系委员会都是会员制的思想库。而来自于政府的资金大多是采用合同的方式,像兰德公司和城市研究所在 20 世纪 70 年代时,政府资金大约占到 85%,在 20 世纪 80 年代之后逐渐走向资金多元化。政府的合同资金带有很大的不确定性,经常会取决于政府领导人的政策偏向和喜好(Diane Stone, 1996)[54-60]。也因此,大多数思想库为了保持独立性,积极寻求资金来源的多元化,刻意减少政府资金的介入,有的思想库如对外关系委员会甚至拒绝接受政府资金支持。

政治的独立是指美国思想库追求独立于政党之外,在研究过程中遵循客观、独立,不受任何党派政治和利益的影响。对于这一点,很多思想库的研究者们不以为然,经常把思想库的研究倾向和观点按照保守主义、自由主义和中立来划分,并以此为依据判断思想库与政党的关系。如传统基金会和美国企业研究所被视为共和党的大本营,而布鲁金斯学会、美国进步中心则被视为民主党的大本营。由于这种根植于美国政治传统的偏见,使得美国思想库很难对某一具体问题的研究产生绝对客观、中立的思想。事实上,大多数美国思想库都力求自己的研究成果不受任何党派和意识形态的影响。一方面,美国思想库都力图保持自己研究成果的独立和

---

① 引自笔者 2008 年 5 月 6 日在华盛顿对约翰·桑顿的访谈。
② 引自笔者 2008 年 5 月 7 在华盛顿对卡内基国际和平基金会总裁杰西卡·马秀丝(Jessica Mathews)的访谈。

高品质;另一方面,美国思想库的多样性和竞争性使得不同的观点和声音得以表达,从而在一定程度上弥补了这种偏见所带来的危害。

　　当然,美国思想库的独立也只是有限的独立,它不可能脱离其生存的政治、经济、文化土壤。不同的思想库在具体问题的研究上,也总是会不可避免地带有不同的倾向性和偏见,所谓纯粹的客观、独立与其说是美国思想库的一个准则,不如说只是一个神话和理想。

　　尽管美国思想库的独立性不可避免地会受到金钱、政治、意识形态等各个方面因素的影响,但是,我们并不能因此而否定美国思想库的独立性。相对世界其他国家的思想库而言,美国思想库的独立性以及其保证独立性得以实现的运行机制还是非常值得我们研究和借鉴的。

政策实业家的卓越领导力

　　美国思想库的成功与其强有力的领导者是分不开的,理想而言,一家思想库的领导者需要具备学术和政界的经验,要与商界和媒体有着良好的关系,既要是一个演说家又要是一个实干家,这样的人被美国思想库研究者称为"政策实业家"(Policy Entrepreneur)。约翰·金登认为,政策实业家"与众不同的特质类似于企业创业人士的特点,他们愿意投入资源——时间、经历、名誉,有时候还是金钱——寻求一种未来的回报",他们这样做"是为了推广他们的价值观,或者促成公共政策"。①

　　一般而言,在思想库的组织架构中,设有董事会、总裁、副总裁、中心主任,他们组成思想库的领导层。对于一家思想库,董事会主席和总裁是最核心的领导者,他们个人的视野和影响力在很大程度上决定了一家智库的发展方向和影响力范围。如果把思想库的发展比作一艘在大海中航行的帆船,那么董事会主席所要做的就是在高高的桅杆上极目远望,确保帆船的航向和航行的大环境保持准确和稳定,而

---

① 转引自唐纳德·阿贝尔森. 智库能发挥作用吗. 上海社会科学院出版社,2010:67.

总裁所要承担的责任就是具体负责帆船各个部门的正常运行。

以布鲁金斯学会为例,现任董事会主席是约翰·桑顿(John Thornton),他是高盛银行前总裁兼首席运营官,现任汇丰银行北美主席,同时还兼任清华大学教授,负责"全球领导力"项目。因为约翰·桑顿在华尔街乃至全球商界的人脉和影响力,布鲁金斯的财政状况在他担任董事会主席以来一直保持了良好的势头。而约翰·桑顿本人对中国的强烈兴趣和他希望推动中美关系、推动世界发展的良好愿望,则直接促成了 2003 年布鲁金斯学会中国中心和其北京办公室的成立,约翰·桑顿本人在五年内捐赠 1 250 万美金用于中国中心的运营。另外,2008 年 7 月"中国最高级别智库"中国国际经济交流中心在北京召开"全球智库峰会",约翰·桑顿应邀出席峰会并代表全球智库在开幕式上作主旨发言。约翰·桑顿本人的政治远见和在中国的影响力直接促进了布鲁金斯学会对中国研究的重视和在中国的信誉度。

布鲁金斯学会的现任总裁是塔尔博特(Strobe Talbott),他的职业生涯跨越传播媒介、政府机构和学术界。塔尔博特自 2002 年 7 月开始担任布鲁金斯学会总裁至今,之前他在耶鲁大学全球化研究中心担任领导人。1993 年,在时任总统比尔·克林顿,也是他在牛津大学的室友的劝说和力邀下,塔尔博特离开任职 21 年的《时代》杂志加入政府。作为一位著名记者期间,他主要负责跟进东欧、国务院及白宫的事务,及后成为华盛顿办事处主管、编辑及外交事务专栏作家。1994～2001 年,塔尔博特担任克林顿政府的副国务卿。克林顿曾在自传《我的人生》(My Life)中专门提及邀请塔尔博特加入政府的细节,塔尔博特在制定对俄罗斯外交政策上的巨大影响以及他和塔尔博特的友谊(Bill Cliton,2005)。塔尔博特跨越媒介、政府、学术界的职业背景赋予了他敏锐的洞察力和领导力。凭借他个人对媒体的充分了解和广阔的人脉,他把布鲁金斯学会的影响力传播提升到了前所未有的高度。而他本人在克林顿政府担任副国务卿的经历和他与克林顿本人和其他官员的深厚关系则为布鲁金斯学会与政府之间建立起了紧密的纽带。塔尔博特在学术界的职业背景则有助于他管理布鲁金斯学会的日常研究事务和与学术界的沟通与合作。

传统基金会的总裁艾德温·福尔纳(Edwin Feulner)则可以从另一个角度解释领导者的力量。拥有 MBA 学位的艾德温·福尔纳 1973 年作为董事会成员参与创建了传统基金会,自 1977 年开始担任总裁。他认为传统基金会不应该成为一个学术研究机构,而应该成为一个商业化运作的、采取各种营销机制寻求效益最大化的机构。"我们的作用就是要尽力影响华盛顿的公共政策圈,具体地讲,最重要的是影响国会山,其次是行政部门,第三是全国性的新闻媒体(Donald Abelson,1996)[114]。"在这样的理念指导下,传统基金会从 1977 年只有 9 个人的小研究机构成为而今拥有 220 名工作人员的、美国最具影响力的思想库之一。用艾德温·福尔纳自己的话说,"如果传统基金会没有一个合适的领导者是不可能取得现在的成就的。"①

事实上,每一家具有影响力的美国思想库都可以看到其领导者的理念和影响贯穿于整个机构的运作之中。美国思想库的发展、壮大与其卓越的领导者密切相关。

本章结合不同学科和学者的分析视角,从政治文化、政治体制、资金保障、运营机制四个维度分析了美国思想库影响力产生的基础。独具特色的政治文化为美国思想库提供了肥沃的土壤和充足的"舆论空气",奠定了舆论民主的思想基础,分权制衡的政治体制和宽松的政党制度为思想库影响力的拓展创造了更多的需求和空间,完善的税收制度和发达的基金会为美国思想库从事政策研究和进行舆论传播提供了充足和稳定的财源,而全方位的独立性和政策实业家的领导力则保证了思想的创新能力,并且推动了美国思想库的持续发展。接下来的一章将对美国思想库影响力的评估进行分析。

---

① 参见传统基金会网站关于其历史发展的介绍。www. Heritage. org.

第六章　美国思想库影响力
的评估

REVOLVING DOOR
American Think Tanks Research

Chapter Six：How to Assess American
Think Tanks' Influence

Key factors of American Think Tanks' influence

Assess American Think Tanks' influence

Construct a model for influence assessment

第六章
美国思想库影响力的评估

Chapter Six: How to Assess American Think Tanks' Influence

经过以上几章的分析,我们明确了美国思想库为什么会产生强大的影响力,但是这种影响力应该如何把握和评估呢。虽然这一章不是本书研究的核心问题,但却是美国思想库影响力研究所必然涉及的一个问题,而且也是思想库学者和业界一直存在困惑的问题。本章抛砖引玉,希望为后续的研究提供基础。

在舆论学领域,效果研究复杂异常而且争议不断,思想库影响力的研究也面临同样问题。唐纳德·阿贝尔森在经过深入研究后认为思想库的影响力是难以准确测量的。大卫·瑞奇曾评论说:"我近距离地观察思想库在做些什么,从出版书籍到举行各种会议。我也向思想库的学者和管理者们询问他们自身如何看待思想库产生了什么样的影响力,我最终意识到没有人能够精确地知道影响力到底是怎样的(David Ricci,1993)。"

目前,活跃在世界各国的思想库研究的学者们大多是政治学、公共管理学的学科背景,他们通过各种理论路径和模式展开对思想库影响力的研究,如宏观层面的精英理论、多元理论、国家理论,中观层面的政策过程理论,以及微观层面的政策影响网络理论等。至今为止,这些理论模式在解释思想库影响力方面各有优势和不足,很难说哪一种最好。

事实上,思想库的影响力是各种因素和力量相互作用的产物,是一种长时间段的效果显现。本章首先分析美国思想库影响力的构成要素,然后分析衡量影响力的不同方法,然后以传播学的"培养理论"和恩格斯的"合力论"为理论基础,试图在前人研究的基础上提出一套相对较为简便、可行的影响力评估指标和框架。

第一节
影响力的构成要素

本书在绪论部分已经对什么是"美国思想库的影响力"做了明确的概念界定:美国思想库影响力的实质是影响力,是思想库凭借其舆论地位、资金的独立性、观点的创新性和全方位的传播机制对政策制定者、精英群体和公众舆论所产生的,不具有强制性和合法性的,支配或改变其思想或者行为的舆论力量,是实现其影响公共政策最终目标的工具。在全球化、信息化时代,美国思想库的影响力已经突破国家界限,具有全球性。

长期以来,在思想库研究界和业界,对于美国思想库影响力的实现和构成一直未能达成共识,学者们和业界管理者们都有着不同的理解。因此,在深入分析衡量影响力的方法之前,我们首先要明确美国思想库影响力是如何实现的,是由哪些因素构成的。

影响力的实现

对于影响力是在什么样的情况下实现的,国际政治学者霍尔斯蒂(K. J. Holsti)和其他学者为我们提供了两种分析模式:线性和全面分析模式。霍尔斯蒂认为影响力发生在当 A 说服 B 做与不做某事,或者劝说 B 继续实行某项对 A 有用或有利的政策与行为的时候。若 A 无法实现预期的结果,就表明其在这些情况下未能发挥影响。这些预期的结果可能是由众多与 A 或 B 有关的因素造成的(Holsti,1994)。(见图 6.1)

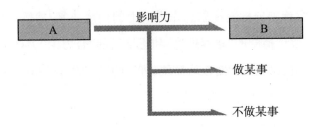

图 6.1　影响力的实现：线性模式

资料来源：Donald Abelson. A Capitol Idea. McGILL-Queen's University Press. 2006：165.

根据霍尔斯蒂的模式，假使 A 能让 B 做某事，而 C 却不能让 B 做相同的事的话，那么在这一特定问题上，A 发挥了更多的影响。如果 B 不顾 A 的反对而做了某事，那么就可以假定 A 在此情况下，没有产生太多的影响。换句话说，如果 B 以 A 能接受的方式做出了回应，就可以感受到产生了影响。反之，如果 B 没有尊崇 A 的意愿行事，那么 A 就没有产生影响。总之，影响与政策结果直接相关。

很显然，用这一模式来解释思想库的影响力的发生太过于简单化。思想库学者唐纳德·阿贝尔森对此指出："想象一下 A 是以华盛顿为基地的一个思想库的学者，B 是参议院外交关系委员会的主席。A 已经发表了关于国家导弹防御的研究，并被要求向委员会证实该项研究。根据霍尔斯蒂的模式，假如 A 的建议没有被 B 采纳，将认为 A 没有影响力。或者，如果 A 的建议被 B 采纳，则被认为有影响力（Donald Abelson，2006）[166]。"事实上，影响力的发生绝非如此简单化和直线化。我们绝不能假定说 A 的建议未得到 B 的认可，其在政策制定过程中就没有发挥影响。也许 A 未能影响具体政策的制定，却在帮助大众、决策者以及媒体采取其他方法解决潜在的政策难题上发挥了重要作用。

除了线性模式外，美国学者们采用全面分析的模式分析影响力的实现。这种模式使学者们把政策制定过程看作是一系列发生在特定政策环境中的多方参与者之间的对话。在这一模式中，影响不是与具体的政策结果直接相关，而是通过与政策制定过程直接或间接相关的不同的参与者之间的互动与交流来实现。与线性模式相比，显然这一模式更具合理性。这一方法是以研究美国的政策社群，认知共同体和议题网络等问题的学者所做的工作为基础的。[1]

　　政策社群和议题网络由个体和组织组成,由于具有某一特殊政策范围内的专业知识,他们受决策者之邀而参与到政策制定过程的各阶段中。这些社群力图影响具体的政策。全面的方法研究众多参与者(由 A_n,B_n,C_n 和 D_n 来表示)是如何试图影响政策制定的环境和政府的政策(X)的。换句话说,研究政策制定的全面方法假定当白宫、国会以及各政府部门和机构里的官员们制定政策时,思想库作为众多群体中的一员(假设是 A_n),在与其他群体的互动中对公共政策产生影响力。(见图 6.2)

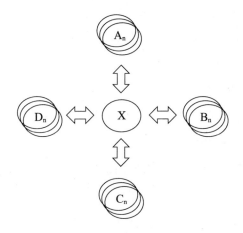

图 6.2　影响力的实现:全面的分析模式

资料来源:Donald Abelson. A Capitol Idea. McGILL-Queen's University Press. 2006:168.

　　全面分析的模式加深了我们对思想库影响力实现的理解。全面的模式认为影响以不同方式发生在政策周期的各个阶段,该模式描绘出了 A 是如何产生影响的

---

[1]　政策社群、认知共同体和议题网络都是比较有代表性的政策网络理论。政策社群主要是指由政府部门内和外的政策参与者组成的相对稳定的网络。认知共同体是主要由专家们组成的,为了认识其他专家的某领域相关政策的思想和主张的网络。议题网络是指针对某一政策问题而言所形成的一个参与网络。参见 James Mcgann. The Competition for Dollars,Scholars and Influence in the Public Policy Research Industry. University Press of American,Inc. 1996. Peter Haas. Knowledge,Power and International Policy Coordination. University of South Carolina Press. 1997. Diane Stone. Capturing the Political Imagination:Think Tanks and the Policy PROCESS. Frank Cass. 1996.

真实图景。

还是以唐纳德·阿贝尔森所举的例子为例,即使 A 未能说服 B 赞同其提出的建议,A 的证词也在媒体、学术界、总统办公室、其他智囊团以及无数国家政策被广泛讨论和分析的地方中引起了激烈的争论。事实上 A 或许并未改变 B 在国家导弹防御系统中的地位,但并不意味着 A 缺乏影响力,或在中期以及长期内,A 的建议将受到忽视,B 不愿履行 A 的意愿,仅表明在这一情况下 B 不能或不愿采纳 A 的意见。影响产生的时段也是一个重要考虑因素。虽然霍尔斯蒂没有具体说明 A 影响 B 的合理时段,但很明显,他根据线性模式提出,一旦 B 作了决定,A 就无法再产生深远影响。若 A 无法说服 B 按照其意愿行动,A 或许将通过其他渠道来寻求影响。例如,当联合国安理会明显不同意入侵时,布什政府肯定会派遣军队到伊拉克(Donald Abelson,2006)[168]。

全面分析的模式鼓励学者们关注决定做出后发生了什么,这一时期残余的影响会逐渐显现。正如以上所举的例子,如果 B 没有按照 A 的意愿行事,并不意味着在中期和长期内 A 就不发挥影响。而且,即便 B 按照 A 的意愿行事,也不意味着 A 将立即讨论下一个问题。B 采纳 A 的建议确实鼓励了 A 对其他决策者与利益相关者发挥影响。与线性模式不同,全面的方法并非要减少对全有或全无的命题的影响,它承认有不同程度的影响存在,也承认个体和组织凭借其专业知识和与重要决策者的联系而准备好对政策制定环境与具体的方针政策施加影响(Donald Abelson,2006)[170]。

显然,全面分析的模式较之线性模式更为科学,这种分析模式虽然无法为影响力的评估提供任何实际的框架和方法,但却有助于我们深入理解影响力是如何实现的。全面的分析模式使我们明确了思想库影响力的产生受到很多因素的影响:有时候影响力不取决于思想库政策研究成果(产品)的质量和影响力策略;有时候因为某种特殊事件的发生可能会对思想库的政策建议产生很大影响;思想库影响力的产生也取决于政策制定者对思想库的需求。

影响力的构成

　　对于美国思想库影响力的构成,不同思想库的管理者、不同的学者有着不同的理解。

　　布鲁金斯学会认为思想库的影响力至少有三种形式:设定议程、引领讨论、设计政策。每一个形式都面向不同的听众,并使用不同的方法来传递信息。设定议程可能是介绍一个新的观点以使公众有所觉悟,或者使公众对一些原本受到忽视的问题产生足够的重视。思想库通过与各种政治机构、企业界、非盈利组织、主流媒体、研究者和学术界的沟通来实现这一过程。在某个特定的议题已经受到高度关注后要引领相关的讨论,这一工作需要更加有针对性地去接触特定的决策者,比如国会议员、负责相关事务的政府官员、政治和商界领袖、媒体,以及公民团体等。这个工作中,包括学者为主要的媒体或者网站撰写观点文章,或者针对有影响力的听众进行演讲。思想库拥有的一个重要能力是"召集力",即有能力创造合适的氛围,把相关的人员聚集在一起,针对当前重要的议题进行公开的或者非公开的讨论。在设计特定的政策时,思想库需要把负责某个特定领域的高层决策者或者立法者作为目标,有针对性地提供研究和政策建议。这一工作包括学者撰写政策文章、召开有政府官员或决策者参与的非公开研讨会,或者在国会听证会上提供证词。[1]

　　美国对外关系委员会主管华盛顿项目的副总裁凯·金(Kay King)则从定量和定性两方面对影响力的构成进行了分析。她认为思想库的影响力可以通过媒体的引用率、网站的访问量、会议的举办次数等数据,以及具体的案例显现出来。以下是凯·金提供的对外关系委员会2007～2009年度的一些反映影响力的数据:

---

① 参见布鲁金斯学会战略计划报告。Strategic Plan. Brookings's Thenth Decade-Phase One:2007～2009. 39-41.

表 6.1 　　　　　　　　对外关系委员会 2007～2009 年度影响力数据

对外关系委员会影响力变量	09 财年	08 财年	07 财年
被媒体提及次数	28 010	27 619	25 913
《外交》杂志被提及次数	1 118	1 276	756
通过谷歌广告关键词来到 cfr. org 网站的访问者	175 952	117 121	195 165
记录在案的会议次数	134	119	162
分发给受众的新闻稿件数	32	24	48
"本周世界"（电子公告牌）	46 974	39 214	32 000

资料来源：笔者 2009 年 8 月 18 日对 Kay King 的邮件采访。

　　学者杰姆斯·迈甘认为思想库的影响力由资源变量、需求变量和影响变量三大因素构成。资源变量主要包括运营资金、研究人员以及与政策群体和媒体的关系网；需求变量包含媒体引用率、网络点击量、国会听证次数、书籍出版、会议举办次数等；迈甘把影响变量表述为多少建议被采纳（James McGann，2007）。（具体见表 6.2）

　　杰姆斯·迈甘所发布的《2008 全球智库报告》中，思想库影响力的排名在很大程度上也是按照这个标准进行的。笔者认为，迈甘所提出的这三大变量为思想库影响力的评估提供了一个很好的框架，但是他所提出的"影响变量"，从实际操作来讲是一个无法衡量的变量。除了我们很难在众多智库中追寻某一条被采纳的建议来自于哪一家智库之外，还因为美国法律规定智库作为税务免除的非盈利组织不能影响具体的法律条款。因此思想库本身往往不愿意把这一变量作为影响力衡量的标准。

表 6.2 　　　　　　　　　　　　　思想库影响力变量

影响力变量	变量构成
资源变量	运营资金的大小和稳定性、与政策制定者的接近性、研究人员的背景和能力、与政策群体和媒体的关系网
需求变量	媒体引用率、网络点击量、国会听证次数、官员任命、书籍、报告、会议
影响变量	多少建议被采用

资料来源：James McGann. Think Tanks and Policy Advice in the US：Academics，Advisors and Advocates. Routledge. 2007.

　　唐纳德·阿贝尔森把思想库的影响力分为公开的影响力和私下的影响力两种形式。关于这两种影响力形成的渠道,阿贝尔森做了详细的总结,他所指的公开的影响力主要是那些通过媒体、公开会议、国会听证、书籍报告等形式产生的影响力,而私下影响力是指思想库与总统、国会和行政机构之间所建立起了的人际关系网络以及由此产生的影响力(Donald Abelson,2002)[75-79]。(详情见表 6.3)。

表 6.3　　　　　　　　　　　　影响力形成的渠道

公开的影响力	私下的影响力
● 举办各种公开的会议、研讨会,就各种国内、国际问题进行讨论;	● 接受政府内阁、顾问委员会的任命;
● 鼓励学者发表公开演讲;	● 在总统竞选期间担任顾问;
● 在国会听证会上作证;	● 保持与国会的密切关系;
● 出版图书、期刊、政策简报等;	● 邀请政策制定者出席研讨会;
● 制作网站,并允许访问者下载资料;	● 邀请前政党官员在思想库任职。
● 增加媒体曝光率。	

资料来源:Donald Abelson. Do Think Tanks Matter? McGILL-Queen's University Press. 2002.

　　他认为有的思想库不把追求媒介的曝光率等公开的影响力作为首要目标,他们的活动大多通过私下的形式发挥影响力,因此,虽然他们虽不为很多人所熟知,但却对政策有很大的影响。因此在衡量思想库的影响力时,要综合考虑其公开的影响力和私下的影响力。

　　阿贝尔森所总结的公开的影响力和私下的影响力,实际上是再现了影响力赖以形成的传播渠道。本书的第四章已经对此作了充分的论述,正是通过这些公开的或私下的传播渠道,思想库的影响力得以实现。

　　对于以上四种关于影响力构成的分析,为我们衡量思想库影响力提供了一个蓝图。从中我们可以看出,无论是思想库业界还是学界,对于思想库影响力的构成还是能够在很大程度上达成共识。简单而言,美国思想库的影响力是由一系列可见和不可见的指标和网络所构成的。

第二节
影响力的测量

对于思想库影响力的测量，长期研究外交政策的学者霍华德·威亚尔达曾经提出了一个看似非常简单的分析方法。他指出："政府的运作很大一部分是在备忘录的基础上进行的。如果一个国务院或国防部官员，或者中央情报局、国家安全委员会的政策分析专家的面前摆着你的研究，而且当他给秘书、部长甚至是总统本人写备忘录的时候，正好打开了、甚至引用了你的研究报告，那么在一定意义上来讲，这份研究报告就产生了影响力。换言之，如果你的报告没在他面前打开，或者更糟的是，你甚至不知道谁是负责的官员，你就不会施加任何影响。道理就是这样简单（Donald Abelson，2006）[121]。"

沿着威亚尔达的思维逻辑，如果我们能够观察到总统、行政机构官员、国会议员们关于政策制定的所有言行和文件，那么评估思想库的影响力自然是一件非常简单的事情。"如果学者们能魔法般地把他们的学术长袍转变成隐身的斗篷，研究公共政策和非政府机构努力塑造它就会容易多了。通过隐身，他们可以在白宫、国会山和许多政府部门和专业行政机构里随意走动，就跟哈利·波特在霍格沃茨洞穴般的走廊和楼梯那样容易（Donald Abelson，2006）[179]。"的确，有了隐形斗篷，学者们就能确定是谁和什么在影响着决策者，他们可以观察总统办公室高层官员会议，偷听到国会重要成员间的电话谈话，且可以接近机密文件，神秘且复杂的政策制定世界将突然变得公开透明。但现实是，学者们不可能藏在虚构的斗篷后去直接观察为什么制定某些政策，思想库又是如何影响了政策，他们必须找到其他的切实可行的方法来评估思想库的影响力。

对于思想库影响力的具体测量和排名，学者们采用了各种各样的方法，既有定量研究也有定性分析，既有文献分析又有深度访谈，既有民意调查也有案例研究。很难说哪一种方法最好，只能说任何一种方法所测量出的影响力都只是思想库影响力的一个方面。如果说思想库的影响力是一块拼图，那么每一种测量方法都只是拿到了整个拼图中的一块。

定量研究的尝试与问题

在定量分析方面,近些年来,思想库学者接受电子媒体访问的频率和其研究成果被平面媒体引用的次数已经成为研究思想库的学者以及社会各界衡量思想库影响力的重要指标。这种分析的理论基础建立在大众传媒的议程设置理论和对大众传播所具有的巨大舆论扩散力和影响力的认可上。而且因为这些数据的易得性和经济性,这种分析方法深为思想库学界和业界所推崇。也正因为如此,美国思想库也积极致力于提高自己的信息传播能力,从而在思想库影响力的排名中占据优势。但是大部分从事思想库研究的学者都认为,媒体的引用率所反映出的并不一定是思想库的影响力,而只能说明思想库的活跃程度。

在 Susanne Trimbath 所做的谁是最具影响力的思想库研究中,采用统计抽样的方法分析了 1997 年到 2005 年间,美国 17 家思想库的经济学专家在 11 家权威平面媒体出现的次数,进而得出了影响力排名前三位的思想库是布鲁金斯学会、国际经济研究所和美国企业研究所。(见表 6.4)

安德鲁·瑞奇(Andrew Rich)采用电话问卷调查的方法,就思想库的影响力、可信度等问题对国会成员和华盛顿的著名记者进行了调查分析。这项调查分别在 1993 年和 1997 年进行了两次,1997 年的调查花费两个半月时间,共有 71 名国会工作人员和 54 名精英媒体的记者接受了访问。

根据这项调查,瑞奇得出了关于思想库的影响力排名。两次调查结果所得出的影响力排名前八位的思想库几乎相同,其中都包含了布鲁金斯学会、传统基金会、兰德公司、国际战略研究中心、美国企业研究所等。针对思想库的影响力问题,受访的国会成员和媒体记者中 93.6% 的人认为思想库对政策制定具有影响。而关于"你认为当今对于华盛顿公共政策的形成影响最大的三家思想库是谁?"这一具体问题,布鲁金斯学会和传统基金会出现的频率最多(Andrew Rich,2006)[75-83]。

　　迄今为止,这是思想库研究领域为数不多的一项针对思想库目标受众群体的、相对严谨的一项实证研究。安德鲁·瑞奇的研究为思想库影响力评估的进一步拓展提供了很好的基石。

表 6.4　　　　　　　　　　　美国思想库影响力排名

1997～2005 年智库被引用次数排名		调查排名		
名称	引用次数	2005	2002	2000
布鲁金斯学会	2 180	1	1	1
国际经济研究所	1 621	2	2	2
美国企业研究所	1 351	3	3	3
卡托研究所	873	4	4	5
胡佛研究所	658	5	6	*
经济政策研究所	634	6	5	6
城市研究所	577	7	8	8
传统基金会	548	8	7	7
预算和政策优先中心	421	9	9	9
卡内基国际和平基金会	355	10	13	*
进步政策研究所	346	11	15	12
哈德逊研究所	328	12	16	10
米尔肯研究所	275	13	*	11
国际战略研究中心	265	14	14	*
外交关系委员会	259	15	12	*
国家政策分析中心	220	16	10	*
经济战略研究所	184	17	11	4

　*　当年未参与排名
　资料来源:http://www.iie.com/study/methodology.htm.

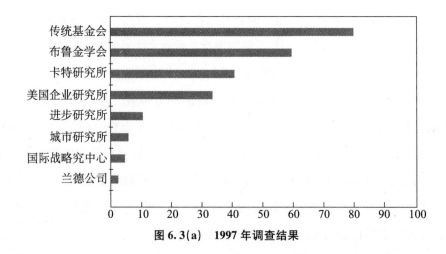

图 6.3(a)　1997 年调查结果

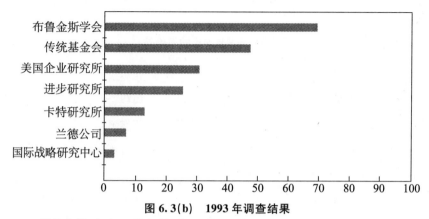

图 6.3(b)　1993 年调查结果

资料来源：Andrew Rich. Think Tanks, Public Policy and the Poltics of Expertise. Cambridge University Press. 2004：81.

　　2009 年,杰姆斯·迈甘在《外交政策》杂志上发表了关于全球思想库影响力排名的报告,他采用的方法是问卷调查。这项研究首先依据以往的研究和思想库现有的数据库,确定目前全世界范围内有 5 465 家思想库。然后,该研究确定了一个具有影响力的思想库的标准,然后在世界范围内邀请专家、学者、舆论领袖、政策制定者根据已确定的标准提名具有影响力的思想库。

　　在得到 407 个智库的提名之后,杰姆斯·迈甘把这个提名目录发送给全球的智库学者、智库管理者、舆论领袖、政策制定者,请他们对这 407 家思想库进行影响力的排名。迈甘与瑞奇所采用的实际上都是民意调查的方式,但是相比瑞奇的研究,迈甘在抽样选择上更具随意性和不确定性。在对思想库影响力标准的确定上也不具有全球意义。加之迈甘实行调查的全球范围所带来的资金和人力上的困难都使得这项全球性的民意调查报告不可避免地存在一些问题。

　　但是尽管如此,这项史无前例的全球智库影响力排名的报告还是在世界范围内广泛传播,被翻译成各种语言,产生了很大影响。这在很大程度上反映出了思想库影响力研究的重要性。按照迈甘的研究,目前美国有 1 777 家思想库,影响力排名前 10 位的是:布鲁金斯学会、外交关系委员会、卡内基国际和平基金会、兰德公司、传统基金会、威尔逊国际学者中心、国际战略研究中心、美国企业研究所、卡托研究

所、胡佛研究所。（见表 6.5）

表 6.5 2008 年美国智库影响力排名

排名	智库名称	地点
1	布鲁金斯学会(Brookings Institution)	华盛顿
2	外交关系委员会(Council on Foreign Relations)	纽约
3	卡内基国际和平基金会(Carnegie Endowment for International Peace)	华盛顿
4	兰德公司(Rand Corporation)	圣塔莫尼卡(加利福尼亚州)
5	传统基金会(Heritage Foundation)	华盛顿
6	威尔逊国际学者中心(Woodrow Wilson International Center for Scholars)	华盛顿
7	国际战略研究中心(Center for Strategic & International Studies)	华盛顿
8	美国企业研究所(American Enterprise Institute)	华盛顿
9	卡托研究所(Cato Institute)	华盛顿
10	胡佛研究所(Hoover Institution)	斯坦福(加利福尼亚州)

资料来源：美国宾夕法尼亚大学"思想库与公共社会项目"发布的报告。

2008 The global go-to think tanks：The Leading Public Policy Research Organizations in the World.

定性与个案研究的优势与不足

在思想库研究领域，定性分析与个案研究相结合的方法也是思想库影响力评估通常采用的方法。这种方法有助于我们从宏观和长时间段的角度观察和评估思想库的影响力。

大多数情况下，思想库的影响力发挥作用是一个漫长的过程，而且是多种合力作用的结果。另外，思想库的私下影响力是很难用具体量化的指标来衡量的，只能通过深度访谈与个案研究结合的方法来展开分析。面对复杂而且不可知的政治决策过程，定性研究有助于我们对思想库影响力的宏观把握，能够给学者提供原始数据所不能给的一些政策决定产生的历史和政治背景。如果方法得当，深度访谈可以为影响力的评估提供大量的信息来详细描述塑造公众政策的关键因素。而案例分析方法提供了一个对思想库影响力进行全面分析的蓝图。学者们通常选取一位总统,分析其任期内所制定的主要政策,其与思想库的关系来进行分析。也有的学者选取一个具体的政策,分析这个政策从提出到实施的这一过程中,思想库如何参与了这一过程,产生了什么样的影响。

　　把定性分析与个案研究方法结合在一起对思想库影响力展开研究的学者应该首推唐纳德·阿贝尔森。阿贝尔森曾选取卡特、里根、克林顿、布什四位总统作为案例,分析他们在总统竞选期间以及在总统任期内与思想库的关系,以此观察思想库的影响力。阿贝尔森也曾选取9·11事件作为一个关键坐标,分析9·11前后对布什政府发挥影响力的思想库。阿贝尔森之所以选取总统任期和危机事件作为案例,是建立在他认为思想库在每一届总统竞选期间以及国际安全危机时期最容易发挥影响力的观点上。在分析思想库对布什政府的影响力时,阿贝尔森分析了布什竞选期间所倚重的思想库,以及9·11之后到第二次竞选之前在反恐问题、单边主义以及先发制人的外交策略上对其有重大影响的思想库。[①]

　　在具体的案例分析中,通过分析思想库和决策者之间的关系网络可以解释为什么一些思想库能够享有进入政策制定过程中不同阶段的重要机会。1981年,传统基金会主席埃德温与里根政府重要成员的友谊,使得该机构的研究报告能够迅速得到政策制定者的重视并进而发挥重要的作用。美国新世纪研究所也同样如此,它依靠一些具有广泛社会影响网络和知名度的成员来对政策制定者产生最直接的影响。国防部长唐纳德·拉姆斯菲尔德和副总统迪克·切尼都是美国新世纪研究所的成员,正是依靠他们与布什总统的紧密关系,"重建美国国防"报告才进入布什政府的视野,并且发挥了影响力(Donald Abelson,2002)[123-143]。

　　虽然定性分析与案例研究相结合的方法可以为思想库影响力的评估带来很多有益的帮助,但是仅仅依靠这种分析方法也无法获得关于影响力的精确把握。

　　总之,目前在思想库研究领域,对于思想库影响力的测量还没有形成一个成熟的评估框架,也没有一个类似于大学排名的评分体系。这一方面反映了这一问题

---

① 唐纳德·阿贝尔森在其著作《国会的理念》和《影响力可以评估吗》两部专著中都对思想库影响力的评估进行了详细的分析。

的困难性,另一方面也为学者们的研究提供了更大的开拓空间。

第三节
构建影响力评估框架

学者们采用不同的方法对思想库的影响力进行分析,但是到目前为止,任何一种方法都无法对思想库的影响力做出全面的解释。在总结前人研究的基础上,笔者试图从宏观的、长期的、全面的视角,来构建一个思想库影响力的分析框架和指标。

在本书第四章,我们分析了美国思想库的影响力是通过各种渠道进行扩散的,有公开的渠道也有隐性的渠道,其目标受众是政策制定者和公众舆论。因此,对于影响力的测量也可以分为公开影响力和隐性影响力两部分。对于公开的影响力我们可以用具体的量化指标来衡量,通过对一个时间段内具有代表意义的指标的测量取得影响力的量度。对于隐性的影响力,我们可以结合民意测验的方式进一步明确,民意测验中最为重要的就是抽样的选取。在运用这种分析框架和指标进行美国思想库影响力的实际测量时,应该首先确定一定数量的思想库名单,然后就这几家思想库在一个时间段,至少是半年或者一年之内的各项指标进行测量。

因为本书研究的核心问题并不是如何测量影响力,本章的目的只是试图确定一个思想库影响力的分析框架和指标,为后续研究提供基础,因此,本章在接下来的分析中,在进行数据说明时并没有严格限制思想库的取样和时间段。

公开影响力的评估

美国思想库公开的影响力可以由以下几个量化的指标反映出来:运营资金、媒体引用数量、国会听证数量、网站点击率以及思想库内前任政府官员的数量。接下来我们来具体分析为什么这些指标可以为衡量美国思想库的公开影响力提供具有代表意义的量度。

美国思想库的运营资金主要来自于基金会、企业、个人和政府。作为在思想的市场自由竞争的商业机构,美国思想库的生存、发展依赖于其产品的竞争力,而思想库产品的竞争力就在于是否产生了影响力。从商业的角度来讲,无论是基金会、企业、个人还是政府机构,他们在选择投资和捐赠对象的时候,最为看重的是思想库的影响力。在这个意义上,拥有巨额运营资金的思想库从某种程度上而言其产品一定是具有市场竞争力和影响力的。布鲁金斯学会前总裁 Bruce Maclaury 曾指出:"当我们寻找资金的时候,你必须证明自己的工作是有成果的、是可以看到的,资金就等于影响力(Andrew Rich,2004)[69]。"

基于此,笔者认为运营资金可以成为衡量思想库影响力的一个指标。以下是2008 年美国排名前十位的思想库的预算资金统计,从中可以看出,这些思想库的预算资金无一低于 1 900 万美金。(表 6.6)

表 6.6 2008 年美国排名前十位的思想库的预算资金

排名	智库名称	预算资金(百万美元)
1	布鲁金斯学会(Brookings Institution)	60.7
2	外交关系委员会(Council on Foreign Relations)	38.3
3	卡内基国际和平基金会(Carnegie Endowment for International Peace)	22
4	兰德公司(Rand Corporation)	251
5	传统基金会(Heritage Foundation)	48.4
6	威尔逊国际学者中心(Woodrow Wilson International Center for Scholars)	34.5
7	国际战略研究中心(Center for Strategic and International Studies)	29
8	美国企业研究所(American Enterprise Institute)	23.6
9	卡托研究所(Cato Institute)	19
10	胡佛研究所(Hoover Institution)	34.1

资料来源:美国宾夕法尼亚大学"思想库与公共社会项目"发布的报告。
2008 The global go-to think tanks:The Leading Public Policy Research Organizations in the World.

对于媒介引用率和国会听证数量这两个指标,唐纳德·阿贝尔森认为他们只能反映出思想库在政策制定领域的活跃程度,却不能反映出思想库在改变一个政策制定者的观念上的影响力有多大(Donald Abelson,2002)[89]。阿贝尔森对影响力的理解是"思想库改变政策制定者的观念",更进一步说,阿贝尔森认为影响力等同于态度的改变。笔者认为这种对影响力的认识是偏僻的。本书在绪论的概念界定部分就明确指出,美国思想库影响力的实质是影响力,而影响力发挥的重要环节是设定政策议程的阶段。在这样的基础上,笔者认为完全可以用这两个指标来衡量思想库的影响力。

就媒介引用数量而言,这个指标所反映出的是美国思想库为大众传媒设定议程的能力。而大众传媒所具有的为公众和政府设定议程、引导并且塑造舆论的能力,能够最大限度地把思想库的影响力在全社会进行迅速、大规模扩散,形成巨大的舆论声势,进而影响公共政策的制定。美国思想库的学者经常有机会到国会听证会作证,他们所面对的受众是掌握政策决定权的国会议员、议员助理以及来自政府机构、大众媒体等其他各个领域的舆论精英。一般美国国会的听证会都可以通过美国公共事务有线电视网(Cable Satellite Public Affairs Networks,简称C-SPAN)进行现场直播,到国会听证会作证不但可以直接影响政策制定者和舆论精英,而且可以通过大众传媒影响整个社会舆论。因此,国会听证数量也是一个衡量影响力的重要指标。

另外,笔者通过对一组数据的分析,发现了思想库的媒体引用量和国会听证量之间存在着一种对应关系。比较2001年至2005年间,在美国主要报纸和电视网络上以及美国国会听证会上,拥有外交和防务政策专业知识的特定思想库的曝光次数,我们可以看到在媒体曝光次数居多的思想库,同样有更多机会出席国会听证会。(见表6.7、6.8、6.9)

网站点击率一直以来没有进入思想库研究学者的视野,这个指标所能反映出的影响力也因此一直未能引起思想库学界足够的重视。网络媒体作为一种快速、便捷、全球性、交互性、多媒体性的传播媒介,几乎融合了所有媒介的特点,具有其他媒介所不具有的独特传播优势。作为一个传播公共政策信息的网络平台,思想库的网站点击率可以反映出一家思想库受公众所关注的程度,进而可以反映出其全球范围内的影响力。

表 6.7	2001 年 1 月～2005 年 1 月平面媒体曝光次数
思想库	总数
传统基金会	2 129
兰德公司	2 165
国际战略研究中心	2 489
外交关系协会	2 885
布鲁金斯学会	4 045

资料来源：LexisNexis.

表 6.8	2001 年 1 月～2005 年 1 月电视媒体曝光次数
思想库	总数
传统基金会	31
卡内基国际和平基金会	96
外交关系协会	123
兰德公司	129
布鲁金斯学会	296

资料来源：范德比尔特电视新闻。

表 6.9	2001 年 1 月～2005 年 1 月国会听证次数
思想库	证言次数
外交关系委员会	9
兰德公司	10
美国企业研究所	14
布鲁金斯学会	22
国际战略研究中心	33

资料来源：LexisNexis.

以下是笔者选取的 2009 年 10 月 18 日，七家具有影响力的美国思想库的网络排名。在理想的情况下，应该统计出在一个长时间段比如说半年或者一年内，所选取思想库的评价网络排名。

笔者所选取的最后一个指标是思想库内前任政府官员的数量。在本书的第二章美国思想库概论部分，笔者明确指出美国思想库的核心功能是搭建"知识"与"权力"的桥梁以及推行"第二轨道"外交。这两大功能的实现的前提是美国思想库与政府之间存在着密切的关系，而这种密切关系得以建立的基础就是美国思想库与政府之间存在着"旋转门"机制。在这个意义上，笔者认为思想库内前任政府官员的数量可以反映出美国思想库的影响力。

表 6.10　　　　　　　　　　　　思想库网站点击排名

智 库 名 称	全球排名	美国排名
布鲁金斯学会(Brookings Institution)	62 827	20 484
卡内基国际和平基金会(Carnegie Endowment for International Peace)	184 038	147 088
国际战略研究中心(Center for Strategic and International Studies)	136 334	76 221
美国企业研究所(American Enterprise Institute)	123 363	38 505
对外关系委员会(Council on Foreign Relations)	54 931	24 024
传统基金会(Heritage Foundation)	17 661	4 655
兰德公司(Rand Corporation)	75 606	24 874

　　数据来源:Alexa 网站 2009 年 10 月 18 日数据. 网上只能查到网站访问量的相对排名,实际访问数量只有每个网站各自才知道。

　　笔者之所以选取运营资金、媒介引用数量、国会听证数量、网站点击率、思想库内前任政府官员数量作为测量思想库公开影响力的指标,除了以上所阐述的理论上的合理性外,还因为这几个数据的易得性。对于能够反映思想库影响力的一些其他指标,如进入政府做官的人员数量、每年举行会议的数量等,这一类的准确数字只能由思想库自身才能提供,而且大多数情况并不公开,没有其他中立的第三个数据源头,因此笔者把这样的指标排除在外。

隐性影响力的把握

　　关于思想库的隐性影响力,主要是指我们通过量化的指标无法触摸到、感知到的那部分神奇的舆论力量。对此,最好的测量方法自然是民意测验。民意测验主要用于把握舆论的走向、量度和强度。

　　自 20 世纪 20 年代以来,民意测验就成为了舆论最主要的测量和表达方式。正如赫伯特·阿舍(Herbet Asher)所言,民意测验的重要性在于:"它已经成为美国人了解公民目前在想什么的主要途径(Claude Robinson,1932)。"随着科学技术的进步,民意测验的准确性不断提高,民意测验成为美国社会不可逆转的发展趋势,已经渗透到美国社会和政治生活的方方面面。美国的民意调查机构一般可分为商业性和非商业性两类。商业性的有盖洛普、罗珀、克罗斯利等公司,非商业性的有密歇根大学政治研究中心、康涅迪格大学的罗珀舆论研究中心、芝加哥大学的全国民意研究中心。另外,实力雄厚的大众传媒机构也经常性从事民意调查,它们不仅仅自己进行独立的民意调查,而且还与专业的民意调查机构合作,目的是更加准确了解民意。这是近些年来美国民意测验的一个重要发展趋势。

民意测验的两个基本问题是:调查谁,如何调查。关于调查谁,现代民意测验经历了趣味化发展和科学化发展的两个阶段。民意测验的具体方法也经历了三次大的演变:早期的方便抽样,20世纪30年代的定额抽样,以及20世纪40年代末以来广泛采用的随机抽样。定额抽样的方法是按照要调查的问题,选择与问题相关的人,按照各类人在全国人口中所占比例,确定各类人在样本中应占的百分比。随机抽样的特点是按照随机原则来抽取样本,调查总体中的每一位成员都有被抽中的同等可能性,完全排除调查者在选取样本时的主观意愿、印象、好恶等的关系(韩运荣等,2005)[173]。

民意测验过程一般包括五个步骤:测验方案的整体设计、抽样、拟定问题表、征询意见、整理分析测验结果。在这个五个步骤中,最为关键的是抽样。对于美国思想库影响力的民意测验,我们首先要确定的问题就是调查谁。美国思想库从事舆论生产的目的是影响公众舆论和政策制定,也就是说其目标客户是社会公众以及政策制定者们(总统、国会议员、政府官员),影响公众舆论的目的是对政策制定者形成更强的舆论压力。基于此,笔者把美国思想库影响力的调查对象确定为:社会公众和政策制定者。但是,对于政策制定者的舆论测量从实际操作上来讲存在着很大的问题,一般而言,无论是总统还是国会议员以及其他行政官员,学者能够与其接触并且进行民意调查的几率非常小。因此,为了测量的实际可操作性,我们可以把对政策制定者的抽样扩展为:政策制定者及其核心工作人员。

笔者采用这种全面的测量方式的理论出发点建立在恩格斯的"合力论"和传播学的"培养理论"上。① 培养理论不讲求短期的"效果",而是认为应该研究持续的、

---

① 也称培养分析或教化分析、涵化分析,由G.格伯纳等人提出。格伯纳等人认为,在现代社会传播媒介提示的"象征性现实"对人们认识和理解现实世界发挥着巨大的影响。同时,这种影响不是短期的,而是一个长期的、潜移默化的、培养的过程,它在不知不觉当中制约着人们的现实观。

多次重复的媒介内容究竟对受众产生了怎样的长期的、累积的持久性作用和稳定性作用。就美国思想库对公共政策和舆论的影响而言,在大多数情况下,一项政策从提出到立法,需要几个月甚至几年的时间。在这个过程中,美国思想库通过各种影响力策略和传播渠道营造舆论氛围、进行舆论扩散。"培养理论"有助于我们明晰美国思想库对公共政策制定的影响正是一种长期的、累积的效果。

"合力论"是恩格斯在 1890 年致约·布洛赫的信中提出的,信中这样说:"历史是这样创造的:最终的结果总是从许多单个的意志的相互冲突中产生出来的,而其中每一个意志,又是由于许多特殊的生活条件,才成为它所成为的那样。这样就有无数互相交错的力量,有无数个力的平行四边形,由此就产生出一个合力,即历史结果,而这个结果又可以看作一个作为整体的、不自觉地和不自主地起着作用的力量的产物(马克思恩格斯选集,1995)。"通过本书对美国思想库舆论地位、影响力策略以及深层机制的分析,显而易见,美国思想库的影响力就是在无数个力的平行四边形的相互交错中产生的合力。

行文至此,论文对美国思想库影响力产生的机制、影响力传播战略、影响力形成的基础以及影响力的评估进行了系统的分析。本章虽然不是论文的核心问题,但却是美国思想库影响力系统研究中不可或缺的一个环节。本章对影响力的评估所进行的研究仅仅是抛砖引玉,还有待学者们进一步的深入研究。

第七章　如何打造具有国际影响力的中国思想库？

REVOLVING DOOR

American Think Tanks Research

Chapter Seven：How to Promote Chinese Think Tanks Global Influence

Key conclusion of this book

Challenges for American Think Tanks

Chinese Think Tanks development history

Policy advice for Chinese Think Tanks

第七章
如何打造具有国际影响力的中国思想库？

Chapter Seven：How to Promote Chinese Think Tanks Global Influence

　　研究美国思想库的影响力对世界各国智库的发展都具有启发和借鉴意义。本章对论文的主要结论进行总结，对美国思想库未来发展所面临的挑战进行简要分析，对中国思想库的现状和发展历程进行简要评述，并且对如何打造具有国际影响力的中国思想库提出政策建议。

第一节
本书主要结论

　　美国思想库影响力研究作为一个极具现实意义和学术价值的庞大而复杂的研究课题，涉及舆论学、传播学、政治学、公共管理学、社会学等不同学科领域，本研究显然无法做到"毕其功于一役"。为了尽可能全面、系统地分析美国思想库影响力，使得学术研究能够有助于现实应用，也为了给后续研究提供坚实的基础，笔者付出了大量努力。纵观全文，本书的主要结论有：

　　（1）美国思想库是为促进政府决策的最优化而诞生的，其根本目的是服务于美国国家利益和公共利益。美国思想库承担着政策建议、政策教育、"知识"与"权力"的桥梁、"第二轨道"外交通道等很多重要的功能。经过一个世纪的发展完善，美国思想库不但对美国公共政策和舆论具有巨大的舆论影响力，也对世界政治、经济乃至文化的走向发挥着重大的影响。

（2）美国公共政策的制定是在一定的"场"中进行的，从宏观上讲，是美国社会这个大舆论场，从微观上讲是公共政策制定过程中的核心决策者和主要影响因素构成的"公共政策舆论场"。"公共政策舆论场"是指公共政策形成的具体时空环境，构成因素主要包括：政府舆论、思想库、利益集团、大众传媒和公众舆论。公共政策的形成是这些舆论因素通过各种传播媒介的互动达成的共识，而美国思想库的影响力也正是在与这些不同舆论因素的互动中得以形成，并通过不同舆论因素所承担的具体功能得以体现。"公共政策舆论场"具有"多中心"、"网状互动"两大特点。在"公共政策舆论场"中，思想库处于"舆论聚散核心"的地位。一方面，思想库是舆论"工厂"，是吸引各种各样的观点、看法、主张、建议融和、碰撞的磁场和聚集地。另一方面，思想库是重要的舆论传播中心，它通过各种传播策略和媒介影响其他舆论，思想库、大众传媒、利益集团、公众舆论之间，形成一种"点、线、面、网"的互动以及相互交融、相互影响的关系。利益集团既属于阿尔蒙德所言的"关注公众"又是舆论传播的渠道之一，其主要工作不是生产思想，而是通过各种渠道为特定集团争取利益；公众舆论所反映的是普通公众的意见，具有量的优势，可以形成巨大的舆论声势，因而成为其他各种舆论主体试图影响和引导的对象；而大众传媒承担的最重要的角色是各种舆论得以大范围传播、沟通的渠道和平台，以及作为舆论的放大器、塑造者和引导者。

（3）在竞争激烈的思想市场，如果缺乏全方位的影响力策略，再好的思想也会被埋没，没有了舆论传播，美国思想库就难以生存，更谈不上产生影响力。尽管思想库的规模、种类、研究方向、目标受众有所不同，但是他们采用的传播渠道和模式大致相同。具体而言，美国思想库采取的主要传播方式有人际传播、组织传播和大众传播。在大多数情况下，三种传播方式都是同时采用，互为补充和促进。人际传播有助于思想库的研究成果直接影响决策者，组织传播和大众传播担负着议程设置和塑造公共舆论的作用，从而间接影响决策者。

（4）美国思想库影响力的产生，究其原因，除了其特殊的舆论地位、全方位的舆论传播策略之外，从深层次来看，与美国思想库所处的特殊的政治、经济、文化环境以及其自身成熟的商业化运行机制有着必然的联系。独具特色的政治文化为美国思想库提供了肥沃的土壤和充足的"舆论空气"，奠定了舆论民主的思想基础，塑造了积极的、赋予创造性和参与性的舆论主体；多元的政治文化加之权力的分立导致了美国政治的高度碎片化，分权制衡的政治体制和宽松的政党制度为思想库影响力的拓展创造了更多的需求和空间；美国思想库影响力的产生离不开充足的资金支持，完善的税收制度和发达的基金会为美国思想库从事政策研究和进行舆论传播提供了充足和稳定的财源；美国思想库影响力的产生同样离不开其全方位的独立性和完善的运营机制，正是独立性保证了思想的创新能力，政策实业家的领导力推动了美国思想库的持续发展。

（5）对于影响力的测量可以分为公开影响力和隐性影响力两部分。对于公开的影响力可以通过对一个时间段内具有代表意义的指标的测量取得影响力的量度。对于隐性的影响力，可以结合民意测验的方式进一步明确，民意测验中最为重要的就是抽样的选取。公开的影响力可以由以下几个量化的指标反映出来：运营资金、媒介引用数量、国会听证数量、网站点击率以及思想库内前任政府官员的数量。笔者采用这种全面的测量方式的理论出发点建立在恩格斯的"合力论"和传播学的"培养理论"上。

第二节
美国思想库面临的挑战

就目前世界范围内思想库的发展程度和影响力而言，美国思想库不但在美国，而且在全世界范围内都具有巨大的影响力，而且这种影响力还有进一步拓展之势。应该说，美国思想库已经形成了一套相对完美的运行机制和模式，但是，美国思想库也具有其自身无法回避的局限性，无论是其赖以生存的"独立性"，还是其得以构建人际传播网络的"旋转门"机制。

近些年来，随着思想库数量的剧增，媒体信息传播的即时化和全球化以及美国深陷经济危机，美国思想库面临着一系列挑战，而这些挑战所带来的一系列问题将深刻影响着美国思想库影响力的可持续性以及思想库的未来发展方向。

从资金的纬度来看，目前短期资助的具体项目和研究结果驱动的资金越来越多，长期性的稳定资金不断减少。从良性角度而言，这种情况增加了政策导向的研究，迫使思想库更加关注当前热点问题和立法问题，也促使思想库更加有效率、更加注重研究成果的传播。但是从负面角度，因为缺乏长期的、制度性的资金支持，许多思想库的使命和研究议题受到影响，思想库的研究深度和创新能力受到限制。更进一步而言，资金的不确定性和短期性影响了思想库研究选题的独立性并进而影响到研究过程和结果。很多时候，为了维持和保证正常的运营，思想库不得不做一定程度的妥协，这也是美国学界对思想库越来越混淆于咨询公司的批评的缘由。从长远来看，这将严重影响到思想库的声誉和影响力。目前很多美国思想库都面临这一严峻的现实，国际战略研究中心的总裁约翰·汉默曾坦言："我每天最重要的工作就是寻找资金。"随着 2008 年年底的金融危机席卷全球，美国思想库纷纷削减人力和项目资金，最为明显的一个例子是，美国布鲁金斯学会的一个每期十个月的访问学者项目从 2009 年开始削减为每期五个月，在资金和项目设置上也有所调整。

从市场竞争的角度而言，美国思想库的过度商业化也是目前面临的一大挑战。思想库作为政策研究机构，其产品就是政策建议，其目标受众是决策者。目前思想库的数量居高不下，而目标受众却没有增加，客观上形成了一种"供大于求"的局面。在思想的市场，除了不同思想库之间存在激烈竞争外，各种游说集团、利益团体等各种力量也在进行着博弈。基于对信息传播的重要性的认识和市场竞争的需要，各大思想库在思想产品的推销和宣传上不断投入更多的时间和金钱。传统基金会用于信息传播的年度费用高达 600 万美金左右。布鲁金斯学会 2007 年度在推销其研究成果上的花费也达 400 万美金之多。[1] 这一方面有利于思想库影响力的

---

[1]　资料参见布鲁金斯学会和传统基金会网站 www.brookings.edu，www.heritage.org.

扩大,另一方面,却在某种程度上让思想库走入了一个误区:作为政策研究机构的非营利组织,思想库毕竟不同于商业机构,其研究成果毕竟不同于普通的产品,过度的商业化必将也会影响到其研究的独立性和研究质量。

从大众传媒的角度来审视思想库,随着大众传媒对时效和速度的要求增大,一方面增加了媒体对思想库产品的需求,扩大了思想库的受众群,将思想库、其他政策精英和大众联系起来,使得思想库更为大众所熟悉,其影响力也更为公众所感知。但是,另一方面,媒体的刺激性和煽情性破坏了政策辩论的严谨与理性,对媒体曝光度的追求使得思想库学者们花费过多精力在政策评论而不是政策研究上,思想库更多关注当前事件和热点问题而不是前瞻性的预测与分析。在这种趋势下,与其称思想库的研究人员为学者,不如称之为政策明星或者明星评论员更为合适。作为一个社会舆论源泉的思想库,如果没有了扎实的具体分析研究,而只是肤浅地发表政策评论,其可能带来的后果可想而知。另外,网络媒体的崛起一方面减少了信息传播的成本,使得思想库的受众群最大化,加剧了思想库之间的低成本协调与合作,增加了思想库的曝光率和影响力以及全球影响力拓展。但是另一方面却也在某种程度上降低了思想库在特定政策问题上对知识资源和研究成果的控制力(James McGann,2009)。

从美国思想库的目标受众——政策制定者的角度而言,面对全球化、信息化时代带来的这一系列挑战,美国政府在对内、对外决策上所面对问题的复杂性,以及面对的来自各个方面和渠道的海量信息都是前所未有的。由于思想库能够为政府决策提供专业、准确的信息,提供更独到、详实的政策建议,决策者们会更多寻求智库的帮助,这在很大程度上促进了思想库的发展,但同时也使得思想库市场更加拥挤和充满过度竞争。为了吸引有限的受众、眼球、资金和注意力,更多智库关注一些全球性的热点问题,却忽视了其他一些重要的、但却暂时未被现在的媒体和政策制定者所认识到的问题。

以上这些问题的存在都将对美国思想库的影响力产生深远的影响,而如何应对这些问题,从而确保思想库发展的稳定性和影响力的可持续性,将需要更多学者的深入研究。

第三节
中国思想库发展历程

　　中华民族是一个充满智慧且重视智慧的民族。中国历史上很早就有了智库的雏形，作为一种社会政治现象，政策研究和咨询在中国有着悠久的历史，有很多从事类似政策研究和咨询工作的人，只是我们并不称之为智库专家，而称之为门客、幕僚、谋士、军师、师爷等等。春秋战国时期，各国诸侯为称霸天下，纷纷招揽有各种特长的人，这个时候便产生了门客制度。如有名的平原君、信陵君都号称有门客三千。政策咨询业比较鼎盛时期处于清代，那时的"师爷"团体盛行，官员为扩张自己势力，广泛招募师爷，就政治、经济、军事、司法等诸多层面的问题向他们进行咨询。

　　应该说，智库作为人类知识的智慧形态出现，中国远早于西方。中国历史上智库文化是相当发达的，国家对知识层也是相当重视的。但是，由于当时的社会发展水平和政治、政策问题的复杂程度不高，官员所需要的政策咨询服务由单个的人就能完成，所以虽然政策咨询业早在古代就已经出现，但专门从事政策咨询服务的组织机构的形成还不具备条件。而且，门客也罢，智囊也罢，幕僚也罢，都是知识层谋生或晋阶的手段，是一种人身依附关系，与现代意义上的思想库还是有区别的。现代意义上的思想库是一种有组织的政策研究机构，自身有很强的独立性，并不需要完全依附于政府而生存。

　　相对美国思想库的悠久历史，中国现代意义上的思想库的发展与改革开放同步，仅仅30多年的历史。自20世纪80年代以来，随着中国改革开放政策的实施和政治、经济体制改革的不断深化，思想库在中国政治决策过程中发挥的作用不断加强，中国思想库才逐渐进入学界的研究视野。按照本书绪论部分所确定的思想库的广义概念和第二章对美国思想库的广义概念上的分类，从隶属和资本构成的角度,目前中国思想库也可分为三大类:官方、大学和独立思想库三种。在数量和影响力上以官方为主,独立思想库还处于起步阶段。

中国民主化进程是一个政府主导的自上而下的渐进过程,而一些政治事件和政策的颁布对中国政治环境的影响巨大,因此中国思想库形成与发展过程和政治环境的变迁过程是基本一致的。本书把中国思想库的发展历程从 1949 年开始到现在分为四个阶段。

萌芽时期——新中国成立至改革开放前

之所以把这段时期称为萌芽时期,是因为这一时期的政策研究机构还不足以称之为思想库。但是却具备思想库的某些特征,也承担着思想库的某些功能。

中国最早的政策研究机构出现在延安时期,之后到上世纪 50、60 年代也相继成立了一些国有研究机构。这些机构以苏联研究机构为模式,紧紧地被部门和机构任务束缚。在这些机构里从事政策研究的人被西方学者称为官方知识分子(Establishment Intellectuals),他们进行研究的主要目的是为党和政府部门的政策提供合法性理论支持,他们是被政治领袖们精心挑选出来的,在政治上具有相当强的先进性(Merle Goldman,1981)。

这一时期,官方知识分子也确为政策决策起到过外脑的作用。比如,20 世纪 60 年代末,陈毅、叶剑英、聂荣臻和徐向前四元帅就曾花了七个多月时间,邀请专家举行了 20 多次座谈会后完成的调研报告,为"联美制苏"战略转变提供了"针对中国的战争不会轻易爆发,美苏矛盾大于中苏矛盾"的战略思想。这一时期的民间知识分子相对于官方知识分子而言,由于当时中国政治领袖对知识分子反复无常的暧昧态度,使他们一直处于谨小慎微的心态之中。

最初,早在 1939 年,中共中央作了《大量吸收知识分子》的决定,指出:"在长期的和残酷的民族解放战争中,在建立新中国的伟大斗争中,共产党必须善于吸收知识分子才能组织伟大的抗战力量,组织千百万农民群众,发展革命的文化运动和发展革命的统一战线。没有知识分子的参加，革命的胜利是不可能的"（毛泽东，1958）。当时的中国共产党将知识分子作为取得革命胜利的重要队伍力量。解放之后，中国政府已经对知识分子的阶级进行了认定，在1956年1月召开的全国知识分子问题会议上，周恩来宣布：我国知识分子中的绝大多数"已经是工人阶级的一部分"（周恩来，1984）。而同年4月，毛泽东提出"百花齐放，百家争鸣"（双百方针）的政策也确实解放了知识分子的言论权。但之后不到一年，中国领导人改变了知识分子的阶级定位，认为他们还是属于资产阶级的知识分子。然后领导人又通过发动各种政治运动将很多社会知识精英"打倒"。在"文化大革命"期间，高等教育水平被视为政治的累赘而不是资本，白领阶级并没有像其他社会一样一直受到相应的经济利益和职业声望。到了"文化大革命"结束时，大部分社会知识分子几乎被打压到社会底层。改革开放前的中国不乏存在掌握理论知识与专业素质的知识分子，也存在着不少社会科学的研究机构和高校。但是那些专家只能从事依附于政府的政策解释性研究，而且研究结论必须始终严格与党中央和政府的思想保持高度一致。这样做是当时知识分子保持经济与生活处境的唯一办法，一旦被别人寻找到自己研究观点与党中央和政府的细微不一致证据，就很难逃脱被"扣帽子"从而被"打倒"的命运。

在这样一种政治环境下，中国不可能出现或存在真正影响政策决策的思想库和学者。

多元化发展时期——改革开放后至20世纪80年代

从历史的视角来看，这一时期是中国思想库尤其是官方思想库发展的一段黄金时期，民间思想库也得到一定发展。虽然在20世纪80年代末，由于特定的政治事件和由此带来的政治环境的变化导致了处于多元化发展中的思想库一度停滞，但是，这一时期为中国思想库的未来发展奠定了坚实基础。

从20世纪70年代末开始，随着中国改革开放，面对的国内国际问题日益复杂，中国领导人开始认识到政策研究机构的重要性,相继建立了许多官方思想库。1981 年,国务院先后成立了四个研究中心,它们分别是国务院经济研究中心、国务院技术经济研究中心、国务院价格研究中心和国务院农村发展研究中心。1985 年,国务院经济研究中心、国务院技术经济研究中心、国务院价格研究中心合并成为国务院发展研究中心。以此同时,中国社会科学院也进行重组并发挥重要的政策咨询功能。另外,各级政府在不同层次设立了政策研究机构或者部门,从中央到地方基本形成了一个较为完整的官方思想库网络。

这一时期思想库的职能主要是为党和政府的决策和规划提供智力支持。其政策观点更多的是基于实际操作,而较少出现意识形态和官僚机构弊端的研究。从研究领域上来讲更多偏重于经济体制改革。如国务院技术经济研究中心成立后不久,就根据邓小平同志提出的到本世纪末国民经济翻两番的设想,组织了 500 多名专家,从战略的角度对"2000 年的中国"进行了研究(刘雪明,2001)。

这一时期不但官方思想库充分发展,民间思想库也得到一定程度的发展。民间思想库比较有代表性的有中国政治与行政科学研究所,1987 年该所被一分为二为北京社会经济科学研究所和北京社会和科技发展研究所,以及 1989 年由一批经济学家、社会活动家和企业家成立的综合开发研究院。社会经济所接管的报纸《经济学周报》新一期《致读者》表示:"《经济学周报》代表现代化进程中的新兴的社会力量,表达思想,维护权益,提供帮助!"而几年以后,该报已经享有"南有《世界经济导报》,北有《经济学周报》"的美名。另外,社会经济所还承担并完成国家"七五"社会科学重点项目——政府人员评价系统研究。最后,社会经济所发展成为在北京德外双泉堡所址拥有 60 间房,约 1 000 平方米,拥有专职研究人员和工作人员 49人,兼职研究人员 100 多人的大型研究机构。20 世纪 80 年代后期,上述三家机构总共以合作出版或编委会组稿方式编辑出版发行的各类出版物约 500 种左右。

平稳发展期——20 世纪 90 年代初至 20 世纪末

20 世纪 80 年代末 90 年代初,经过长达两年的沉寂,1992 年的邓小平南巡讲话带来了中国改革开放新的发展时期，而新的一代思想库也开始兴起。通过十几年的改革开放实践，中国已经初步形成了社会主义市场经济体制的框架，中国在意识形态和思想上也更加开放。各种类型的思想库也不断涌现。这一时期，大学附属型思想库得到充分发展，中国思想库基本形成了官方、大学附属和民间思想库共存的局面，但是民间思想库无论在数量、资金还是影响力上都处于边缘。

从 80 年代末开始，中国已经出现了一些纯民间的、私人政策研究机构。这些机构的发起人一般都是原事业单位型思想库中已经获得了一定成功和声誉的专家，为了自己思想上的追求和信仰脱离了原单位的束缚，开设属于自己的研究机构。天则经济研究所（1993 年成立）、北京思源社会科学研究中心（1988 年成立）、北京大军经济观察中心（2000 年成立）都属于这类机构。这一时期，随着国家启动创建世界一流大学的 211 工程和 985 工程，大学附属型思想库开始高速发展。国内重点高校纷纷依托高校研究力量成立研究中心，从海内外吸收大量政策人才，中国的大学学者开始积极介入政策研究领域，开始对中国政策发挥着影响力。如清华大学、北京大学、人民大学都成立了很多有影响力的政策研究中心，如清华大学的国情研究中心、国际问题研究中心、全球传播研究中心等。其中应当特别指出那些海外归国的学者在中国大学中建立的研究机构，它们一方面拥有相当的新思想，另一方面也拥有海外资助。如附属于北京大学的中国经济研究中心，是由林毅夫以福特基金会提供的种子资金创立的。

总体上来看，这一时期的思想库更具有独立性、影响力和国际视野。大部分机构的研究经费虽然还是主要来自于政府，但那并不意味着思想库的专家不敢表达不同于政府的观点。不同思想库对一些政策问题产生不同观点，并且展开了激烈的讨论。比如，有研究表明不同思想库就中国能源安全政策积极参与不同观点的讨论。国务院发展研究中心、国家经贸委能源研究所、中国国际问题研究所、上海国际问题研究所、北京大学、清华大学、南开大学、石油大学等的专家均参与了中国能源安全政策的大讨论。

这一时期，"旋转门"现象开始出现在中国智库界，专家治国的思想被普遍接受。其中最著名的要数朱镕基,他在改革刚开始时担任中国社会科学院工业经济研究所室主任,最后成为中国国务院总理。另外,这一时期,中国思想库尤其是从事国际关系研究的思想库已经成为中国对外政策决策和情报分析的重要部门,同时它们也成为中国官员与国外专家之间日益重要的纽带,承担着独特而又重要的"第二轨道"外交功能。

战略发展期——21 世纪初至今

随着全球化的持续深入和信息技术的快速发展,当今世界各国之间的竞争已经不仅仅是"硬实力"的竞争,以思想、观念、文化为核心的"软实力"才是新的竞争点,而思想库作为创新思想的源泉是"软实力"竞争的关键。进入 21 世纪后,在中国新一轮经济高速增长和社会矛盾显现的关键时期,在经济全球化国际环境日趋复杂的背景下,中国最高领导层更加强调科学决策的重要性,对智库的作用有了更加深刻和全面的认识。应该说,21 世纪初至今,中国思想库的发展进入了一个蓬勃发展、国际化发展的时期,中国思想库不但要影响中国政策,还要在国际舞台上掌握话语权,发挥中国的软力量。

进入 21 世纪以来,大力发展思想库,提高政治决策的科学化、民主化水平被提高到一个战略高度。自党的十六大以来,中共中央政治局几乎每月都进行集体学习,邀请专家学者到中南海讲课。从 2002 年 12 月 26 日第一次学习起到 2010 年 12 月 3 日,中央领导已进行了 68 次集体学习,其中十六届政治局集体学习 44 次、十七届政治局集体学习 24 次。讲课的专家学者大多是来自官方智库型的研究机构。

2004 年 1 月,《中共中央关于进一步繁荣发展哲学社会科学的意见》在党的历史上第一次以中共中央的名义明确指出:"要使哲学社会科学界成为党和政府工作的思想库和智囊团。"同年,党的十六届四中全会明确指出,加强党的执政能力建设,要"改革和完善决策机制,推进决策的科学化、民主化"、"对专业性、技术性较强的重大事项,要认真进行专家论证、技术咨询、决策评估。"

2005年5月19日,胡锦涛主持中央政治局常委会议,听取了中国社会科学院的工作汇报,强调要"进一步办好社会科学院"。2008年初,时任国务院副总理曾培炎分别就政策咨询和工程咨询工作提出要求,希望政策咨询和工程咨询系统认真学习贯彻党的十七大和中央经济工作会议精神,深入贯彻落实科学发展观,增强战略思维和全局意识,围绕中心、服务大局,提供更多更好的政策建议,促进决策科学化、民主化,为全面建设小康社会贡献力量。

2009年6月17日,国务院总理温家宝在主持国务院常务会议上明确要求,"根据国内外经济形势变化和中长期发展需要,加强储备性政策的研究,提高宏观调控的前瞻性和针对性。"这标志着中国政府对储备性政策研究的主要机构——思想库的重视达到了一个新的高度。2009年7月初,全球智库峰会在北京召开,国务院副总理李克强在主旨演讲中认为来自许多国家的思想库、学术机构、国际组织、跨国企业等方面的代表,共同研讨国际金融危机问题和展望世界经济发展前景很有意义。在此期间,国务院总理温家宝也会见了出席全球智库峰会的外方代表。这些举措,凸显中国国家最高决策层对决策咨询战略意义的深刻认识和高度重视。

除了政治层面的战略重视外,中国思想库业界也开始主动寻求发展与合作,2006年11月和2007年7月,中国智库在北京和上海分别召开第一届和第二届中国智库论坛。2006年首届中国智库论坛推出了"中国十大著名智库"和"中国最具影响力十大智业机构"。中国社会科学院、中国科学院、国务院发展研究中心、北京大学中国经济研究中心等国内著名官方、大学附属思想库都榜上有名。这次论坛标志着思想库开始逐渐成为中国政治决策过程中的重要力量,但同时也暴露出了中国思想库发展进程中的问题和不足:民间思想库数量少、影响力缺失。

此次论坛之后,思想库的独立性问题一时成为知识界讨论的焦点。面对日益复杂的国际、国内局势,中国政府也迫切需要思想库独立的思想和建议。于是在这种背景下,一部分官方思想库开始寻求改革和转型。2009 年 3 月 20 日,中国国际经济交流中心在北京正式成立,这是一家由温家宝总理亲自批示,由前国务院副总理曾培炎担任理事长,现任中央政策研究室副主任郑新立担任执行副理事长,汇集了中国政界、商界、学界力量,有 5 亿人民币基金作为强大后盾的思想库。其目标是要在中国的政治、经济、文化土壤中打造一个具有国际影响力的中国思想库。中国国际经济交流中心的诞生标志着中国政府对思想库参与政府决策、保持思想的独立性和全球舆论影响力拓展的强烈渴求。

这一时期,中国智库的发展无论在政治环境、舆论环境、人才资源、资金保障还是社会需求上都是中国智库的黄金时代。尤其是自 2009 年以来,随着以前国务院副总理曾培炎担任理事长的"中国国际经济交流中心"的成立和"全球智库峰会"的成功举办,"思想库"不但成为中国媒体和公众耳熟能详的流行词汇,而且也逐渐真正成为政治决策、政治传播、公共外交中的一个重要力量。

第四节
打造具有国际影响力的中国思想库

目前,中国思想库在数量上应该说与美国不相上下,但是创新能力却相差甚远。与美国思想库的强大影响力的国际话语权相比,中国思想库的影响力相对还很弱小,国际话语权也相对缺失。这种状况与中国经济社会发展的要求、与全面建设小康社会和加快推进社会主义现代化、与中国面临的纷繁复杂的国际环境、与正处在大变革大调整之中的当今世界都极不相适应,同时也与中国的大国地位极不相称。因此,完善和发展中国的智库、打造具有国际影响力的中国思想库已经成为当务之急。诚然,美国思想库的影响力的产生依赖于其生存的特定的政治、经济、文化土壤,中国思想库不可能也没有必要照搬美国模式。但是,我们可以从其运行机制中得到启示和借鉴,从而寻找到一条提高中国思想库影响力的现实途径。

中国思想库现状

目前，中国思想库主要有以下几个特点：

第一，中国的官方和大学思想库已经发展得比较成熟，无论在数量和影响力上都是以官方思想库为主，但是独立思想库还处于起步阶段，在整体上没有形成官方、大学、独立三种思想库模式的互补机制，存在严重的发展不平衡。独立思想库作为介于官方和大学思想库之间的一种模式，其影响力的缺失在很大程度上影响着中国政治决策的科学化、民主化。

第二，目前，独立思想库处于发展初期，无论其数量还是其影响力都非常薄弱。他们在中国社会承担的主要功能是批评政府、传播新思想、教育公众的功能，而不是影响政府决策。

第三，自1978年以来，中国思想库在政治决策过程中逐渐发挥了很大的影响力，但是这种影响力主要是通过一些个体学者来实现的，思想库作为一个机构，在整体上还没有形成自己的影响力机制和品牌声誉。另外，在全球化进程中，中国思想库缺乏在国际舞台上的声音，这将严重影响到中国软实力的构建和国际话语权。

第四，虽然中国思想库与政府之间没有形成美国式的"旋转门"机制，但是已经出现了思想库与政府之间人才流动的现象。而且中国思想库，尤其是官方和大学思想库，对某些政府决策的参与程度和深度以及其产生的影响力，可能要远远超过美国思想库。这一方面是因为一些学者在与政府长期的合作中建立了信赖，成为中国高层领导非常重视的智囊。另外一个很重要的原因就是中国的政治决策过程相对美国而言要简单，在思想库层面上也还没有形成竞争机制。

无论是美国思想库还是中国思想库，虽然根植于不同的政治、文化土壤，但其核心目标都是影响政府决策和舆论，其存在的根本目的都是服务于其所赖以生存的国家和公共利益，这是我们理解思想库的出发点，也是终结点。

中国改革开放的总设计师邓小平曾经说过："资本主义与社会主义的区分不在

于是计划还是市场这样的问题。社会主义也有市场经济,资本主义也有计划控制(邓小平,1993)。"同样的思想可以适用于中国思想库的发展。我们不能把问题仅仅聚焦在美国思想库以独立思想库为主,中国以官方思想库为主这个表面现象上,重要的是要借鉴美国独立思想库的成功经验,不是否定自我,而是为我所用。在此意义上,中国思想库在借鉴美国模式的同时,必须建立有中国特色的思想库模式,从而适应中国的政治体制、经济发展程度和社会、历史环境。

未来发展图景和主要功能

笔者认为中国思想库的未来发展图景以及承担的主要功能是:

第一,在可预见的未来,官方思想库依然保持其核心影响力,为政府决策机构提供创新性、前瞻性政策建议。但是一部分官方思想库在其资金来源、运行机制和管理模式上进行大幅改革,吸取西方独立思想库的经验,从而使其研究选题更加贴近社会现实、更加多元化,研究成果更具独立性和创新性,从而真正助力于中国的繁荣、稳定和全球化的发展。

第二,独立思想库在数量、规模和影响力上都会稳步扩大,逐渐形成一个相对成熟的思想库市场。但是在很长一段时间内,独立思想库将主要承担起沟通政府与民众的桥梁功能,助力于公众参与政治和中国社会的和谐、稳定。目前中国公众参与政治决策的渠道依然相对不足,虽然互联网在一定程度上担当着政府与公众沟通的渠道,但由于网络的匿名性和海量信息,汇集在网络上的舆论往往充满了喧嚣和非理性,无法真正满足公众参与政治的需求,而思想库可以承担起这一影响政府决策的理性渠道的作用,长远来看,推荐公共决策的科学化、民主化进程。

第三,中国思想库可以逐渐承担起为政府培养人才的作用。美国式的"旋转门"机制在中国完全复制的可能性不大,这与中国官员选拔机制有关,中国的官员更多依靠政府体制内部人才输送和培养,体制外的各种组织几乎没有参与渠道。随着思想库的成熟,它可以逐渐成为为政府培养输送人才的一个渠道,思想库人才加入政府将有助于中国政治决策的科学化、民主化。

第四,中国思想库要积极推动公共外交,加强与世界各国思想库的交流与合作,成为公共外交和国际政治传播的主力军,为中国的经济发展、和平繁荣创造适宜的国际环境。迄今为止,世界对中国的了解依然非常缺乏。中国必须尽快改变被人误解、误判的状况,中国思想库在扩大世界对中国了解的过程中可发挥不可忽视的作用。目前,以美国为首的西方世界面对中国经济的崛起,对中国的外交政策正在面临严峻的战略转型,很有可能会制定对中国未来发展极为不利的外交政策,在这样一种形势下,中国思想库要承担起积极沟通西方思想库、影响西方主流精英和公众舆论的重任。

政策建议

如果以此为目标,笔者认为中国应该从政府、思想库、公众三个纬度上努力推动中国思想库的发展,同时还要具备"责任意识"、"全球意识"和"品牌意识"。

从政府的角度而言,中国政府要为思想库的发展创造适宜的市场环境,逐步改变官方思想库垄断资金、信息和渠道的局面,让独立思想库也得到适宜的发展,从而在一定程度上形成思想自由竞争的市场。具体而言,首先,政治决策过程要进一步透明,进一步完善政策咨询机制,为思想库的生存发展创造更多的空间;其次,政府在法律、政策和资金上要对思想库尤其是独立、大学思想库给予大力扶持,鼓励中国基金会的发展,鼓励企业和个人对政策研究的捐助;第三,政府要通过各种方式和渠道培养社会公众的政治参与意识和参政能力,提高社会公众对思想库的认识;第四,政府要给媒体的政治传播创造更加宽松的舆论空间,让各种思想库的观点和言论可以充分表达。

从社会公众的角度而言,目前中国正处在社会高速进步的黄金期和社会结构剧烈变化的时期,伴随着经济的飞速发展和公民社会的蓬勃兴起,以及各种利益团体的形成,公众对参与政治的需求会越来越大。无疑,这对于思想库的发展将起到极大的推动作用。但是,社会公众对国内、国际问题的认识和参与要更加趋于理性化,而不仅仅停留在看热闹、情绪发泄和简单层面的民族主义上。

就思想库本身来讲,一个思想库是否能产出高质量的政策建议、是否具有创新能力很大程度上取决于其独立性、人才和运行机制。因此,中国思想库首先要进行大规模的机构改革,建立高效的运行机制。在内部机构设置上,要明确思想库以研究部门和学者为核心,其余各部门围绕研究、服务于研究部门,为学者创造宽松的研究环境;为了保证研究的相对独立性,在资金来源上,除了政府资金外,要引进基金会、企业和个人资金,并确保资金来源不影响研究过程和结果;思想库所从事的是指导现实政治决策的对策研究,而不是关在象牙塔和书斋里的纯学术研究,在研究人员设置上,要改变原有的单一学术背景、论资排辈的模式,大胆启用不同年龄、背景的综合型人才;另外,中国高级别的官方思想库,要充分意识到自己的渠道优势,加强与其他研究机构和国外思想库的合作,擅于整合研究资源;中国思想库要充分借鉴西方思想库的成功经验,建立完善、多层次的信息传播机制,让思想库的研究成果实现影响力的最大化。

思想库不仅仅是作为政府智囊而存在的,其存在的很大一部分价值在于引导社会思潮、培养社会公众的政策参与能力。目前,中国智库大多在拓展公众影响力方面非常薄弱,这一方面源于智库领导者本身没有意识到影响公众舆论的重要性,另一方源于缺乏与媒体沟通的专业人才和经验。除此之外,思想库的市场营销不仅要着眼于本国,还要着眼于世界,要充分意识到网络媒体的国际传播意义和价值。

所谓的"责任意识"是指从事思想库研究的专家、学者要有一定的社会责任感,从国家利益和社会民生角度出发,独立思考、大胆直言。所谓"全球意识"分为四个层面,一是思想库的领导者们要站在全球的视角考虑思想库的发展战略,加强与西方思想库的交流与合作;二是专家、学者们研究政策问题时一定要有全球意识;三是中国思想库不但要影响本国政策,还要走出中国、影响世界;四是当今世界各国之间面临的共同问题,如金融危机、气候变暖、能源环境、反恐问题也越来越多,仅凭借一个国家的力量难以解决,需要各国思想库加强合作,共同应对全球性问题。

"品牌意识"指的是中国思想库要有明确的使命和目标，围绕这样的目标来构建整体的形象和影响力，在全球范围内加强品牌的传播和推广。

改革开放 30 年来，中国取得的巨大成就、中国人生活的巨大提升已向世界证明，目前中国实行的政治体制和各项政策是有利于国家发展和民众幸福的，这也说明了中国政治决策的科学化、民主化水平正在不断提高。中国思想库未来的发展不仅充满了无限可能，更是充满了必要。这不仅是中国自身发展的需要，更是中国对世界的影响与责任。

可以预计，随着中国逐渐成为世界政治、经济舞台上的重要因素，随着中国面临的社会问题和政治问题越来越复杂，思想库不但会在中国政策过程中发挥更大的影响力，而且将在推进中国民主政治的进程中发挥助力器和桥梁的作用。从长远来看，中国思想库的发展、壮大必将促进中国与世界的沟通与交融。

美国思想库深度访谈

Deep Interview with American Think Tanks

REVOLVING DOOR

American Think Tanks Research

杰弗里·贝德

美国国家安全委员会亚洲事务主任

前布鲁金斯学会约翰·桑顿中国中心主任

Jeffery Bader

Senior Director for Asian Affairs at
U.S. National Security Council

Former Director of John L. Thornton China Center
at The Brookings Institution

　　对于思想库而言,有的学者进入政府工作,有的政府官员离开政府后到思想库继续从事政策研究,我们称之为"旋转门"。"旋转门"的存在是与美国的两党竞选政治密切相关的。"旋转门"也使得政府和思想库之间建立了密切的人际关系网络和信任度。

美国国家安全委员会亚洲事务主任　杰弗里·贝德

如果你在华盛顿的大街上或者美国的思想库里遇到杰弗里·贝德,你一定不会特别留意这位瘦小的美国人,他是那种不那么引人注目,不那么擅于言谈,但却的的确确对奥巴马政府的亚洲政策极具影响力的人。

奥巴马政府中亚洲政策和对华政策的首席智囊当属白宫国家安全委员会亚洲事务高级主任杰弗里·贝德。他每天到白宫椭圆形办公室向奥巴马当面汇报亚洲地区的动态,协调白宫各部门制定相关的亚洲政策。据报道,每次奥巴马在白宫与亚洲各国领导人通电话时,他必定在场。奥巴马的中国之行,贝德更是寸步不离左右。今年初中美关系摩擦不断,贝德和美国国务院常务副国务卿斯坦伯格迅速访华,一定程度上推动了两国关系的转圜。贝德从上个世纪70年代开始研究中国问题,其外交生涯一直和中国紧密联系在一起。他参与了中美建交的筹备过程,并且曾在80年代初被派驻美国驻华使馆。从80年代后期开始,贝德在美国国务院步步升迁,从负责中国事务的副主任、主任到负责东亚和太平洋事务的副助理国务卿。在克林顿政府时期,他就曾担任过国家安全委员会亚洲事务主任。

2007年,当我以访问学者身份走进布鲁金斯学会中国中心的办公室时,杰弗里·贝德是我的顶头上司——约翰·桑顿中国中心主任。对于我在布鲁金斯学会将要从事的研究选题——美国思想库,贝德抱有很大的兴趣,并且给我很多有益的建议。当然,以贝德的资深,对于我这样一个30出头的年轻学者,相信他对我未来的研究成果也抱有一些质疑的态度,因为在布鲁金斯学会的百年历史上,一般能够被邀请为访问学者的外国学者大都在40、50岁左右,在本国学界或政策研究界已经很具影响力,而我的确太年轻了。

贝德是那种不苟言笑的人,但却有着极为细致、敏感的内心和丰富的情感。你很难相信这样一个严肃的人会每天中午和妻子通电话,问候午餐,表达爱的关切。但是,他的确就是这样一个严肃却不乏温情的人。

2008 年 10 月底,在我即将离开布鲁金斯回国前夕,布鲁金斯中国中心举办了一次以中国智库发展为主题的公开会议,我是发言人之一,另外还邀请了从事思想库研究的美国学者詹姆斯 ·迈甘等几位学者。那次会议上,贝德作了开场致辞,然后他就坐在会场的第一排,和美国前驻英国大使坐在一起,听完了长达两个多小时的会议。坐在会议主席台上的我可以观察到贝德一直是有些担心的,他担心我的研究成果会不会被华盛顿主流所接受,也担心年轻的我会不会圆满完成这次英文会议的发言和回答上百位现场观众的问题。应该说会议非常成功,当会议结束时,贝德给了我一个少见的灿烂笑容和拥抱,并告诉我:"没有什么比这更好的!"

贝德是我所做的众多采访中的第一位访谈嘉宾,在华盛顿,约请访谈的过程是复杂的,很多人要半年才能约到。而贝德的办公室就在我的办公室对面,自然他成为我第一位重要的访谈对象。杰弗里·贝德是中美恢复邦交关系后研究中国的资深专家之一。他是中国改革开放 30 年的见证者,曾在美国政府部门任职长达 27年。他于 2002 年从政府部门退休,并于 2005 年 4 月 11 日被布鲁金斯学会聘请为约翰·桑顿中国中心主任。我的访谈不但涉及思想库,也涉及他的政治生涯转向。当时,我问他是否有意重返政府,他笑着说"可能不会考虑,但是如果有特别有吸引力的机会,我不确定自己一定会拒绝。"当我离开华盛顿回国后,没过多久,杰弗里·贝德被任命为奥巴马政府亚洲事务主任。

我相信,对于杰弗里·贝德而言,政治和公共政策才是他最擅长的舞台。

访谈实录

王莉丽:首先请允许问一个比较私人的问题,2005 年 4 月 11 日,您加入布鲁金斯学会,请问在政府工作 27 年之后,您为什么会选择布鲁金斯学会开始新的职业生涯?

杰弗里·贝德:从政府退休后,我先是在一家国际咨询公司工作,负责有关中国的事务,但是在工作了三年多之后,我开始想念我曾经从事 27 年之久的与公共政策、政治、中美关系有关的工作,我希望能够回到公共政策领域。于是,我开始寻找合适的位置,而布鲁金斯学会作为一个独立的政策研究机构,一个有着良好影响力和声誉的思想库是非常好的选择,而布鲁金斯学会约翰·桑顿中国中心的成立给我一个非常好的机会重新回到公共政策领域,继续从事中美关系研究。

王莉丽:您现在担任奥巴马竞选团队的中国问题顾问,将来如果有合适机会,您会重返政府吗?您是如何评价奥巴马的?

杰弗里·贝德:(笑)呵呵,我已经在政府工作过 27 年了,很长一段时间。我不确定是否会重返政府。但是如果给我一个特别有吸引力的机会,我不确定自己一定会拒绝。

我与奥巴马初次见面是在 2006 年,我们一起吃了晚餐。记得布热津斯基博士第一次见奥巴马后说,"他是自肯尼迪以来,我见过的最让人印象深刻的政治人物。"我很同意他的观点。和奥巴马初次见面交谈后,我感觉他和肯尼迪很像,极具潜力,他很坦诚,思想很有见地,这些都是强烈吸引我的领袖品质。我当即认定他将成为一个很独特的领导人。奥巴马团队有许多来自学界的志愿者,包括一些高级顾问。亚洲和中国顾问团队大约有 60 到 65 人。我们为奥巴马提供关于亚洲的政策咨询和建议,我们为奥巴马提供每日新闻的最新进展。

王莉丽：在思想库里，很多学者都和您一样，具有政府工作经历，在政府有很多人脉，而且有很多学者也会有机会进入政府工作，我们把这种现象称之为"旋转门"，您是如何看待"旋转门"的？从您个人的体验，做一名政府官员和智库学者，有哪些区别？

杰弗里·贝德："旋转门"这个概念起初用于游说集团、大企业之间人员与政府的"旋转"，对于思想库而言，有的学者进入政府工作，有的政府官员离开政府后到思想库继续从事政策研究，我们也称之为"旋转门"。"旋转门"的存在是与美国的两党竞选政治密切相关的。"旋转门"也使得政府和思想库之间建立了密切的人际关系网络和信任度。

政府官员和思想库学者，两者之间存在根本不同。作为一名政府官员，你有权利作出决策，而思想库学者无权做决策；政府官员没有时间思考细致的政策问题，他们每天的时间都很紧张，而学者的思考和研究时间是充裕的；政府官员不能就政策问题随便发表公开的评论，而学者可以决定自己要研究什么，研究结果是什么，可以自由地公开发表意见。

王莉丽：您如何看待私人关系（个人关系）对于政策影响的重要性？

杰弗里·贝德：我觉得个人关系是非常重要的。如果你想影响公共政策，你和总统或者某位高级官员很熟悉的话，他可能比较容易接受你的建议，另外，你会有机会把自己的建议或者观点告诉他们。也就是说，私人关系能够让你直接跨进政策制定的核心圈子，跨进这扇大门。如果没有任何私人关系，你只能通过大众传媒，通过影响公共舆论，进而影响决策。公共政策的制定，情况是不同的，有时是几个人的决定，有时候是全民的讨论。

王莉丽：您如何看待思想库的影响力？

杰弗里·贝德：我想我不能确定思想库的影响力有多大。从我个人的经验，在中美关系问题上，我发表文章、接受采访、发表观点，我想这可以影响人们想问题的方向,但我不知道是否能够产生具体的影响。我参与了几次中美战略经济对话的过程,对于讨论的选题、如何讨论、会谈的结构,我们都提出了建议,我想在这个案例上,我们的确影响这个过程。

王莉丽:目前,在华盛顿有 300 多家思想库,很多思想库也都设立有中国中心,与其他思想库相比,布鲁金斯学会的中国中心有什么优势?

杰弗里·贝德:在约翰·桑顿中国中心成立之前,东北亚政策研究中心的研究重点一直是中国,卜睿哲(Richard Bush)担任这个中心的主任。可以说,布鲁金斯学会早就有而且很重视关于中国的研究。与其他思想库的中国研究相比,很显然,我们是具优势并且富有成效的,我们处于领导地位。我们拥有一流的有着中国背景的学者,我们有着充足的资金支持,我们在北京开设了办公室,与中国本地学者一起开展研究,召开研讨会。我们的北京办公室为中美战略经济对话提供了很多富有成效的、建设性的政策建议。很多中国的思想库与我们建立了联系,很多中国的官员愿意到布鲁金斯学会发表演讲。

王莉丽:布鲁金斯学会董事会主席约翰·桑顿教授是美国众多思想库中唯一一位在中国执教的董事会主席,他认为"中国的崛起及其对世界的影响是 21 世纪最重要的地缘政治事件",也因为这个理念,约翰·桑顿中国中心及其北京办公室得以成立,那么您是如何看待中国中心未来的发展,又如何看待中国崛起的意义?

杰弗里·贝德:因为布鲁金斯学会主席约翰·桑顿对于中国研究的重视和他提供的连续五年、每年 250 万美金的捐赠,约翰·桑顿中国中心成立。我们的目标有两个:一是要成为研究中美关系的中心;二是要研究在经济发展过程中中国决策者面临的能源、金融和国际关系等负责问题,并且为他们提供政策建议。

毫无疑问,中国崛起是 21 世纪世界上最重要的政治事件。从中国过去 25 年来平均每年都高达 9% 的经济增长率,到中国对世界能源和商品市场的巨大影响;从中国和亚洲其他地区和国家经济的不断融合,到中国在朝核问题六方会谈和上海合作组织中所发挥的重要外交作用,人们所看到的是中国跟世界的贸易额在大幅增加,看到的是中国在处理国际问题和国际组织中所发挥的作用越来越大,中国的发展步伐实在令人吃惊。我1981年第一次来到中国,当时人们比较贫穷,缺乏公共生活,城市里几乎没有什么商店,也没有多少饭店和宾馆。那时的北京真是一个没有快乐感的城市。但是,过去30年改革开放的成就使中国彻底改头换面,也改变了中国人的生活。在经历了长时期的贫穷和孤立之后,中国终于在世界上找到自己的合适位置。

王莉丽:作为中国中心的主任,您是如何选择学者的?

杰弗里·贝德:在布鲁金斯学会,学者的选择不是由某个人决定的,而是有一个程序。通常,如果一个学者希望进入布鲁金斯学会,我们需要召开一个圆桌会议,这位学者需要就其研究领域做一个演讲,布鲁金斯学会的总裁、副总裁、其他相关学者,大约15个人左右会参加这个会议,并就相关问题与这位学者进行讨论,从我的经验而言,这是一个通常的程序。

就中国中心而言,我们希望寻找的是能够就某一方面很有研究的学者,比如我们有对中国政治、环境、经济非常有研究的学者,现在我们还希望寻找一位对中国社会问题有深入研究的学者。

王莉丽:前不久,中国中心举行了一次与达赖喇嘛的内部会议,讨论西藏问题。您认为中国中心在此承担了一个什么角色?

杰弗里·贝德:布鲁金斯学会是一个独立的思想库,我们不是政府机构,我们没有任何的观点和立场,学者有自己的观点,而布鲁金斯学会、中国中心没有任何观点。在与达赖喇嘛的会议这个事情上,中国中心所作的只是提供一个平台,一个会谈空间,对重要公共政策问题进行讨论。我们对任何观点都持包容态度,我们不站在任何一边,我们提供一个对话的平台和机会。对于台湾问题也是这样,这是我们思想库做的事情,在人权问题、宗教问题上,我们也是如此,中国中心没有任何观点,中国中心只是提供平台和论坛,而不是桥梁。

王莉丽:对于中国思想库及其未来发展,我很想知道您的印象和建议?

杰弗里·贝德:我相信,你现在所做的研究,将来会对中国思想库的发展产生很大的影响。

去年,中国思想库的一些学者和我交流过这个问题,中国的智库有很多,也有很多非常好的学者。中国现在也很重视同美国智库的交流。当中国有重要人物访问美国时,他们通常花一两天时间同美方官员进行会谈,然后再花一两天时间同美国智库进行交流。就布鲁金斯学会中国中心而言,我们欢迎更多的中国官员来访问和做客。中国官员同美国官员会谈和到美国智库演讲是不同的事情,两国官员进行会谈,都是严格按照事先准备的讲稿,通常都是不公开的,而到智库进行演讲和讨论则可以放开谈,而且通常都是公开的,这对中美关系应该是有益的。中美两国有互不信任的历史,彼此对对方都有猜疑。就美方来说,中国的长期意图是什么,中国崛起后的目标是什么,中国的崛起是否符合美国的利益等。就中方来说,美国是否想遏制中国,美国是否想阻挠中国取得在国际上应得的地位等。这些问题在中美政府官员之间的会谈中很难得到完全的讨论,而通过在智库的演讲和交流,这些问题就可以得到比较完整、充分地讨论,可以有助于增进对彼此的了解。

对于中国智库未来的发展,非常坦率地讲,有一个问题非常有意思:中国思想库也有一些从政府退休的官员,但是他们退休后还是和在政府时一样,中国思想库的很多学者也感觉像是政府工作人员。我认为,从长远来看,独立性是非常重要的,如果想真正发挥作用,资金的独立、人事的独立都是需要的。但是这需要一个很长的过程。那么就短期而言,中国思想库如果想真正发挥影响力,我觉得可以从公开和私下两方面来讲。私下里,思想库的学者们应该无畏的发表观点,而不是揣摩政府官员的想法;那么公开来讲,中国大部分思想库都是附属于政府机构的,所有在公开场合或者媒体发表观点时,他们必须非常小心。总体而言,我认为一个社会,有不同的观点是健康的,应该允许、鼓励不同的观点。

美国思想库深度访谈
Deep Interview with American Think Tanks

REVOLVING DOOR
American Think Tanks Research

约翰·哈姆雷
美国国际战略研究中心总裁
前国防部副部长

John J. Hamre
President of Center for Strategic and International Studies
Former Deputy Secretary of Defense

思想库要做的就是为政府提供它们所需要的新思想。人们给我们提供资金，就是因为相信思想库能够产出创新思想，影响政治决策。

美国国际战略研究中心总裁　约翰·哈姆雷

　　能够采访到哈姆雷博士绝对是一个意外的收获。在我与国际战略研究中心负责公共关系的副总裁安德鲁·施瓦兹(Andrew Schwartz)的访谈中,彼此交流得非常愉快,并且成为了朋友。于是在他的安排和帮助下,我有幸采访到了哈姆雷博士。与安德鲁的友谊也成为我华盛顿记忆中的美好。

　　时隔两年多,与博士见面时的场景,我至今清晰记得。那一天,华盛顿的阳光像往常一样灿烂纯净,我穿好套装,步行了差不多四个街区,15分钟的时间到达了位于K街的国际战略研究中心大楼。按照约定的时间,我到了CSIS的总裁办公楼层,秘书安排我在休息室等待,大约几分钟后,高大、温和的哈姆雷博士出现在我面前,并亲自把我带到了他的办公室。如果不知道哈姆雷博士之前的从业经历,他的学者气质、幽默谈吐和极为标准、缓慢的英文很可能让人会误认为他之前是一位大学教授,而不是前国防部副部长。

　　哈姆雷生于1950年7月,1978年开始在国会下属的多个委员会工作,并在参议院军事委员会供职10年。在克林顿政府时期,1993～1997年,他出任美国国防部长助理,1997～1999年任国防部副部长。2000年4月,他开始担任国际战略研究中心总裁,并在奥巴马当选后,出任国防政策咨询委员会主席。目前,据美国业内人士判断,哈姆雷由于在克林顿政府的任职履历,以及长期从事安全研究的经验等优势,都使其成为接替盖茨,出任下一届国防部长的强有力候选者。《纽约时报》2010年10月发表文章认为,一旦盖茨离任,哈姆雷将是出任国防部长的最佳人选。

前美国国防部长威廉·科恩（William S. Cohen）曾经这样评价约翰·哈姆雷博士：

"他有着银行家的勤俭，有着教师的耐心，有着政治研究家的分析才智，他有一种神圣的信仰——要做人类天性中的善性的布道者。"

对此，我也深信不疑。

访谈实录

王莉丽：非常荣幸能够有机会采访到您，首先问您一个可能非常简单，但是未必很容易回答的问题，从您的角度，您如何定义思想库？

约翰·哈姆雷：（哈哈大笑）哈哈，你的问题真的有些难回答，我的妈妈总是问我，你们思想库是什么，在做些什么，她从来没有弄清楚。

总的来讲，思想库是独立的政策研究机构，但是在不同的国家、不同的公民社会环境下，对什么是思想库的理解是很不相同的，即便在美国，也有不同的理解。首先让我来解释一下背景，这是非常重要。目前世界上大概有6 000多家思想库，大部分都在美国。思想库的发展情况反映了一个国家公民社会的发展。在欧洲，思想库大多是政府或者政党创办并且出资的，是一种自上而下的模式，在中国应该也是这种模式，在美国却非常不同。美国的思想库大多是自下至上的模式，有人想成立思想库，他只要能够筹集到资金，他就可以成立，比如布鲁金斯学会、国际战略研究中心、传统基金会等都是这样的模式。但是，美国也有政府或政党成立的思想库，如兰德公司，最初是政府出资创办的，资金来自于政府，你就很难去批评政府，这是关键。美国也有很多利益集团创办的思想库。当我们谈论什么是思想库时，需要明白世界上主要有自上而下和自下至上者两种模式，当我们在美国使用这个词汇时，通常指后一种。思想库就是产生于民间的、自下至上的、独立于政府之外的，从事政策研究、创造新思想、影响政府政策的、独立的专业研究机构。

王莉丽:您认为思想库在美国政治中承担了什么样的角色和功能?

约翰·哈姆雷:对于政府来讲,它需要创新思想,但是政府的行政机构很难创造新的思想。我们思想库要做的就是为政府提供它们所需要的新思想。人们给我们提供资金,就是因为相信思想库能够产出创新思想,影响政治决策。

王莉丽:在美国众多思想库中,国际战略研究中心与其他思想库相比,有什么不同?

约翰·哈姆雷:每个思想库都有自己的特点。对此,我曾经打过一个比喻,希望能够比较明白地解释这一点。比如说,如果你想建造一座房子,通常你需要找四种人:设计师、合同商、工人、供应商。布鲁金斯学会的运作模式好比是设计师和供应商。在布鲁金斯学会,学者们花时间写书,提出建议和蓝图。而国际战略研究中心更像是合同商,我们要做的就是把房子建好,希望我们的建议得以实施。在CSIS,我们的首要目标是如何影响政府、我们的渠道是什么。布鲁金斯学会是学术导向的智库,CSIS是项目导向的智库。我们有很多项目,学者们服务于不同的项目,以项目为中心。我们在做任何一个研究项目和计划之前,首先关注的就是我们的目标受众是谁,通过什么渠道,影响受众。我们的目的是要建造这座房子。

王莉丽:您提到影响力的渠道,请问在国际战略研究中心,通常采用哪些渠道影响政府决策?

约翰·哈姆雷:是的,我们总是花费很多时间思考影响力渠道。事实上,有很多好的思想总是死去,原因在于人们不知到如何把思想通过合适的渠道转化为影响力。我们会根据不同的受众选择不同的渠道。我们的目标受众,总体而言是政府,有时候是总统,有时候是国会,有时是公众。比如说,我们有一个关于核问题的研究项目,我们的目标受众就是总统。目前,两党处于大选之中,无论是民主党还是共和党入主白宫,我们这个研究项目都必须影响总统。再比如,我们有一个关于公共健康的研究项目,这个项目的目标受众就是国会议员,我们的目的就是改变政策立法。我们的"巧实力"项目,目前来看,则是要影响大范围的公众,塑造公众舆论。

我们影响公众主要是通过大众传媒,有时候也把游说集团作为一个渠道,通过他们再影响政府决策。在华盛顿有很多游说集团,他们有的代表商人,有的代表教师,有的代表医生,他们有自己的渠道影响政策,我们就借着他们所拥有的渠道和影响力,再去影响政府。比如国际战略研究中心曾经就美国的公共设施的老化和重建问题提出一项政策议案。为了更好地达到影响政府决策的目的,我们与美国的一些与公共设施建设相关的利益集团联系,如美国桥梁设计协会、美国劳工联合会、工匠联盟、钢铁工人联盟等,试图取得他们的舆论支持,并且借助他们的舆论力量和渠道进一步扩大影响力。

王莉丽:游说集团要影响政府决策,思想库也要影响政府决策,两者之间有哪些区别?

约翰·哈姆雷:(哈哈大笑)你的问题很多,哈哈,这是一个非常好的问题。游说集团的最终目的是为小部分人利益,是想要得到钱;而我们思想库的目的是希望帮助政府做出有利于国家利益和公众利益的决策,我们是专业的政策研究机构。

比如说,经常有公司找到我说,"我们给你钱针对某一个问题去研究,然后你们要影响政府的立法,有利于我们公司的利益。"这样的事情总是发生。于是我问他们一个问题:"让你们的竞争者参与到这个项目中,可以吗?"他们说:"不可以。"我说:"如果这样,我们不做这件事情。我们不是游说集团,我们不是咨询公司,我们不能为一小部分人的利益服务。"

的确,思想库与咨询公司、游说集团之间的区别越来越模糊,很多时候大家会不清楚他们直接的界限。我们必须非常小心,不能逾越了这个本来就不太清晰的界限,我们是独立的研究机构。每当一个公司找到我们时,我总是问我自己,"他们的动机是什么,是为公共利益,还是仅仅为了那家公司的利益。"

王莉丽: 在总统竞选中,国际战略研究中心承担什么角色?

约翰·哈姆雷: 在总统竞选中,国际战略研究中心作为独立的思想库,我们不承担任何角色。我们是无党派的政策研究机构。昨天,我们刚刚举行了一个规模很大的公开会议,主题是能源环境、全球气候变暖,我们希望影响两党。

王莉丽: 在国际战略研究中心,你们如何确定研究选题?

约翰·哈姆雷: (再一次爽朗地大笑)呵呵,对于这个问题,我会给你最好的回答。思想库是一个市场,我们要在这个市场上生存下去,必须有金钱的支撑。在国际战略研究中心,每个人都有责任去寻找资金支持我们机构的运转。作为总裁,我每天必须找到 10 万美元,我必须去寻找那些对我们的研究感兴趣,并且愿意提供资金支持的人。

对于研究选题的确定,每个思想库是不同的,像卡内基国际和平基金会、布鲁金斯学会,他们都是有捐赠基金的。兰德公司有很多固定的政府支持资金,也就是说他们都拥有一笔固定的资金可以保证他们机构的正常运营。传统基金会很多资金来自个人,他们寄出信件,鼓励公民捐钱。对外关系委员会则有 25% 的资金来自于会员,我也是会员之一。但是,对于国际战略研究中心来讲,就完全不同。我们没有捐赠基金、美国固定的政府资金,我们必须到市场上寻找资金。我们的资金通常来自四个渠道:基金会、企业、政府、个人,基金会和企业占了大约 60%,政府大约 15%。

对我们来说,资金决定了研究选题。这是非常重要的一点。思想库的研究选题永远跟随金钱,金钱决定选题。

王莉丽: 您提到金钱决定了选题,那么思想库又该如何保持独立性?

约翰·哈姆雷: 非常好的问题。呵呵,我们是独立的。为了保持独立性,我总是对提供我们研究资金的机构或者个人说:"我不保证你们研究结果,结果来自研究,你们可以参与研究过程,但我们不保证研究结果是你们所希望的。"当我们接受任何资金时,我们是全权把握研究过程和结果的。这之间并不矛盾。

王莉丽:目前,关于思想库影响力的排名一直很热门,大家都在宣称自己的影响力。在加入CSIS之前,您服务于克林顿政府,并且担任国防部副部长。那么在您政府的从业经历中,有什么案例或者故事可以说明哪个思想库对政府的影响力最大吗?

约翰·哈姆雷:抱歉我对你的问题有不同意见。事实上,很难说哪个思想库影响力最大,不同的思想库有不同的专长,在不同的问题和领域对政府的影响是不同的。比如说,当我们需要军事、国防方面的问题研究时,我们通常会找到兰德公司、国际战略研究中心。但是在经济、文化问题时,可能我们又会找到其他思想库。总之,这是要看情况而定的。思想库是有影响力,而且思想库的影响力并不总是积极的,有是会是负面的影响力。比如说在伊拉克问题上,有的思想库的建议为政府所接受,造成了一场灾难。作为一个创新思想的专业机构,思想库要非常谨慎。

王莉丽:在国际战略研究中心,董事会通常承担什么职责?

约翰·哈姆雷:我们大约有38个董事会成员,他们每个人都负有为中心提供资金、寻找资金的责任。通常每个董事会成员每年捐款5万美元,有时更多,大家都很清楚自己的责任。同时,董事会也负责把握整个机构的研究方向和运营,决定任命和罢免总裁。

王莉丽:目前,国际战略研究中心面临什么挑战,您准备如何应对?

约翰·哈姆雷:目前,对我而言,最大的挑战就是我将会失去很多研究人员,因为一旦下届政府成立,无论是共和党还是民主党入主白宫,国际战略研究中心都会有很多人进入政府。当然,如果是奥巴马获胜,我失去的人会更多一些。下届政府成立后,我的研究选题将如何确定和选择,我将如何吸收学者补充我的研究队伍,这都是重大挑战。我们必须在市场上生存下去。

......

当我们的采访进行到这里的时候,约翰·哈姆雷的助理匆匆走进办公室,提醒博士下一个会议已经开始,大家在等待他的到来,博士告诉助理,他还有三分钟就结束。于是,在接下来宝贵的三分钟里,博士告诉我"我希望你能得到内部观点,其他人可能不会这么告诉你。你的问题都非常好。"尽管时间紧迫,博士热情和我留下了两张珍贵的合影,并且允诺如果有时间和机会,他将很高兴和我就今天未尽的问题继续讨论下去。

在华盛顿一年多时间里,我和国际战略研究中心有过很多接触,参加过他们举办的很多活动,与负责公共关系的副总裁 Andrew 保持着沟通,有时会在中国餐馆一聚。Andrew 从未到过中国,对中国有着很多想像,我建议他一定要访问中国,亲身感受一下这个充满活力的国度。

美国思想库深度访谈

Deep Interview with American Think Tanks

Revolving Door

American Think Tanks Research

杰西卡·马秀丝

卡内基国际和平基金会总裁

Jessica Mathews

President of Carnegie Endowment for International Peace

　　我们希望看到美国有能力倾听其他国家的声音……我们要做的就是去帮助美国理解全球不同的声音……思想库独立于政府之外,可以为政府提供很多有价值的思想,并且在国际上可以作为一种沟通的桥梁。

卡内基国际和平基金会总裁　杰西卡·马秀丝

卡内基国际和平基金会与布鲁金斯学会只有一墙之隔,中午的时候,很多卡内基的学者都会到布鲁金斯学会的餐厅就餐。布鲁金斯学会的学者们也会时常参加卡内基举行的各种会议。

作为卡内基国际和平基金会的总裁,马秀丝博士是美国最显赫的人物之一。她在新闻界、政界、学术界都有很成功的履历,在《华盛顿邮报》、美国国家安全委员会、国务院都担任过要职。她在著名的《外交事务》杂志上发表的《权力的变迁》一文,被誉为该杂志 75 年来最具影响力的文章之一。美国专门有人以她为研究对象,罗列她与美国最顶尖家庭、个人之间的密切关系。

马秀丝博士自 1997 年任卡内基国际和平基金会的总裁。从 1993 年至 1997 年,她是美国外交关系委员会的资深研究员,并且担任该委员会华盛顿分部的主任。从 1982 年至 1993 年,她是世界知名环境智库"世界资源研究所"的创始人之一。她于 1980 年至 1982 年在《华盛顿邮报》担任编辑工作,报道有关能源、环境、科学技术、武器控制、健康等方面的新闻。她随后成为《华盛顿邮报》和《国际先驱论坛报》的专栏作家。从 1977 年到 1979 年,她担任美国国家安全委员会全球问题办公室的主任,研究范围包括核武器扩散、常规武器销售政策、生化战争及人权问题。她于 1993 年回到政府部门任副国务卿全球事务的代表。马秀丝现任索玛罗吉公司、世纪基金会及反核武器扩散计划的主任。她同时是外交关系委员会和三边委员会的成员。她曾经也是布鲁金斯研究所、雷德克利夫学院、洛克菲勒兄弟基金、乔伊斯基金会等机构董事会的成员。自担任卡内基国际和平基金会总裁之后,马秀丝博士致力于创造一个全球化的卡内基,并且成效显著。

　　能够采访到马秀丝博士是一件非常幸运的事情。促成这次采访的是时任中国项目部主任、著名华人学者、高级研究员裴敏欣博士。在采访马秀丝博士之前,我采访了裴敏欣博士,并与他谈到了希望能够采访到卡内基总裁。裴敏欣博士欣然提供帮助,向马秀丝博士推荐了我。

　　从职业履历上来看,应该说马秀丝博士是一位典型的事业型女强人,但是,当我在华盛顿办公室见到她的时候,更多的感觉是一位有着领导力、视野、判断力和极高情商的女性。她非常注重仪表,在与我合影之前特地到休息间梳理了一下发型。她非常注重细节,采访结束时特别把她的中文名片送给我。在我回到中国之后,因为中国国际经济交流中心举行"全球智库峰会"的事宜,与马秀丝博士再次联系,希望邀请她出席峰会。她在第一时间亲自回复了我的邮件,并且坦诚说明了由于时间安排的冲突自己不能出席,她特地安排了一位资深副总裁包道格(Douglas H. Paal)出席会议。

访谈实录

　　王莉丽:非常感谢您的宝贵时间,按照您的时间安排,今天的采访大约半个小时。让我们从一个小问题但却可能难以回答的问题开始吧,从您个人的角度,您认为思想库是什么?

　　马秀丝:我的定义是这样,思想库是指独立的研究机构,在政府、商界、学界、公众之间作为桥梁而发挥作用。在这个意义上,思想库是一种非常特殊的机构,布鲁金斯学会是这样的。而在这其中,又有很多不同类型的思想库,比如兰德公司,它面对的受众应该是更高层面的,而像卡内基,我们更多希望塑造公共舆论。

王莉丽：您如何看思想库在美国政治过程所承担的角色和功能？

马秀丝：美国思想库所承担的角色和功能可能比世界上其他任何地方都要多。美国思想库为政府提供智力资本、新的思想、改变方向，把新的问题和思想融入政府现有框架中。特别要指出的是，美国的政治体制是两党竞选政治，这使得每隔几年政府的官员面临大范围的变动，很多人几年在政府，几年之后从政府出来，又进入思想库，在政府和思想库之间来来回回。无论任何时候当我们讨论欧洲政府的时候，这种情况是不太可能的，他们不能这样，只有我们的政治体制使得这种"旋转门"成为可能。这是美国思想库与其他思想库很大的不同。

美国思想库承担的一个特别的角色就是，我认为它为政府官员离开政府后提供一个地方从事学术研究、过去的政策、深入思考新的方向。当这些政策制定者在政府时，他们是没有时间深入思考这些问题的。

王莉丽：从1997年担任卡内基总裁至今，您已经在卡内基十几年了，您觉得卡内基与其他美国智库相比，其优越性或者说特点在哪里？

马秀丝：卡内基国际和平基金会成立于1910年，是美国历史最为悠久的智库、知名的外交与国际事务政策研究所。我们的确在一些方面是有着特殊之处。

首先，我们有着足够的基金，这使得我们可以自主确定研究选题。做我们自己想做的。我们没有学生需要教育，没有什么需要牺牲的。我们希望深刻影响政策，影响事件朝着好的方向发展。第二，在影响力方面，我们希望成为全球化的思想库，不仅仅是美国思想库。我们要影响每一个受众。卡内基基金会的目标是实现自身的转变，从一个研究国际问题的智库，转变成为第一个真正跨国的、最终全球化的智库。卡内基基金会在其原有的华盛顿总部和莫斯科中心之外，分别在北京、贝鲁特和布鲁塞尔设立了分支机构，以运作其项目。这五个地点覆盖了两个世界统治中心，以及三个其政治进程和国际政策将极大地决定近期国际和平和经济发展的可能性的地区。第三，我们有不同语言的网站，我们的学者可以熟练使用外国语言与当地学者一起工作。卡内基基金会的中文网站"卡内基中文网"由中国项目主办,旨在向政策制定者和学者广泛介绍来自卡内基基金会的著作、杂志、活动及其他信息资源,以增进中美之间国际政治和公共政策领域的学术交流及相互了解。《卡内基中国透视》(Carnegie China Insight Monthly)电子月刊利用卡内基国际和平基金会的人力与信息资源,提供对当前中国问题客观而深入的分析与思考。

这都是我们特别的地方。

王莉丽:之前您提到思想库是独立的研究机构,那么我们该如何理解独立性,如何定义独立性呢? 我们不可回避的是,思想库的发展运营需要来自基金会、公司、个人等各个方面的资金,这些资金必然是会影响独立性的。思想库如何保持独立性?

马秀丝:这是非常重要的问题。首先,思想库不可能有绝对的独立,同时,任何一个提供金钱的捐赠者都不是那么重要,我们要明确这一点;第二,美国思想库发展了 100 年了,这个过程中形成了一种共识,思想库的捐赠者们都认识到思想库研究的独立性,并且尊重这种独立性。在研究过程中,学者们按照自己的判断和分析来得出结论。卡内基国际和平基金会除本身的基金外,外界提供的基金主要来源是洛克菲勒、福特等基金会,美国政府(如国务院人口、难民及移民局),公司,外国政府(如加拿大政府),美洲开发银行,世界银行及慈善机构,大学,研究所等提供的资金。我们要在这些资金与独立性之间保持一种平衡和独立。

王莉丽:在卡内基国际和平基金会通常如何确定研究选题、开展研究,是一种什么样的模式?

马秀丝:我们没有一种模式。问题的判断力、平衡问题的能力以及广阔的视野是最为重要的。

这也是一个有着良好声誉的思想库与平庸思想库之间的区别所在。在卡内基,研究选题的确定通常是由一个管理团队来确定的,这个团队主要包括总裁、运营总监、三个负责研究项目的副总裁、一个负责公共关系和外部事物的副总裁组成。董事会在研究选题这个问题上,通常是负责总体上把握机构的发展方向。当然,每家思想库的董事会所承担的职责和功能是不一样的。这个问题也取决于董事会任命了什么样的总裁,董事会是否满意这个总裁对整个机构的运作。对于董事会来讲,他们需要做出的通常是战略性的决策,比如说卡内基决定拓展中国研究。

王莉丽:您谈到董事会在不同思想库有着不同职责,那么董事会主席与智库总裁之间,你们是怎样的一种关系?

马秀丝:一家思想库的董事会负责任命总裁,把握思想库的战略性发展方向。布鲁金斯学会的董事会更多像是一个负责筹集资金的团队,而卡内基国际和平研究中心的董事会更多像是一个工作团队,卡内基董事会由25人组成,成员包括前政府官员、公司银行经理董事、基金会负责人、知名学者等。对于董事会主席和总裁之间的关系,在卡内基我经历了几位董事长。我们通常是就思想库的发展战略、资金、研究选题等等各种具体问题进行讨论。很难具体来形容是一种什么样的关系。这主要取决于董事会主席的个人背景、个性、工作经历,以及他对这家思想库所投入的时间成本。

王莉丽:在这样一个全球化日益深入的年代,卡内基的视野和目标是什么?

马秀丝:我们希望看到美国有能力倾听其他国家的声音,现在美国正在失去领导地位。我们要做的就是去帮助美国理解全球不同的声音。到全球不同地方去,去倾听,去交流。

一个世纪以来,卡内基国际和平基金会一直随着全球环境的变化而改变着自身。目前,崭新的国际时代正在到来。随着新权力中心的形成,即便是最强大的国家美国,控制各种力量以影响国内外事务的能力已经降低。和平的愿望主导着各个大国,但破坏稳定的冲突还在加剧。经济的一体化带来了全球性的空前增长,但也引发了新的挑战。融入国际市场和被拒该市场大门之外的国家之间的鸿沟正在加深。决策者、企业领导者、教育工作者、新闻工作者和学者们都面临着巨大的挑战：他们需要理解、预测和阐述那些具有冷战后时代特点的经济、政治以及技术方面的深刻变化。每一个人都必须重新审视战争与和平之间，以及人类的痛苦与安乐之间的各种可能性。统观全局的思考决不是一件容易的事，但这正是时代的要求，也是卡内基基金会的宗旨。

多年来，卡内基在很多方面实践着自己的使命和目标。但是我很难给你特别确凿的例子，因为一个思想的提出到最终成为政策是需要过程的。我们在莫斯科的研究中心，为俄罗斯提供了一个独立的、高水平的政策沟通平台，我们改变了俄罗斯智库的发展方向。卡内基基金会通过其莫斯科中心形成了一个分析前苏联各加盟共和国公众政策的有效系统，有助于改进俄罗斯和美国之间的关系。我们在伊拉克问题上提供了可供政府选择的不同方案。在中国问题上，我们开展了一系列的政策辩论，为不同意见和声音提供沟通的平台。卡内基基金会探讨与中国有关的一系列问题。中国项目研究重点是中国的民主与法制建设、经济改革，以及经济发展和政治改革之间的重要关系。中国项目还关注与中国有关的区域安全问题，对亚洲和中国与防止核扩散和军备控制有关的问题提出分析。卡内基基金会与北京中央党校的国际战略研究所和上海社会科学院法学所建立了长期的学术交流合作计划，也与中国的其他学术机构探讨对中国法律改革等项目进行联合研究的可能性。

王莉丽：一个思想库的核心创造力是研究人员，那么在卡内基，我们寻找什么样的研究人员？

马秀丝：毋庸置疑，我们寻找的学者都是在各种领域最顶级的学者，而且更为重要一点是他们都对这个世界的变化和影响政策有着强烈的兴趣和责任感。

卡内基基金会的研究人员来自政府部门、学术界、新闻界、法律界和公共事务领域，拥有不同学科的深厚资历，具有广泛的代表性。美国华盛顿总部和莫斯科中心共有140多名工作人员。

王莉丽：当我们有了好的思想，好的研究成果时，通过什么样渠道去影响政策制定者？您认为哪种渠道是最有效的？

马秀丝：使用什么样的渠道取决于什么样的问题、什么样的受众。我们通过个人关系、大众传媒、会议等各种渠道和形式传播我们的成功，很难说哪一种最重要。我们的很多研究人员既拥有相当的学术水平，又有在政府内实际工作的经验，其中不少人被政府任命为重要外事官员或政策顾问，或应邀参加政府举办的各种会议，出席国会听证会，因此与政府、国会、国务院的关系密切，其活动也受政府和国会人士的重视和支持。除以上途径，基金会还通过出版、参与电视媒体，举办记者招待会和其他各种会议，对政府制订对外政策和国会辩论施加广泛影响。

王莉丽：请允许我问您最后两个问题。这么多年来，您多次访问中国，对中国还是非常熟悉的，那么对于中国思想库的未来发展，您有什么建议？

马秀丝：我觉得中国思想库的未来发展最关键的问题是政府从法制上为它们创造一个良好的生存空间。思想库独立于政府之外，可以为政府提供很多有价值的思想，并且在国际上可以作为一种沟通的桥梁，不代表一国政府，但是可以沟通政府的声音。我也希望中国思想库更多加强与世界各国思想库的沟通与合作。每一个常到中国的人都会感受到中国的发展，也会对一些中国面临的挑战印象很深。我1983年第一次到中国时，中国就已经产生了强烈的与国际社会合作的愿望了，那时中国人也开始感受到各类危机对中国的影响和冲击，于是，我们举办了一些研讨会，邀请一些中国代表到华盛顿参会，推动中国与世界的关系，开始了我们与中国合作的第一步。后来，这种合作不断加强，过去只是一些会议上观念的交流，现在则深化到一些实质性合作。与此同时，整个中国对世界的作用都在加强，成为一个深层次影响世界、并被世界影响的"利益攸关方"和责任方。

王莉丽：您认为新一届政府上台后，在对华政策方面有什么特别要注意的？

马秀丝：新一届政府要经营和克服的外交问题很多，需要全球各国一起合作来解决。与中国相关的美国外交事务,至少有三个问题是非常特殊的。一是气候问题,全球变暖问题是如此严重。目前,在美国的对外议程中,白宫、国会都非常重视气候问题。而中国的政治支持对美国来说非常重要。如果中美能在气候问题上合作,其他国家也会跟进。这是美国与中国合作的新领域,也是一个重大问题。毕竟,我们现在已经有了许多深厚的合作基础。第二个问题是伊朗总量,在伊朗问题上,俄罗斯、中国都有很强的战略作用。三是巴基斯坦问题,巴基斯坦是一个相当敏感的国家,存在着一些不确定因素。要克服消极面,并取得一些新进展,需要美中的紧密合作。

马秀丝博士的日程非常紧张,本来预定半个小时的采访超出了十几分钟,秘书来催了几次,但她依然非常平和地回答完了我的所有问题。之后,我们在一起拍摄了一张珍贵的合影。

2010年初,卡内基国际和平基金会与清华大学合作,在北京设立了"卡内基—清华全球政策中心"。马秀丝对外宣布了该中心的成立,她说:"去年发生的诸多事件,显示出美国和中国需要在重大的全球问题上增进相互理解和合作的紧迫性。无论是有效地应对气候变化、核安全问题,还是引领全球经济的复苏,中美两国的合作都是至关重要的。我很高兴,通过与享有盛名的清华大学开展新的合作,卡内基国际和平基金会能够发挥自身的作用,推动中美关系的发展。我们在北京的专家将与他们在华盛顿、莫斯科、贝鲁特和布鲁塞尔的卡内基中心的同事们一道,就上述问题和其他问题展开合作。"卡内基—清华全球政策中心借鉴了1994年成立的卡内基基金会莫斯科中心的成功经验,继卡内基基金会在贝鲁特和布鲁塞尔开启项目运作之后而成立。卡内基—清华全球政策中心也是卡内基国际和平基金会久负盛名的亚洲项目的一部分。该项目向美国的决策者们提供了有关亚太地区复杂的经济、安全和政治发展状况的准确而清晰的分析。一个由中国政界、商界和学术界的著名领导人组成的顾问委员会,将为卡内基—清华全球政策中心提供建议和支持。

在马秀丝博士的引领下,卡内基国际和平基金会或许在不久的将来,在全球构建一个无所不在的政策影响网络。这对中国思想库而言,将是一种巨大的挑战。

美国思想库深度访谈

Deep Interview with American Think Tanks

REVOLVING DOOR

American Think Tanks Research

肯尼思·杜伯斯坦

里根政府白宫办公厅主任

Kenneth Duberstein

Chief of Staff to President Ronald Reagan

  美国思想库需要更加大胆在政策领域寻求影响力……在不跨越游说界限的情况下,思想库的学者们需要更多的传播理念,寻求影响力,放大思想库声音,通过各种方法影响政策制定者,更多的进行信息传播,更多的市场战略,现在还不够。

里根政府白宫办公厅主任　肯尼思·杜伯斯坦

2008年5月，当我以观察员身份参加完布鲁金斯学会的董事会会议之后，我的美国导师——布鲁金斯学会董事长约翰·桑顿教授给了我五个人的采访名单，建议我联系并采访他们，这五个人中就包括肯尼思·杜伯斯坦。桑顿教授认为对这些人的采访能够极大拓展我的研究视野并且加深我对美国思想库和美国政治的理解。

自然，采访到像肯尼思·杜伯斯坦这样的人是一件非常不容易的事情，如果仅凭我个人的能力是完全不可能的。桑顿教授建议我自己先发邮件与这些重要人物的助理联系，介绍自己并且表明采访意图。私下里，桑顿教授给他们每个人打了电话。能够遇到像桑顿教授这样的导师，对于任何一个年轻人来讲，都是极大的幸运。

对于大多数中国人来讲，可能对肯尼思·杜伯斯坦并不十分熟悉。在 Google 上可以查询到关于他的中文信息也寥寥无几。

肯尼思·杜伯斯坦生于1944年4月21日，曾在1988～1989年担任美国总统罗纳德·里根的白宫办公厅主任。1981～1983年担任里根总统的法律事务助理。在美国历史上，肯尼思·杜伯斯坦是第一个被任命为白宫办公厅主任的犹太裔美国人。1989年，杜伯斯坦被里根总统授予公民勋章。加入政府之前，他是经济发展委员会负责公共关系的副总裁，在为里根政府服务的间隙，他曾为美国最顶尖的游说公司 Timmens & Company 担任副总裁。肯尼思·杜伯斯坦早期的政府工作包括在福特总统期间担任劳工部助理部长。他的公共服务生涯最早开始于在国会为参议员担任助理。

杜伯斯坦在很多大学、智库和企业担任董事会成员或者负责人,其中包括布鲁金斯学会、对外关系委员会、哈佛大学肯尼迪政府学院、霍普金斯大学、波音公司等。他目前所担任董事长和总裁的 Duberstein 集团有限公司是一家战略咨询公司。杜伯斯坦是一位活跃而且具有影响力的舆论领袖,他经常出现在美国各大媒体的评论节目中,并且时常在《纽约时报》、《华盛顿邮报》等报刊发表评论文章。2008 年 11 月,共和党元老级人物杜伯斯坦在接受 CNN 记者的采访中表示,他将支持民主党候选人巴拉克·奥巴马。

与杜伯斯坦的对话时间非常短暂,大约只有 15～20 分钟,但他的热情、风趣和友善令我感觉像是与一位多年的老友聊天,而他对美国政治和思想库的深刻洞察更是极大启发和拓展了我的研究。

访谈实录

王莉丽:尊敬的杜伯斯坦先生,谢谢您给我这次访谈的机会。我带着很多问题而来,桑顿教授介绍说您是回答这些问题的最佳人选。

肯尼思·杜伯斯坦:呵呵,我不知道是否能够给你满意的答案。

王莉丽:您的职业生涯跨越政府、思想库、游说公司、咨询公司,我想知道,从您的视野,您认为思想库是什么样的机构? 思想库与咨询公司、游说公司有什么区别?

肯尼思·杜伯斯坦:思想库是不做游说的,思想库是提供信息、研究和讨论平台的机构,思想库是研究者的家园,思想库寻求改变观点的机会。思想库虽然从事政策的研究,但他们所要做的不是去游说改变政策,而是提供信息源和不同的观点。即便他们认为很重要、需要改变的政策,他们也不会去从事游说,他们会作为信息源和提供研究支持。

王莉丽：您如何看待美国思想库对美国政治和社会的影响力？

肯尼思·杜伯斯坦：像布鲁金斯学会、对外关系委员会、美国企业研究所、传统基金会这样的思想库，他们为政府提供很多研究服务，提供知识内容，告知和教育公众。

思想库承担着重要而多元的角色。他们为两党政治服务。无论是共和党还是民主党入主白宫，白宫、国会、行政机构的人，都会到他们尊敬和信任的思想库寻找信息和建议。很多远离政治核心的公众，他们也阅读思想库的研究报告，获得信息。

王莉丽：您认为这些思想库对公共政策制定有直接的影响力吗？

肯尼思·杜伯斯坦：你所说的直接是指什么？

王莉丽：比如说，您曾在里根政府工作过，并于1988～1989年担任白宫办公厅主任，那么通过您个人的经历，您有没有具体的案例，哪家思想库的政策建议影响了里根总统，影响了政策的制定？

肯尼思·杜伯斯坦：让我告诉你一个案例。对外关系委员会曾经就美国对前苏联的战略和贸易政策以及减少核武器问题，给里根总统递交过政策研究报告，除此之外，对外关系委员会在他们的杂志《外交政策》上发表文章，他们在学会内部举行会议，他们到其他媒体上发表评论，放大他们的声音。总之，对外关系委员会塑造了一种舆论，他们让我们了解到很多信息，他们帮助里根政府了解到来自思想库的政策选择，政治是需要知识理性的，而并不仅仅是充满戏剧性。

王莉丽：里根总统对哪些思想库投入更多关注？

肯尼思·杜伯斯坦：我们对美国企业研究所、传统基金会非常有兴趣，我们还关注布鲁金斯学会、对外关系委员会的研究。很多人都认为美国企业研究所和传统基金会对里根政府的政策制定影响很大，但是实际上，我们给予关注，并不意味着我们会接受他们的观点。我们会阅读他们的政策建议报告,他们提供的信息,我们从中学习,得到很大信息。对于克林顿政府,我想布鲁金斯学会有更多影响力。对于布什政府,美国企业研究所和传统基金会影响力更大一些,还有卡托研究所。美国企业研究所的很多学者对于布什政府的伊拉克政策提出很多建议。他们发表建议报告,发表评论文章,在电视媒体上发表观点,得到很多公众注意力。

王莉丽:最近有一个调查是关于美国思想库的媒体引用率,与前几年相比,美国思想库的媒体引用率在降低,您如何看这一现象?

肯尼思·杜伯斯坦:我觉得,思想库到媒体是一件好事,学者们在媒体发表观点,这可以放大他们的声音。在这件事上,他们做的还不够多,他们应该更大胆地去做,这是有益的事情。思想库通常是支持学者们到广播、电视媒体做节目、发表评论的。

王莉丽:现在还有一个很奇怪的现象,美国经济面临危机,但是思想库市场却仍然繁荣,布鲁金斯学会刚刚买下了一栋办公楼,国际战略研究中心新建了办公大楼,您怎么看待经济危机和思想库繁荣的矛盾?

肯尼思·杜伯斯坦:有很多人抱有很大的兴趣对公共政策问题,思想库在资金市场中竞争。思想库的管理者像布鲁金斯学会的董事会主席桑顿和总裁塔尔博特,对外关系委员会的总裁哈斯等,他们都是很重要的资金筹集人,很多思想库的学者们也为此努力。尽管美国经济面临不好的状况,但是思想库会适应经济的变化,而且很多人依然会为思想库的政策研究提供资金支持。像一些思想库之所以现在有资金扩大机构规模,那是因为他们之前,在经济危机之前筹集的资金。

王莉丽:金钱和意识形态对思想库研究结果和独立性的影响力有多大?

肯尼思·杜伯斯坦:思想库总是要寻求没有附加条件的资金。比如说,我给你钱,这是我希望你们研究所得出的结论,这种资金属于有附加条件的资金。所有思想库寻找没有限制和附加条件的资金。

王莉丽：我们一直在谈论思想库好的一面，那么对于思想库不好的一面，您如何看？

肯尼思·杜伯斯坦：我认为思想库在很大程度上是好的，是对社会有益的，非常有建设性。有一些人认为思想库给我们理论，但是不实际。政治是可能的艺术，是妥协的过程。思想库不寻求妥协，思想库通常的做法是：这是最好的方法，这是为什么要这样做的原因。但是，政治是关于什么是可能的艺术。我们的政治体制是依靠选民。比如说，这是一整块面包，如果要得到这一整块面包，你需要经过很长时间，需要经过国会，有很多不确定因素。思想库要做的就是一定要得到这整块面包。但是，政治家寻求的是多大可能性，如何在妥协中寻求可能得到的面包。这也许就是思想库不尽人意的一面吧，从我的视角来看。

王莉丽：您觉得目前美国思想库面临怎样的挑战？

肯尼思·杜伯斯坦：美国思想库需要更加大胆地在政策领域寻求影响力。我的意思是说，在不跨越游说界限的情况下，思想库的学者们需要更多地传播理念，寻求影响力，放大思想库声音，通过各种方法影响政策制定者，更多地进行信息传播，更多的市场战略，现在还不够。对于布鲁金斯而言，我们通常都是在华盛顿举办各种活动，大家到布鲁金斯去参加会议、寻求信息。但是，这是不够的，布鲁金斯学会不应该仅仅局限于华盛顿，我们应该到拉斯维加斯、佛罗里达、波士顿等更多城市，布鲁金斯学会应该更多到全国各地，到地方媒体去，到公众中去，传播自己的观点和理念。

王莉丽：在思想库影响力的各种传播渠道中，您认为哪一种最重要？

肯尼思·杜伯斯坦：这要看不同情况，总是在变化的，但我认为互联网是很重要的。在影响政策制定的过程中，个人关系当然很重要，但你不应该仅仅依靠个人关系，还要影响舆论。

人民曾说里根是"美国最好的游说者"，但里根自己说，"我不是最好的，我是第二的,最好的人是在家中给国会写邮件,说我支持或反对里根的那些人。"在我们的政治体系中,选民是最重要的,舆论是重要的。

王莉丽:如果让您给出影响力排名前五位的美国思想库,您认为是哪五家?

肯尼思·杜伯斯坦:对外关系委员会、布鲁金斯学会、美国企业研究所、传统基金会,可能还有亚洲协会。

美国思想库深度访谈

Deep Interview with American Think Tanks

Revolving Door

American Think Tanks Research

加里·萨默

奥巴马政府总统特别助理

前外交关系委员会副总裁

Gary Samore

White House Coordinator for Arms Control and Weapons of Mass Destruction

Former Vice President of Council on Foreign Relation

　　美国思想库的一个重要功能就是为政府提供人才。我希望有更多人进入政府。无论是为了对外关系委员会本身的声誉和发展而言，还是为了这些学者能够把多年从事政策研究的经验有机会进行实践的角度，我们希望有更多人进入政府。当然，与此同时，我们也会吸收很多离开政府的前任官员，希望为他们提供一个平台能够回忆、总结自己的政策经验。

奥巴马政府总统特别助理　加里·萨默

加里·萨默博士是一位有着儒雅学者风范的美国人，他的职业生涯跨越政府、思想库、基金会、大学，在哈佛大学获得硕士和博士学位。

2006～2009 年，加里·萨默担任对外关系委员会副总裁，2005～2006 年在约翰和凯瑟琳·麦克阿瑟基金会担任副总裁，2001～2005 年，加里·萨默博士在英国国际战略研究中心担任资深研究员。1996～2001 年，他担任克林顿政府总统特别助理。在此之前，加里·萨默博士还在兰德公司有过短暂工作经历。早年，他在哈佛大学担任过教学和研究工作。

2009 年，加里·萨默加入奥巴马政府，成为总统特别助理，并担任了白宫大规模杀伤性武器协调员一职，被华盛顿政治界称之为“WMD Czar”。“Czar”是一个非官方称谓，是指某个人在某一特定问题上是总统的特别顾问，并且具有极大的政策影响力。

采访加里·萨默博士是一件非常愉快的事情，因为他是那种非常随和、友善，而且语言表达和逻辑思维极为清晰的人，我相信他的谈话直接记录下来、无需编辑就可以成文发表。在与博士对话过程中，有电话从白宫打来，采访间断了大约五分钟左右。对于大多数中国普通公众，甚至社会精英来讲，加里·萨默博士是十分陌生的。但是，在奥巴马政府，在华盛顿，在 WMD 领域，他具有无可置疑的影响力。

访谈实录

王莉丽：您如何定义思想库？

加里·萨默：思想库是这样一种机构：为政府提供有关政策问题的研究。它不像大学的研究机构，主要从事的是长远问题的研究，也不像政府，着眼于每天的问题，思想库介乎于大学和政府之间，对一些前瞻性的政策问题进行深入研究。思想库也不同于游说机构，思想库所做的是政策教育而不是政策倡导（Advocacy）。但是的确有些思想库是在做政策倡导。

王莉丽：您刚才提到政策倡导，那么您是如何理解意识形态对思想库政策研究的影响？

加里·萨默：有的思想库创立之初就是有一定的意识形态的追求。但是，像布鲁金斯学会、对外关系委员会、国际战略研究中心这样的思想库，我们所共同追求和实践的都是中立的、非党派的，尽量远离政治过程的，这一类思想库也因此更具有影响力。对于那些有意识形态追求的思想库，因为这样意识形态的影响，通常人们也会质疑其政策研究的客观性，这也削弱了其影响力。

王莉丽：政策倡导类思想库和游说集团之间存在什么区别呢？

加里·萨默：主要取决于是否有人付费给他们从事政策倡导；另外，通常政策倡导类思想库是倡导一种比较宏观的理念，而游说集团是就某一项很具体的政策立法进行正常鼓吹和游说。

王莉丽：目前，全美有很多家思想库，那么在众多思想库中，对外关系委员会的优势是什么？

加里·萨默：对外关系委员会有很多与众不同之处。首先，我们的总部在纽约而不是华盛顿。我们很容易与华盛顿的政治界和纽约的商界沟通与汇集,我们很容易得到资金支持,因此我们在运作上非常独立,我们从不拿政府给予的资金支持;第二,我们拥有很多会员,他们都是来自美国不同领域的高层次人物;第三,我们是非党派的思想库。在对外关系委员会,每一个独立的研究人员,你可以参与竞选,但是作为一个机构本身,对外关系委员会不能参与大选和政治。

王莉丽:说到总统竞选,今年对外关系委员会大约有多少人参与了大选?

加里·萨默:我想至少一半吧,有的为民主党候选人,有的为共和党候选人。我们希望这些研究人员在发表评论和观点时,要说明他们目前在为哪一位候选人做政策顾问。

王莉丽:到今年11月总统大选结束,对外关系委员会估计会有多少人进入政府?

加里·萨默:说到这个问题,美国思想库的一个重要功能就是为政府提供人才。我希望有更多人进入政府。无论是为了对外关系委员会本身的声誉和发展而言,还是为了这些学者能够把多年从事政策研究的经验有机会进行实践的角度,我们希望有更多人进入政府。当然,与此同时,我们也会吸收很多离开政府的前任官员,希望为他们提供一个平台能够回忆、总结自己的政策经验。

王莉丽:对外关系委员会的会员制,是否为你们带来很大一部分资金支持?

加里·萨默:事实上,我们只有很少一部分资金来自于会员,我们的资金大部分来自于个人、商业机构、基金会,这些你可以从我们的年度报告中得到详细数字。

对于对外关系委员会而言,会员的价值是在于他们的参与。我们的会员代表了美国商界、学界、政界的精英,我们尽量挑选高层次的会员,以帮助我们机构的发展。比如,我们在全国各地有会员,我们会要求会员组织活动,我们的学者就可以到全国各地去。这就像就是一个渠道一样。我们的使命就是希望我们的会员能够作为渠道把对外关系委员会的声音传播到所有公众中去。我们的会员也分为不同层次和类型，比如说永久会员、短期会员、商业会员等。短期会员主要是为那些处于事业起步和上升期的年轻会员设计的。

王莉丽：您在美国政府、思想库、大学都有丰富的从业经历，那么从您的视角来看，您如何评价美国思想库的优势和劣势？

加里·萨默：无论任何时候，美国思想库都是服务于美国利益、公众利益的。思想库是为政府提供政治人才的源泉。在美国的政治体制下，每当我们的政府面临更迭时，会有很多人离开政府，思想库则会帮助很多人进入政府、适应政府工作。像欧洲，政府更迭时，除了高层官员，整个官僚机构的人员是不需要大规模更换的，但是美国需要。像中国，也是不需要这种大规模的人员更换。在美国这种相对脆弱的政党体制下，思想库的存在，从好的一面来讲，可以使得很多具有新鲜思想和活力的人进入政府。从不利的一面来讲就是，对于美国的新一届政府来讲，这种人员的大规模的更换，使得新一届政府的正常运作拖延很长时间，大约六个月左右。还可能会有一些人，也许是好的学者，但未必是好的政治家。

王莉丽：很多人都在谈论，在伊拉克政策上，美国思想库发挥了很大影响力，您如何看？

加里·萨默：我认为思想库对政策的影响力，直接影响力，通常是非常有限的。当然也有一些具体的案例上，是产生了直接影响。比如说在增加驻伊拉克军队这个问题上，美国企业研究所可能的确产生了具体的影响。但是，总体来讲，思想库的影响力有限。我们可能影响国会的辩论，影响公众舆论，但很难影响具体政策。

王莉丽：有个问题似乎很矛盾，您一方面在说美国思想库具有有限影响力，但是我们却都知道，近几年来，美国思想库数量不断增加，思想库产业一片繁荣，这又是为何？

加里·萨默：人们希望通过投资思想库而为下届政府培养人才，希望这些人能够进入政府制定政策。比如说，因为这几年大家都很不满意布什政府的政策，美国思想库才会繁荣。因为思想库可以雇佣学者，研究政策，培养人才进入政府，影响政策。如果一届政府的政策不好，思想库会繁荣，如果政府的政策很好，那么对于思想库的发展而言可能就是不好的事情。

王莉丽：简单而言，您认为美国思想库在美国社会承担了什么样的角色？

加里·萨默：第一就是为政府准备人才；第二是教育公众，帮助公众了解政府在说什么、做什么，思想库的存在对公众了解政策、参与政策制定是有益的；第三，为政府提供有帮助的、前瞻性的政策建议。

王莉丽：从影响力角度，您认为哪些思想库是排名前五位的？

加里·萨默：我只能从外交政策的角度，我不太了解国内政策哪些思想库更具影响力。排名前五位的是：对外关系委员会、布鲁金斯学会、卡内基国际和平基金会、国际战略研究中心，还有美国企业研究所。

王莉丽：美国思想库未来可能面临什么挑战？

加里·萨默：近八年来，思想库持续繁荣，但是政府更迭之后，思想库的资金可能会有问题，很多思想库可能需要重新思考自身的目标和发展。

另外，思想库的发展和人员状况会反映出美国两党政治的情况。比如说克林顿政府期间，布鲁金斯学会会有很多人是共和党人，现在布鲁金斯学会很多人是民主党人，但是如果奥巴马赢了，很多民主党人会进入政府。

思想库的学者们在从事政策研究时，要注意让自己的研究中立、平衡、公平，要尽可能地与公众进行沟通，让普通人了解你的研究和观点，要让像你的母亲一样的大多数普通人可以理解。即便是总统也不可能是很多方面的专家。

王莉丽：以您对中国思想库的了解，您认为是否可以建立具有中国特色的独立思想库？有何建议？

加里·萨默：我们和很多中国的思想库，主要是大学和政府的研究机构有合作和联系，我们知道他们大都是政府体制内的，政府创办的，不是完全独立的，但是，我认为这些思想库的存在也是非常有益的。

我认为，中国独立思想库的发展，首先需要中国政府给予更多自由的空间，容忍不同观点的表达；中国领导人更愿意接受来自体制外的思想库的观点和建议；中国需要发展公民社会。在美国，思想库总是喜欢批评政府，可能在中国不是这样。我想，中国思想库的发展会与中国政治体制改革的步伐相适应。

王莉丽：近些年来，中国领导人对于思想库的发展给予了高度重视，我相信，中国会在未来十几年发展出具有中国特色的思想库模式。

加里·萨默：我对此也非常期待。并且希望美国思想库也能从中吸取到有益的东西。

美国主要思想库简介
Selected Influential American Think Tanks' Profile

REVOLVING DOOR
American Think Tanks Research

Brookings Institution

Strategic and International Studies

Council on Foreign Relation

Carnegie Endowment for International Peace

Heritage Foundation

American Enterprise Institute

Rand Corporation

Center for American Progress

Asia Society

CNA

美国主要思想库简介

为方便读者在阅读本书的过程中对一些反复出现的思想库名称有更清楚和深入的了解，在此简要介绍布鲁金斯学会、国际战略研究中心、对外关系委员会、卡内基国际和平基金会、传统基金会、企业研究所、兰德公司、美国进步中心、亚洲协会、美国海军分析中心这十家无论从规模和影响力上都极具代表性的思想库。

布鲁金斯学会（Brookings Institution）

"多年来，布鲁金斯学会一直处于美国每一个重要政策辩论的中心地位。"

——参议员 Chuck Hagel

2006 年 7 月 28 日

"布鲁金斯学会因为它的'超党派'性质在华盛顿获得了特别的尊重，在华盛顿这个充满党派色彩的地方，这并不是一件容易的事情。"

——纽约市市长 Michael Bloomberg

2007 年 8 月 28 日

根据 2009 年 1 月的《外交政策》杂志发表的报告"智库索引"，布鲁金斯学会被评为全球第一智库、对公共政策辩论最有影响的智库、国际和安全事务第一智库、国家发展第一智库、国际经济政策第一智库、医疗保健政策第一智库、国内经济政策第一智库和社会政策第一智库。"当重要的辩论发生在华盛顿时，无论是关于中东和平、全球金融，还是城市战略，很有可能是布鲁金斯正在推动这一交谈……从医疗改革到建议关闭关达那摩湾监狱，布鲁金斯广泛的经验使其能够为美国如今面临的几乎每一个关键问题提供创新的方案。"

布鲁金斯学会是美国著名的公众政策研究机构，自称遵循"独立、非党派、尊重事实"的研究精神，提供"不带任何意识形态色彩"的思想，旨在充当学术界与公众政策之间的桥梁，向决策者提供最新信息，向公众提供有深度的分析和观点。与此同时，布鲁金斯学会以持自由派观点著称，常被称为"开明的思想库"。它与民主党关系密切，许多重要成员系民主党人，为民主党政府出谋划策，储备和提供人才，从杜鲁门总统以来的历届民主党政府都起用该学会人员充任要职，故又有"民主党流亡政府"之称。

布鲁金斯学会创建于 1927 年，由 1916 年成立的政治研究所、1922 年成立的经济研究所和 1924 年成立的罗伯特·布鲁金斯经济政治研究学院合并而成，取名于学会成立时的理事会副主席、圣路易斯市企业家、华盛顿大学董事会主席罗伯特·布鲁金斯。学会从第二任会长罗伯特·卡尔金斯时候起，才开始从事政策研究。真正发展成为重要政策研究机构是在克米特·登任第三任会长期间。从历史上看，它对政府，尤其对民主党政府影响巨大，同时在国会进行院外活动，向国会施加影响。胡佛政府时期，它认为建设圣劳伦斯航道的计划耗资太大，帮助政府取消了这个计划。它对罗斯福新政的各个方面诸多批评，颇具影响，成为当时反对新政的堡垒之一。第二次世界大战期间，学会在分析了当时战时环境后，提出建议，帮助政府建立和管理了各种战时机构。战后，在执行马歇尔计划问题上，美国民主党和共和党意见分歧，后来，国会委托该会拟订一项折中方案，统一了两党的意见。60年代以来，该会为每届新政府提供了一份执政中面临主要问题和综合概述的报告。

布鲁金斯学会总人数近 300 人，学者共有 100 多名，从事近 85 个研究项目。他们拥有极强的学术背景，观点和文章在学术界很有影响，使学会享有"没有学生的大学"之美誉。还有不少学者曾服务于政府部门和私人企业,被称为"学术实践者"
(scholar practitioner)。布鲁金斯学会庞大的规模自然离不开雄厚的资金支持。学
会每年有经费4 000万美元,除来源于学会创始人罗伯特·布鲁金斯创立的专项基
金之外,还有基金会、大公司及个人的捐助、政府资助及出版物收入和其他一些投
资收入。根据其 2009 年发布的年报,学会在 2009 年的总资产为 3.48 亿美金。
2009 年,学会77%的资金皆来源于政府、企业、基金会和个人的捐赠。这些赠款除
了来自美国政府的研究资金,还来自英国、丹麦、卡塔尔等国政府,以及福特基金
会、卡内基基金会、休利特基金会等大型财团。许多企业也为布鲁金斯学会捐款,
如美孚石油、微软、新闻集团、摩根大通等等。个人捐赠就更是数不胜数。学会
2006 年成立的约翰·桑顿中国中心和2007 年成立的萨班中东政策中心就得益于
学会董事长约翰·桑顿和媒体大亨哈伊姆·萨班的两笔慷慨捐赠。

布鲁金斯学会成立初期仅仅关注美国自身的政治和经济,但随着二战的爆发
和美国孤立主义的结束,布鲁金斯的视野也愈发广阔。过去十多年中,布鲁金斯学
会先后成立了东北亚政策研究中心(1998 年),萨班中东政策中心(2002 年),美国
与欧洲中心(2004 年),约翰·桑顿中国中心(2006 年)和布鲁金斯多哈中心(2007
年)。2009 年度,占最大比重的支出是外交政策(30%),随后才是经济研究(25%)、
全球经济(13%)、城市政策(12%)和治理研究(6%)。从这些数字,不难看出布鲁
金斯学会放眼全球的定位。

布鲁金斯学会作为美国历史最为悠久的智库,其足迹遍布美国自上世纪初以
来各个时代的重要经济、政治变革。自艾森豪威尔总统以来,学会便一直在美国政
权的平稳、顺利交接中发挥作用。上世纪 80 年代后的数届总统大选中,布鲁金斯
学会及其专家都有着积极的参与,而学会与白宫的关系也更为紧密。现任学会主
席斯特普·塔尔博特(Strobe Talbott)曾担任克林顿政府的副国务卿。塔尔博特
的职业生涯横跨新闻、政府部门和学术界,是一名美国外交政策方面的专家,尤其
是欧洲、俄罗斯、南亚事务和对核武器的控制。作为克林顿政府的副国务卿,塔尔
博特深入地参与了美国海外政策的制定以及管理国会和执行管理部门间的关系。

2008 年奥巴马入主白宫以后，更是将三个重要职位委任给布鲁金斯学会专家：2002 年加入布鲁金斯的苏珊·赖斯（Susan Rice）出任美国驻联合国大使；2005 年开始主持布鲁金斯学会中国项目的杰弗里·贝德（Jeffery Bader）担任国家安全委员会亚洲事务高级主任；学会旗下经济学家、小布什任内的国会预算办公室主任彼得·奥斯泽格（Peter Orszag）则再次挑起政府预算大梁，担任奥巴马白宫管理和预算办公室主任。

布鲁金斯学会由董事会领导。现任董事会主席是约翰·桑顿（John Thornton）。桑顿曾在著名投资公司高盛集团担任总裁兼首席运营官。作为一个在华尔街叱咤风云的人物，桑顿在 2003 年作出了与布鲁金斯创始人罗伯特·布鲁金斯相似的决定——急流勇退。在他 49 岁这年，桑顿辞去了在高盛的职务，来到清华大学担任年薪 1 美元的教授和"全球领导力"项目负责人。三年之后，桑顿出资在布鲁金斯学会建立中国中心，并与清华大学合作建立了布鲁金斯—清华公共政策中心。2008 年奥巴马赢得总统大选之后，桑顿一度成为驻华大使的热门人选。虽然奥巴马最终出于政治考虑选择了犹他州的共和党人洪博培担任大使，但是目前，约翰·桑顿是影响中美关系的关键人物之一。

国际战略研究中心（Strategic and International Studies）

美国国际战略研究中心是现在美国国内规模最大的国际问题研究机构之一，总部设在华盛顿。在新的全球机遇与挑战下，国际战略研究中心致力于为政府、国际组织、私营部门和民间社会的决策者提供分析和解决方案。通过研究分析工作来发展关注未来和未来变化预测的政策议题。从 1962 年起，国家战略研究中心逐渐发展成为世界上杰出的国际政策机构之一，它拥有 220 多名全职员工和一个大型的附属学者网络，研究集中于国防和安全，区域稳定和跨国挑战，包括从能源、气候到全球发展和经济一体化。

美国国际战略研究中心素有"强硬路线者之家"和"冷战思想库"之称，与石油财团关系密切。40 年来,国际战略研究中心网罗了大批国际关系学界泰斗和政坛精英,奠定了自身在美国乃至世界战略与政策研究机构中的前沿地位。近年,它加强了对亚太、中国和台湾研究,在对外政策方面的主张较前温和。

美国国际战略研究中心 1962 年由前海军作战部长阿利·伯克上将、乔治敦大学的牧师詹姆斯·霍里根和保守派学者戴维·阿布希尔共同创建,目的在于寻找出多种方案,能够让美国保持其作为一股好的势力的重要性和美国的繁荣。中心自成立之日起就在保守派人士把持下,伯克上将出任第一任总裁,并得到企业研究所等保守思想库、基金会和石油财团资助,因而成为"保守主义的一个坚实基地"。该中心具有的石油背景,使其与洛克菲勒组建的"三边委员会"和东部财团筹建的"对外关系委员会"互动频繁,阿布希尔也是这两个委员会的成员。

国际战略研究中心共有 190 名研究人员和工作人员,目前有 80 位研究专家,80 位研究助理,还接纳了多名实习生。多年来,它集中研究力量,关注三个领域的问题:一是全方位跟踪国内和国际安全面临的新挑战;二是持续研究世界主要地区状况;三是不断挖掘全球化时代的新型管理方法。此外,中心也特别关注技术项目、公共政策、国际金融和贸易及能源等领域的研究,并提出了一些重要的主张、分析、政策选择以及重大预见。例如,在美国众多的研究机构中,它率先提出"越战筹款方式将引发灾难性通货膨胀、70 年代将发生能源危机、中苏分歧的深度和波斯湾对美国重要性"等重大预见性分析。

国际战略研究中心早在成立时即定下一条规则:不接受中央情报局和国防部的资助,拒绝从事任何涉密研究。该中心的预算经费主要来源于捐助资金,以洛克菲勒为首的 40 多个石油财团是它较为固定的支持者和资助者。它的年度预算经费最初只有 12 万美元,目前已增至 2 500 万美元。与传统基金会正好相反,个人捐助资金在它的预算中仅占了很小的比例。以 2001 年为例,在它约 2 100 万美元的经费中,约 60% 来自福特、洛克菲勒等各类基金会,约 30% 来自埃克森、西方石油等数十家大石油公司,个人捐助、政府合同和出版收益资金只占了约 10%。

自国际战略研究中心成立以来,一直以持强硬保守路线著称。20 世纪 60 年代初期,它主要研究对苏战略、能源问题以及对第三世界政策等;20世纪60年代中期侧重苏联核战略、东西方贸易和冷战战略;20世纪70年代开始持续评估各国实力,也加强了中国问题研究,并成为抨击卡特政府对外政策的排头兵。随着时间的推移,中心在国际问题方面的立场添加了少许温和色彩,不但邀请持不同观点的著名人士参加各种会议,甚至邀请政策研究所激进反战的理查德·巴尼特等自由派先锋人士参加讨论,就连对华态度也有了细微客观的转变。例如,1969年中心撰写的有关美日关系的研究报告称,"美国应该欢迎日本努力打开同中国进一步接触之门……,美国不应对日本施加压力,也不应回避同中国进行战略物资的贸易。"20世纪80年代共和党总统里根入主白宫后,中心侧重美苏战略关系研究,并强调为政府对外政策出谋划策。

美国国际战略研究中心的宗旨之一就是影响并参与政府决策过程。在布什执政后,CSIS的影响力一直在攀升,尤其是在亚洲和中国政策上,CSIS下属的太平洋论坛主席凯利在布什第一任期内出任助理国务卿,成为布什政府系统阐述亚洲政策的代言人。和其他智库一样,一旦跨入CSIS大门,就等于进入了通往政府高官的通道,这是因为美国政府的部长不是由议会党团产生,高级政府官员也极少来自公务员,作为精英的聚集地,智库成为为美国输送管理人才的理想之地,而反过来,当政府高级官员退出政府之后,智库也是他们重要的去处之一。

美国前参议员萨姆·纳恩在1999年成为了国家战略研究中心的理事会主席,前国防部副部长约翰·哈姆雷(John J. Hamre)从2000年4月起开始担任该中心的总裁和首席执行官。在加入CSIS之前,他是美国国防部第26届副部长。从1993年到1997年,他担任国防部副秘书长(财务司长)。作为财务司长,他是国防部长的主要助手,负责国防预算的准备、陈述和执行以及提高管理制度项目。在2007年,国防部部长罗伯特·盖茨任命哈姆雷博士为国防政策委员会的主席。在加入国防部之前,哈姆雷博士在参议院军事委员会工作了10年。在此期间,他主要负责采购、研究和发展计划的监督和评估,国防预算问题,以及和参议院拨款委员会的关系。从1978年到1984年,哈姆雷博士就职于国会预算办公室,并成为了国家安全和国际事务的主任副助理,负责为众议院和参议院委员会提供监督和其他支持。哈姆雷博士于1978年从华盛顿约翰霍普金斯大学的高级国际研究学院以优异成绩获得了博士学位,主修国际政治和经济,以及美国的外交政策。1972年,他从美国南达科塔的奥古斯塔纳学院以优异成绩获得了政治学和经济学的荣誉学士学位。第二年,他以洛克菲勒研究员的身份在哈佛神学院学习。此外,他还从哈佛大学获得了商业经济学的博士学位。目前,约翰·哈姆雷是下任国防部长的热门人选。

对外关系委员会(Council on Foreign Relation)

对外关系委员会是美国最知名的外交思想库,它在外交方面的影响力可谓无与伦比,曾经为美国制定了许多对外政策方针,并且是这方面的权威。该智库致力于为其成员、政府官员、商界人士、新闻工作者、教育工作者和学生、公民和宗教领袖,以及感兴趣的公民提供各种资源,帮助他们更好地了解世界,以及美国和其他国家面临的外交政策选择。同时,它是美国东部最有权势的集团,这个集团由银行实业巨头、政界要员、学术界的专家和学者、法律界的著名律师、新闻舆论界的专栏作家和作者以及其他社会名流等组成,早先受摩根财团控制,现主要由洛克菲勒财团掌握。由于它是研究美国对外政策的重要思想库,因此被舆论界认为是美国的"超级智囊团"、"无形政府"、"培养政治家的学校"、"洛克菲勒的外交部"。

《纽约时报》曾称,对外关系委员会成立以来,为美国外交政策的制定做出了重大贡献。《新闻周刊》也称它是"美国外交政策的权势集团"。美国政治学家西多·怀特曾说:"对外关系委员会成员中美国重要人物的数目,大概比美国任何其他私人团体都要多。"研究美国外交的学者理查德·巴尼特认为"任何有抱负的国家安全事务管理人员都必须事先取得对外关系委员会的会员资格,否则难以进入外交界"。该会成立以来,凡美国的对外重大方针、政策,几乎无不与该会有关。不管是共和党还是民主党执政,都摆脱不了它的影响。

对外关系委员会正式创建于 1921 年。多年来，CFR 在政策研究中始终坚持中立立场，理事会通过以下形式履行其使命：保持成员的多元化，包括通过特别项目来提高下一代外交政策制定者的利益和专业知识；在其纽约、华盛顿总部和其他城市召开会议，让高级政府官员、国会议员、全球领导人和著名的思想家走到一起，与委员会成员就重大国际问题进行讨论和辩论；建立一个研究项目，以此培养独立的研究并让委员会学者发表文章、报告和书籍；通过举行圆桌会议来分析外交政策问题，并提出具体政策建议；出版著名的国际事务和美国外交政策杂志《外交事务》；赞助一个独立工作小组，为最重要的外交政策议题的调查结果和政策建议撰写报告；在其网站上对世界事件和美国的外交政策提供最新的信息和分析。

1922 年 9 月，对外关系委员会创办了自己的刊物——《外交》季刊(Foreign Affairs)。在俄国十月革命后不久，当时的阿奇博尔德·库利奇曾以哈佛大学教授、俄国问题专家的身份前往莫斯科访问。他出任《外交》季刊的主编后，以"K 先生"为笔名，在创刊号上发表了《热那亚和海牙会议以后的俄国》一文，提出了美国承认苏维埃俄国的根据，敦促美国政府承认新生的苏维埃政权。这篇文章第一次提出美国应承认新生的苏维埃政府，因此立即受到列宁的注意。今天，对外关系委员会还保存着那本《外交》季刊的副本，其中有不少段落，包括上述引文，都有列宁亲笔作的笔记。该会还成立了各种研究小组，经常把企业家、政府官员和学者聚集在一起开会讨论国际问题和美国的外交政策问题，以取得一致意见，并将讨论结果经常传递给政府。

该会从创建到二次大战前这一期间已开始显示其影响力，逐步扩大了活动范围。1939 年至 60 年代中期是该会的鼎盛时期，特别是在二次大战后期，该会的影响急剧扩大，几乎替代了政府对重大军事政策和对外政策的规划和制定工作，它的成员几乎囊括了政府涉外和军事部门的所有重要职位，实际上已成为"政府外的政府"。曾经研究过对外关系委员会的美国学者这样评价它："要了解半个世纪以来美国全球政策的来龙去脉和未来的发展趋势，是离不开对外关系委员会的。"

在二战爆发后，该会建议美国应全力支持中国抵抗日本的侵略，并为盟国提供战时租赁物资等政策,特别是在太平洋战争后期,提出并影响了美国对日本使用原子弹的决定。1945 年 4 月,杜鲁门总统提议成立一个临时小组,就是否对日本使用原子弹一事进行研究,并任命陆军部长史汀生为该研究小组组长,而史汀生本人就是对外关系委员会的重要成员,因此,他就从委员会中挑选了五名成员,经过研究讨论,他们一致主张对日本使用原子弹,以尽快结束战争。20 世纪 60 年代初,委员会就开始认真研究中国问题和美中关系的未来前景,并通过民意调查和讨论会的形式,提高公众对中国问题的注意力。1962~1967 年,对外关系委员会主持了一个题为"世界事务中的美国与中国"的项目,前后共出版了八本书,内容涉及中国的政治、经济、外交、军事和世界各国的对华政策等。这些书出版后反响相当热烈,一再重版,到 70 年代中期销量已达 10 万册,破此类学术著作的销售纪录。在这些书中,该委员会提出美国政府应改善同中国共产党的关系,因为这更符合美国的国家利益。应当说,对外关系委员会的这些著作及其对华政策的主张为美国政府调整对华战略进行了一次大的舆论准备。由于对外关系委员会的舆论催化作用为美国未来对华政策做了充分的铺垫,70 年代初尼克松顺利实现了他的中国之行,打开了对华关系的大门。

对外关系委员会的会员遍及全美,其中工商界、金融界和律师占 40%,政府官员占 15%,专家学者占 20%,记者和舆论界占 10%,社团、基金会和研究机构负责人占 15%。会员 70% 来自纽约、波士顿和华盛顿,其他地方的只有 30%。现有固定人员 100 多名,研究人员有 30 多位。该会在美国全国 37 个大城市都设有分会组织。委员会的核心是理事会,由 25 名理事组成,除会长是当然理事外,其他 24 名理事每年改选 1/3,每届理事任期三年,可以连选连任。理事除了许多大财团、大公司的董事长外,还有许多著名的前政府官员,如前国务卿亨利·基辛格、威廉·罗杰斯、塞勒斯·万斯、乔治·舒尔茨,前财政部长道格拉斯·狄龙、迈克尔·布卢门撒尔等等。

对外关系委员会现任总裁是理查德·哈斯博士(Richard N. Haass),哈斯博士从 2003 年 7 月开始担任 CFR 总裁。2001~2003 年,哈斯博士是美国国务院政策规划部的主任,也是美国国务卿鲍威尔的首席顾问。1989~1993 年,他是布什总统的特别助理和国家安全委员会近东和南亚事务的高级主管。1991 年,基于他在沙漠盾牌和沙漠风暴行动中为发展和阐明美国政策所做出的贡献,被授予总统国民奖章。此前,他就职于国务院(1981~1985 年)和国防部(1979~1980 年),也曾在美国参议院担任立法助理。哈斯博士也担任过布鲁金斯学会的副总裁和该协会外交政策研究的主任、汉密尔顿学院国际研究学院客座教授、卡内基国际和平基金会的资深研究员,哈佛大学肯尼迪政府学院公共政策学讲师和国际战略研究所的研究员。作为一名罗德学者,哈斯博士拥有奥伯林学院的学士学位和牛津大学的哲学硕士和博士学位。他取得了汉密尔顿学院、富兰克林与马歇尔学院、乔治敦大学和奥伯林学院的荣誉博士学位。

卡内基国际和平基金会
(Carnegie Endowment for International Peace)

卡内基国际和平基金会是美国成立最早又颇有影响的基金会之一,是卡内基家族的第二大基金会;同时,它也是美国著名的主流思想库,标榜超脱党派、兼容并蓄,以"促进国家间合作以及美国的国际交往"为宗旨。它成立于 1910 年,其工作具有非党派性并注重达到实际结果。"决策者、企业领导者、教育工作者、新闻工作者和学者们都面临着巨大的挑战:他们需要理解、预测和阐述那些具有冷战后时代特点的经济、政治以及技术方面的深刻变化。每一个人都必须重新审视战争与和平之间,以及人类的痛苦与安乐之间的各种可能性。统观全局的思考决不是一件容易的事,但这正是时代的要求,也是卡内基基金会的宗旨。"

20 世纪初,安德鲁·卡内基(Andrew Carnegie)集中全部精力于慈善事业,并把他长期以来对世界和平的关切重新提到议事日程上来。卡内基和那个时期的国际主义先驱者都相信,只要有更强有力的国际法和国际组织,战争是可以避免的。1910 年 11 月 25 日,卡内基在他 75 岁生日之际宣布了他对世界和平的一项最重大的承诺,捐赠 1 000 万美元创办卡内基国际和平基金会,世界上第一个致力于研究和平问题和推广国际事务公众教育的机构。卡内基题名威廉·霍华德·塔夫脱总统为这个新机构的荣誉总裁,并挑选了 28 名董事,他们全是美国企业界和公众生活中的领袖人物。

卡内基国际和平基金会总部位于华盛顿的中心地区,与白宫、国会山、世界银行和国际货币基金组织总部毗邻,与布鲁金斯学会只有一墙之隔。

该总部设有行政办公室、财政服务部、交流部、人力资源部、计算机系统部、研发部、《外交政策》刊物部及图书馆,共有成员 100 人左右。基金会由董事会领导,现有董事会的成员包括美国两大政党的领导人和政府、商业、学术以及新闻界中有影响的人士。杰西卡·马秀丝(Jessica T. Mathews)从 1997 年 5 月起担任基金会总裁至今。她在 70 年代曾担任美国国家安全委员会全球问题办公室主任,后参与创建世界资源研究所,也担任过《华盛顿邮报》编辑和对外关系委员会高级研究人员。1997 年,她在《外交季刊》上发表《权力的转移》一文,被评为该杂志 75 年以来最有影响力的文章之一。自担任基金会总裁之后,马秀丝着手扩大莫斯科中心,在中国启动合作研究项目,创立全球化研究项目,并把《外交政策》由季刊变成为双月刊。《外交政策》(Foreign Policy)双月刊针对构成当代特点的全球性趋势和状况,向读者介绍全新的思考和富有创意的分析。30 年来,这份杂志已经成为世界知名思想家和有分量的呼声的论坛,便于他们传播研究成果,探讨新的观念,提出创造性的解决方法。

卡内基国际和平基金会主要研究国际事务和美国外交政策,特别是移民问题、核不扩散问题、地区冲突问题、多元主义、民主建设和使用武力问题。卡内基国际和平基金会偏向于国际主义、多边主义,主张进行裁军、军备控制、接触谈判和国际合作,并支持把联合国作为国际论坛和世界秩序的象征。该基金会主张美国应有两党一致的对华政策,一方面与日益强大的中国共产党有稳定关系,另一方面降低与中国共产党在台湾问题冲突的机会。

在过去的十年中,迅速的国际化在各个领域显而易见,从小型企业到恐怖主义、宗教和社会实践主义。即使是那些对国际问题很感兴趣的智库,它们的研究对象以本国的企业为主,它们的观点集中于一个国家。卡内基国际和平基金会是第一个打破这种格局的智库。1993 年,该基金会设立了卡内基莫斯科中心,并以此开创出了一种新理念:如果一个智库的任务是为全球安全、稳定和繁荣做出贡献,那么它就需要一个常设国际机构和贯穿于其核心活动的多国视野。在此成功的基础上,加上其长达世纪之久随全球趋势变化而改变的实践经验,卡内基国际和平基金会正在对其角色和任务进行重新定义。卡内基国际和平基金会立志于将自己从一家研究国际事务的智库转变成为第一家真正意义上的跨国智库,并最终成为一家全球智库。因为卡内基国际和平基金会在莫斯科、北京、贝鲁特、布鲁塞尔和华盛顿均有活动并有着一定的影响力,所以它不仅仅只是改变自己的机构性质,同样也很可能改变其他智库的运作方式。单一的"一国视野"有着很大的局限性,具有"全球视野"的卡内基国际和平基金会将会取得巨大的成功。

卡内基国际和平基金会在华盛顿总部的员工超过 100 人,以此作为一个运营中心将其他的计划联合起来,在贸易、能源政策和政治转型方面进行合作。卡内基莫斯科中心成立于 1993 年,它的规模和类型在该区域内可以称得上是首屈一指的公共政策研究机构。它的指挥工作人员包括 40 名俄罗斯人和 1 名美国人,莫斯科中心因其谨慎、独立、高质量的分析已在俄罗斯成为众人皆知的品牌。2004 年卡内基国际和平基金会首次在北京建立了办事处,通过 2005 年与中国改革开放论坛的合作计划,使其在中国的活动得到了扩张。在 2006 年末,该合作计划有 5 名工作人员,包括 3 名来自中国改革开放论坛的高级学者,此外还同其他 5 家主要的中国机构建立了研究合作关系。2010 年,卡内基与清华大学合作成立了卡内基—清华中心。2006 年,该基金会在贝鲁特建立了中东区办事处,由一名杰出的中东学者和政策专家保罗·塞伦领导。该中心与华盛顿总部活跃的"中东计划"和该地区及欧洲的机构进行密切的合作。卡内基国际和平基金会于 2007 年春在布鲁塞尔建立了办事处,旨在为欧盟各个机构和国家政府内的高级决策者提供一个多边政策论坛。卡内基国际和平基金会充分利用其在华盛顿的全球网络,以及在莫斯科、贝鲁特、北京的主要区域研究中心的资源实施了很多项目,从政策研讨会到在欧洲进行协商,以此与当地有关机构建立合作伙伴关系并在卡内基国际和平基金会全球活动中融入更多的欧洲成份。

卡内基基金会的研究人员来自政府部门、学术界、新闻界、法律界和公共事务领域,拥有不同学科的深厚资历,具有广泛的代表性。参加该基金会的专业研究人员既拥有相当的学术水平,又有在政府内实际工作的经验,其中不少人被政府任命为重要外事官员或政策顾问,或应邀参加政府举办的各种会议,出席国会听证会,因此与政府、国会、国务院的关系密切,其活动也受政府和国会人士的重视和支持。除以上途径,基金会还通过出版、参与电视媒体、举办记者招待会和其他各种会议,对政府制订对外政策和国会辩论施加广泛影响。

卡内基国际和平基金会认为"崭新的国际时代正在到来。随着新权力中心的形成,即便是最强大的国家,控制各种力量以影响国内外事务的能力已经降低。和平的愿望主导着各个大国,但破坏稳定的冲突还在加剧。经济的一体化带来了全球性的空前增长,但也引发了新的挑战。融入国际市场和被拒该市场大门之外的国家之间的鸿沟正在加深。我们仍然面临着强权政治和传统的安全威胁,但全球化趋势中复杂而不时出现的冲突性影响正在改变国际关系的法则和地缘政治的策略。许多地区的权力和影响力正在向非国家性的角色转移,包括跨国公司、非政府机构和犯罪联盟。这些重大的变化对国际的安全和人类的福利有深远的影响"。这也正是卡内基基金会当前研究和工作日程中的主要内容。

卡内基基金会主要通过四大部门的活动——全球性政策项目、俄罗斯和欧亚问题项目、中国项目,以及《外交政策》杂志,来协助制定关于传统和新兴问题的政策辩论内容。全球性政策项目(The Global Policy Program)提出了经济、政治和技术变化的全球化过程对现有政策的挑战。它的研究项目涉及诸多领域:民主与法制、防武器扩散、国际贸易,以及美国的全球角色。这个项目重点将全球政策的最新议程与传统安全问题的关切结合起来,并推动新的政策对特定的跨国问题作出回应。俄罗斯和欧亚问题项目(The Russian and Eurasian Program)是在冷战结束后,卡内基基金会为了促进国际学术交流和加强自身建设而加以扩展的。该中心致力于知识分子间的自由交流,并为公共政策讨论提供了享有盛誉的中立论坛。中国项目(China Program)探讨与中国有关的一系列问题。中国项目研究重点是中国的民主与法制建设、经济改革,以及经济发展和政治改革之间的重要关系。中国项目还关注与中国有关的区域安全问题,对亚洲和中国与防止核扩散和军备控制有关的问题提出分析。卡内基基金会的中文网站"卡内基中文网"(Carnegie Chi-naNet)由中国项目主办,旨在向政策制定者和学者广泛介绍来自卡内基基金会的著作、杂志、活动及其他信息资源,以增进中美之间国际政治和公共政策领域的学术交流及相互了解。《卡内基中国透视》(Carnegie China Insight Monthly)电子月刊利用卡内基国际和平基金会的人力与信息资源,提供对当前中国问题客观而深入的分析与思考。

传统基金会(Heritage Foundation)

"传统基金会专注于企业自由竞争原则,有限政府理论以及拓展个体自由和加强国防等方面的研究……"

这是写在传统基金会宣传册前言中的一段话,它集中地概括了这个机构的性质和研究范围。传统基金会创建于 1973 年,旨在以"自由企业、有限政府干预、个人自由、传统的美国价值观,以及强大的国防"理念为基础,制定和推广保守的公共政策。通过全方位的战略传播,传统基金会将自己的信息传递给以下主要对象:美国国会议员、国会的关键工作人员、执行机构的决策者、新闻媒体、学术和公共政策团体。经过三四十年的发展,现已成为美国最大、影响力最强的保守派思想库之一,同时也是政策倡导型思想库的代表。它的研究成果很多被作为政策纲领应用到历届政府的内外政策中。

1973 年底,科罗拉多州大啤酒制造商约瑟夫·科尔斯(Joseph Coors)出资 25

万美元,帮助保罗·韦里奇(Paul Weyrich)和艾德温·福尔纳(Edwin Feulner)建立了传统基金会,并于 1974 年正式运行。传统基金会的成立目的是为国会提供具有吸引力和说服力的研究,为国会提供代表保守原则的数据、事实和健全的论点。1977 年,艾德温·福尔纳成为传统基金会的领导者,并组建一个新的高级管理人员团队。在他创立的资源库中还吸收了无神论和自由主义,建立了一个覆盖全国的保守政策组和专家的网络。多年来,资源库逐渐发展,拥有包括在美国和其他国家的 2 200 多名政策专家和 475 个政策团体。艾德温·福尔纳是一位高学历人才,拥有英国爱丁堡大学博士学位和美国宾夕法尼亚大学沃顿商学院的 MBA。

尽管开始时,传统基金会的发展较慢,但从 70 年代后期开始一直到今天,基金会一直保持平稳快速的发展,到 1980 年代,传统基金会的成员已经达到 40 人,每年的运行支出翻了两番达 530 多万美元。80 年代后半期,传统基金会为即将上任的共和党新总统里根施政量身定做的《领导人的职责》。这是一份投入 25 万美元巨资和 250 多名研究人员耗费一年心血完成的宏篇巨作,该报告为里根详细地勾画出了一个"保守政府的蓝图",它深深地影响了 20 世纪 80 年代美国的内外政策,终结了盛行长达 48 年的自由政策。到 1985 年,里根执政中期,传统基金会的预算已经增长到 1 150 万美元,人员达到 100 名,并且整个机构搬进了新落成的基金会办公大楼,时任副总统的布什也亲自前来为传统基金会剪彩祝贺。里根下台后,传统基金会依然在不断扩大。1995 年,基金会的年度预算超过了 2 500 万美元,研究人员达到 150 名之多。成为名副其实的华府保守思想库中的大佬。目前传统基金会拥有近 200 名正式员工,其中研究人员 100 多人,经费达到近 3 000 万美元。

传统基金会能够在美国上千家思想库中脱颖而出,成为保守阵地上的领军人物,并非偶然现象。传统基金会从成立之初就具有了其他思想库所不具备的独特特点。在思想库的发展历史上开创了新的一支流派,并引导了思想库发展的潮流。传统基金的创始人之一艾德温·福尔纳在一开始就非常明确地提出传统基金会的作用和目标要有别于以往建立的思想库组织。他提出:"我们的角色是力争影响华盛顿的政策制定者……其中最重要的是要影响国会,其次是政府机构,再次是新闻媒体。"相对于其他思想库的沉默寡言,传统基金会想尽千方百计将他们对时政的态度和反应及时地传达给每个国会议员,这是其他许多思想库所无法做到的。福尔纳一直将传统基金会作为一个"战场",一个打赢"思想之战"的战场。他认为传统基金会的责任和目标是要使美国重新回归到保守主义的路线上来,要完成这个艰巨的任务就要与影响华盛顿的其他思想库展开激烈的"思想之战"。为此,思想库招募的研究人员并非像布鲁金斯学会、外交委员会那样多是些美国当代一流的学者、专家或者退下来的政府高官。传统基金会的确有一部分这样的研究人员,但更多的则是些有能力的年轻硕士、博士,他们在某一政策研究领域有很扎实的功底,可以很简明且准确地对特定问题提供分析材料。基金会盛行着这么一句口号"我们不去赊购信誉,我们要自己树立信誉"。此外,与其他思想库不同,基金会很少雇佣辅助人员,绝大部分都是专职研究者,这保证了传统基金会研究成果的高质量。

传统基金会也一直拥有广泛的会员基础,这些会员遍布美国,人数多达 20 多万人,他们所捐赠的资金每年都占到基金会收入一半以上。同时基金会避免过度依赖某几个大的捐赠人,因为这是有教训的。曾经有大公司老板因为不赞同基金会支持贸易自由化而撤销了一笔数十万元的赠款,使基金会短期内蒙受了极大的损失。很多人支持基金会是因为他们认为国会经常受到利益集团的影响而违反原则,但传统基金会从来不会因为大的捐赠人而在原则问题上有所动摇。传统基金会从不接受政府的拨款,这是众多人捐助、支持基金会的一个重要原因。基金会一直认为联邦政府规模过于庞大,在开支上铺张浪费,因此不断批评联邦政府。如果接受了联邦政府的拨款,基金会则无法继续捍卫自己的观点。没有政府财政的支持,基金会依然保持了稳定的财源,30 年来,个人对基金会的捐赠始终稳定在 47% 左右,另外其他的收入比如大公司捐赠、基金捐赠以及投资收益等等,也为传统基金会提供了稳定的资金来源。

2009 年,曾担任布什政府劳工部部长的赵小兰女士卸任后加入传统基金会,担任资深研究员。

美国企业研究所（American Enterprise Institute）

美国企业研究所是美国保守派的重要政策研究机构,有"保守的布鲁金斯"之称。该所与共和党渊源较深,共和党尼克松、福特政府下台后,许多重要官员纷纷加入该所,故舆论界又称它为共和党的"流亡政府"、"影子内阁"。它主要得到摩根财团等东部财团的支持。近年来,有向中间摆动的趋势,加强了与政府的密切合作,对美国国会和政府施加影响。

美国企业研究所于1943年由摩根财团控制的约翰斯·曼维尔公司董事长刘易斯·布朗创建,原名美国企业协会（American Enterprise Association）,1962年改为现名。它自称目的是"为政策制定者、企业家、学者、新闻界和公众提供对国内、国际问题的客观分析",主要从事经济问题的研究,向国会兜售维护企业界利益的言论,宣扬自由市场思想。该所在成立后的20多年里,实际上是资助它的公司的附属机构,并不为人们所重视。20世纪70年代,威廉·巴鲁迪任所长后,才开始改变该机构性质,不仅扩大了研究范围,除经济政策研究外,还增设了社会和政治研究、外交和国防政策研究。与此同时,研究所还大量出版、发行其研究成果,广泛宣传其主张,陆续与300多所大学建立了合作关系,与媒体建立沟通渠道,竭力扩大影响,并一跃而成为主导华盛顿政客和媒介立场观点的主要声音。尤其是尼克松、福特政府的20多名高级官员加入该所后,使该所大为得势。里根竞选总统期间,该所20余名研究员和学者为他充当顾问;里根当选总统后,这些顾问有不少被任命为政府重要官员。该所曾积极为里根政府出谋划策,成为了里根的重要智囊团之一,对里根政府制定各项政策,尤其在经济政策方面,起到过重要的作用。

美国企业研究所的研究主轴包括:经济政策研究、社会及政治研究、外交及国防政策研究。亚洲研究计划的重点包括:中国人民解放军的军事能力、台湾民主化与两岸关系、朝鲜军事威胁与朝鲜半岛的统一、中国的政治经济改革等。目前,研究所还增加了全球环保政策、美国国防组织改革、美国外交政策重新界定等研究项目以及亚洲、俄罗斯、中东和拉丁美洲等区域研究。

美国企业研究所在政治上带有明显的保守倾向,与传统基金会、胡佛研究所等以保守著称的研究机构有密切联系。它也是美国近年崛起的"新保守派"的一个重要基地,有"共和党人的新论坛"之称。从 1974 年开始,"美国保守同盟"为了凝聚保守政治力量,拟定每年年初在华盛顿举办"保守派政治行动会议"(Conservative Political Action Conference),美国企业研究所成为其中重要成员,与传统基金会一道肩负起推动共和党更趋"保守化"的重任。近年,随着其知名度提高,为了标榜自身是"无党派的组织",维护"客观、公正"的形象,它也吸收了部分民主党人士,但这些人士绝大多数是民主党的保守派。因而,其立场虽有向中间靠拢的趋势,但仍未改变其保守派思想库的本质。

美国企业研究所有专职研究人员 50 人,外聘 100 多位各界名士从事研究工作,还有 300 名左右的工作人员。其经费最初主要得到摩根、梅隆等东部财团的支持。到 1980 年,该所的预算开支翻了十倍,其中约 40％来自大公司企业,60％靠基金会和个人捐赠。它的捐款单位包括了美国电报电话公司、切斯·曼哈顿银行、万通银行、美国通用电气公司、美国通用汽车公司等金融产业巨头,而且其经费还在不断增加。以 2000 年为例,它包括投资收益在内的岁入经费达 2 370 万美元,预算开支则为 1 662 万美元,年度开支虽比往年增加了 4％,但仍有 700 万的赢余空间,为研究所未来扩大研究规模和开展学术普及工作积累了丰厚的资金。该年个人和企业捐款创下该所收入记录,分别为 1 100 万美元和 700 多万美元,基金会捐助资金达 400 多万美元。为回馈捐助者,研究所承诺将最大限度地发挥为他们规划美国公共政策的作用。

它自称目的是"为政策制定者、企业家、学者、新闻界和公众提供对国内、国际问题的客观分析",主要从事经济问题的研究,向国会兜售维护企业界利益的言论,宣扬自由市场思想。

2003 年 2 月 26 日晚上,此时距美国发动伊拉克战争不到一个月,美国总统布什来到美国企业研究所,参加了该所的年度晚餐会。会上,布什在谈到政府未来中东政策时说,在美国企业研究所,一些极优秀的智囊正在对美国面临的一些最严峻的挑战进行研究。布什感谢美国企业研究所为他的政府贡献了"20位人才",还赞扬该所建立"60年来,它的学者们对我们国家和政府做出了重大的贡献",说他们的工作做得很出色。美国企业研究所作为美国外文政策的著名智囊机构,布什的此番讲话被外界认为是对该所为其发动伊拉克战争出谋划策的赞扬。2007年7月2日,美国企业研究所所长克里斯托夫·德穆斯对外公布:前世行行长沃尔福威茨将以访问学者的身份加入美国企业研究所,他将参与企业和发展问题、非洲问题以及公共与私营企业伙伴关系这三个课题的研究。而在出任世行行长之前,沃尔福威茨曾任美国国防部副部长,是发动伊拉克战争的主要策划者之一。

兰德公司(Rand Corporation)

兰德公司正式成立于1948年11月,由美国陆军航空队(美国空军的前身)与道格拉斯飞机公司"兰德计划"演变而来,兰德(Rand)的名称是英文"研究与发展"(research and development)的缩写。它是美国最重要的以军事为主的综合性战略研究机构,最初以研究军事尖端科学技术和重大军事战略而著称于世,继而又扩展到内外政策各方面,20世纪60年代以后逐渐发展成为以研究政治、军事、经济科技、社会等各方面的综合性思想库,被誉为现代智囊的"大脑集中营"。兰德公司作为政策研究和咨询机构的智库,宏观性、战略性、前瞻性是其最基本的研究定位。

兰德公司总部设在美国加利福尼亚州的圣莫尼卡,在华盛顿设有办事处,负责与政府联系。二次大战期间,美国一批科学家和工程师参加军事工作,把运筹学运用于作战方面,获得成绩,颇受朝野重视。战后,为了继续这项工作,1944年11月,当时陆军航空队司令亨利·阿诺德上将提出一项关于《战后和下次大战时美国研究与发展计划》的备忘录,要求利用这批人员,成立一个"独立的、介于官民之间进行客观分析的研究机构","以避免未来的国家灾祸,并赢得下次大战的胜利"。根据这项建议,1945年底,美国陆军航空队与道格拉斯飞机公司签订一项1 000万美元的"研究与发展"计划的合同,这就是有名的"兰德计划"。1948 年 5 月,阿诺德在福特基金会捐赠 100 万美元的赞助下,"兰德计划"脱离道格拉斯飞机公司,正式成立独立的兰德公司。

在兰德公司成立初期,朝鲜战争前夕,兰德公司组织大批专家对朝鲜战争及中国民族特性等进行研究和评估,他们的研究结果只有七个字:"中国将出兵朝鲜。"当时兰德公司欲以 200 万美元将研究报告转让给国防部,但国防部认定中国决不会跨过鸭绿江,而且认为研究报告太昂贵,没有理睬兰德公司。不久,中国人民志愿军就跨过了鸭绿江。兰德公司的预测成为现实。美国国防部为检讨自己在这一事件上的错误,事后用 200 万美元买回了这份已过时的报告,而兰德公司则一举成名。

1948 年兰德公司向美国国防部提供了一份咨询报告《实验性绕地宇宙飞船的初步设计》,主张美国制造人造地球卫星,并预测了前苏联发射卫星的时间。这份报告提交国防部后,国防部以"人造卫星仅仅是科学幻想"、兰德公司初出茅庐、没有什么影响为名,将它长期束之高阁,不屑一顾。1957 年 11 月 4 日,前苏联把一颗人造卫星送往太空,这实际发射的时间与兰德公司十年前的咨询报告中所预测的时间仅相差两周,这一消息震撼了美国朝野各界,美国国防部的官员们方如梦初醒,想起兰德公司的这份咨询报告,后悔使美国延误了十年。

此后兰德公司又对中美建交、古巴导弹危机、美国经济大萧条和德国统一等重大事件进行了成功预测,这些预测使兰德公司的名声如日中天,成为美国政界、军界、商界的首席智囊机构。兰德公司对国际事务的研究,深深地影响到美国政府的对外政策,以至有人把兰德公司称为美国的"外交机构"。60 年代后,兰德扩大了对美国国内问题的研究,提出了一系列政策规划,其中不少为政府所采纳。如帮助国防部长整顿国防部,为空军提出战略空军基地结构的修正计划,发展和改善了美国的导弹系统;在健康问题上提出具有普遍意义的卫生政策,对许多疾病的预防提出了具体的方案,研究保健网络的管理和计算机在医疗上的应用,很大程度上影响了美国医疗健康政策。通过城市问题研究,兰德公司为美国政府提出了许多政策建议,如解决城市低收入人群的住房问题,改进西雅图严重经济倒退的方案,探索圣路易斯城市中心衰弱的原因、影响及控制问题等,这些研究为政府的决策提供了建设性方案。

兰德正是通过这些准确的预测和分析,在全世界领域建立了自己的信誉,取得了骄人的学术成就和学术地位,为美国政府和学术界培养了一大批屈指可数的人才。如美国尼克松政府时期的国务卿基辛格,美国前国防部长拉姆斯菲尔德,美国前任国务卿赖斯,前中央情报局长、国防部长、能源部长詹姆斯·施莱辛格等,都曾是兰德公司的高级研究员。兰德公司的研究人员在学术研究方面独树一帜,光是诺贝尔奖得主就不下五名,在学术界素有"兰德学派"之称。为了广泛传播兰德的智慧,兰德公司在1970年创办了兰德研究学院,它是当今世界决策分析的最高学府,以培养高级决策者为宗旨,并颁发了全球第一个决策分析博士学位。目前,其学员已遍布美国政界、商界。

兰德公司的骄人研究成果和学术地位与其拥有一支强有力的研究团队密不可分,兰德公司现有1 600名员工,其中有800名左右的专业研究人员。兰德公司除自身拥有的高素质人才之外,还从社会上聘用了约600名在美国有名望的知名教授和各类高级专家,作为特约顾问和研究员。在研究报告中,70%属于机密,仅有30%是对外公开的。这些报告影响和左右着美国的政治、经济、军事、外交等一系列重大事务的决策。在为美国政府及军方提供决策服务的同时,兰德公司利用旗下大批世界级的智囊人物,为商业企业界提供广泛的决策咨询服务,并以"企业诊断"的准确性、权威性而享誉全球。做到准确判断和准确预测始终是兰德公司追求的目标,高质量的研究成果是兰德公司成为优秀智库而对政府和民众产生巨大影响力的基础。长期以来,兰德坚持自己只是一个非营利的民办研究机构,独立地开展工作,与美国政府只有一种客户合同关系。兰德公司努力通过拥有不同性质的客户的形式来保持其独立性。兰德有一套每4~5年对公司的某一个研究分部进行审查的机制,目的是要考察其研究是否有价值。

兰德公司研究定位的显著特点是:宏观性、战略性、前瞻性。2003年,在兰德公司—中国改革开放论坛第六届年会上,兰德公司提交了一份名为《中国经济发展的断层线》的课题研究报告(Fault Lines in China's Economic Terrain,简称为 FLCET 报告)。FLCET 报告在前言中明确提出:此项研究的重点是当代中国经济面临的潜在灾难或者断层线,及其对未来 10 年(即 2005～2015 年)中国经济保持高速增长的影响。具体而言,FLCET 报告个研究问题主要集中在:"失业、贫穷和社会动荡"、"贪污腐败"、"艾滋病和其他流行病"、"水资源和污染"、"能源和价格"、"金融体系和国企的脆弱性"、"外国直接投资可能减少"、"台湾和其他潜在冲突"等八个领域。FLCET 报告认为,上述这八个问题一个都不发生的概率极低,全部一起发生的概论更低。如果所有这些挫折都发生,对中国经济增长的影响将是增长率下降 7.4%～10.7%;虽然所有这些问题同时发生的概率很低,但是几个问题一起发生的概率却通常比其简单联合乘法概率意味得要高。几个个别的问题因为相互之间的依存关系可能会成群到来。因此,减轻这些灾难造成的压力需要中国中央政府与地方政府和共产党机构之间进行无数次不间断的磋商、谈判和妥协。……这项费力的工作很可能需要中国新一代领导人集体花费十多年的时间来完成。FL-CET 报告特别强调,这些问题未来是否会加剧、加剧到何种程度、影响如何,是兰德公司研究和关注的重点。

美国进步中心(Center for American Progress)

美国进步中心所宣称的宗旨是促进美国发展成一个更强大、公正和自由的国家。其主要目标是:树立一个进步美国的长期远景,为激发进步观念和政策建议提供平台,对保守派的政策主张和说辞给予及时有效的反击并提供有思想深度的替代方案以及向美国公众传递进步信息。

美国进步中心前身是成立于 1989 年的美国民主党领导委员会的政策机构,名称是美国进步政策研究所。2003 年在约翰·波德斯塔(John D. Podesta)领导下正式成立美国进步中心。目前它的执行委员会成员有:执行总裁波德斯塔、执行副总裁沙拉·沃特尔(Sarah Wartell)、高级成员劳拉·尼古斯(Laura Nichols)、联络部高级执行副总裁詹妮弗·帕米尔里(Jennifer Palmieri)和外联部高级执行副总裁威尼·斯塔奇伯格(Winnie Stachelberg)。

该中心每年收到来自个人、基金和企业的约 2 500 万美元的捐助,但是它没有向外界公布具体捐助人名单。据《华盛顿邮报》报道与希拉里传记《希望与野心》一书作者耶特和纳塔的记述,其种子基金的来源之一是民主联盟以及一些民主党人士,包括"金融天才"索罗斯和世界储蓄银行创始人桑德勒夫妇的捐款。

美国进步中心常设了以下几个主要研究项目。美洲项目(American Project),主要关注美国与美洲的关系。世界和美国都处于深刻变化中,这对美国未来的发展、对不断加深的美国与其邻国之间的关系都有着深远的影响。该项目希望通过深入研究和开放型合作,加深美国与邻国之间的相互理解,提出有创新意义的政策建议,从而推动美洲国家间关系的进一步改善。商业领导促进明智预算分配项目(Business Leaders for Sensible Priorities),主要目的是消除浪费性国防开支,促进财政预算更多投入于教育、医疗保险等领域,以加强美国经济的基础、促进美国经济的繁荣、推动美国社会的可持续发展。该项目借助商业领导人的力量,希望他们能在国家财政预算分配上发挥杠杆作用。"忍无可忍"项目(The Enough Project),致力于建立一些持久的团体,来推动阻止种族屠杀和反人类罪行的活动。面对美国和一些相关国际组织对这些罪行往往采取观望态度这一现实情况,该项目通过在出现种族屠杀和反人类罪行的国家和地区开展田野研究,提出切实可行的政策建议,同时向各个年龄层的公众传递正确信息,以期能最终推动这些危机的有效解决。中东进步项目(Middle East Progress),主要出版《中东快报》(Middle East Bulletin),并通过促进公私伙伴关系、鼓励新观念和战略等方式,改善美国、以色列等地区的安全现状,强化美国在全球的声望,促进美国的国家安全。进步研究项目(Progressive Studies Program),是一个跨学科的项目,主要通过讲座、研讨会、文章、公共活动、读书会、新媒体和培训项目等手段,教育官员和决策者,增强公众对其倡导的进步主义观念的理解。该项目还研究近代进步主义以及它与早期进步时代和美国历史上其他政治、社会运动的关系。可持续安全项目（Sustainable Security），在改善美国与盟国关系的思想指导下，力求修正其认为的美国现有的一系列误导性的政策，设计新的美国国家安全战略。

虽然美国进步中心一直标榜自己是一个无党派偏见的研究、教育机构，但是它被美国国内观察家们公认为是民主党智库，美国《时代》周刊 2008 年 12 月 17 日的一篇文章称，"在对政府的影响力方面，当前没有任何其他机构能与其媲美。"

早在克林顿任民主党领导委员会主席期间，美国进步政策研究所就与克林顿保持着密切关系，后来该所多名成员参加了克林顿角逐总统的竞选班子，克林顿上台后，波德斯塔被委任为白宫办公厅主任。可以说该研究所是克林顿的"私人智囊团"。小布什任期内，该中心的地位和政策影响力大为削弱。2008 年在美国大选进入最后阶段时，该中心加入奥巴马竞选团队，为奥巴马提供从竞选策略到当选后的政策调整一系列切实可行、见解独到的研究报告，深得其认可。此后该中心的多位高管被委以重任：波德斯塔担任奥巴马过渡事务主管，行动基金中心执行副总裁麦乐迪·巴恩斯（Melody Barnes）担任白宫国内政策委员会主任，曾在克林顿政府任要职的很多重要成员也再次返回政府。美国进步中心对奥巴马政府的内外决策产生多方面影响，突出显示在其政策制定上。中心近年来发表的多份战略性研究报告和对策建议，都得到奥巴马政府的重视和采纳，有的甚至是照单全收。关于对华政策方面的报告，影响力较大的是 2008 年 8 月发表的《进步视角下的美中关系》报告。它强调美国处理好与中国关系的重要性，并对建设美中关系提出了六个应优先考虑的问题领域，即气候变化与能源安全、平衡与可持续的全球发展、亚太地区安全、中国的军队现代化、台海稳定性以及政府治理与个人权利。该报告被进步中心列为十大重要报告之一。

亚洲协会（Asia Society）

"多年来，亚洲协会一直致力于加强美国与亚洲的交流与合作，促进中美关系，对于你们所做的努力和贡献，我表示感谢。"

——中华人民共和国主席胡锦涛

"亚洲协会在加强美国人对亚洲的认识和促进亚洲与美国的关系方面，一直在做着不懈的努力。"

——联合国秘书长潘基文

"每一次，当全世界的目光都集中在亚洲时，这个机构是必不可少的。"

——《纽约时报》

这三段饱含赞誉之词的文字来自于亚洲协会网站关于亚洲协会使命和历史介绍的首页。从某种意义上反映出了亚洲协会在中美、亚洲与美国之间所承担的重要角色和使命。

亚洲协会由洛克菲勒家族的约翰·D.洛克菲勒三世于1956年创办。亚洲协会的总部位于纽约，目前在美国的休斯顿、洛杉矶、旧金山、华盛顿特区、澳大利亚的墨尔本、菲律宾的马尼拉、印度的孟买、韩国的首尔、中国的香港和中国的上海设有分支机构。

亚洲协会的宗旨是促进美国与亚洲之间的民间交流，增进亚太地区民众、领袖和机构之间的相互了解。从日本到伊朗、从中亚到新西兰、澳大利亚及太平洋群岛，亚洲协会的关系网络遍及亚太地区30多个国家和地区。亚洲协会致力于在政策、商业、教育、文化和艺术等诸多领域加强对话、鼓励创新，通过举办各种高质量的项目和活动，包括高端会议、研讨会、国际考察、新闻简报、出版物、艺术展览、表演艺术创作等形式,广泛接触热爱国际事务和文化的专业人士和民众,为亚太各国政界、商业界和文化艺术界的交流构筑桥梁。

亚洲协会的资金主要来自各基金会、公司和个人的慷慨赞助。除了日常运作外,所有的资金均被用于促进美国和亚太地区各国之间的交流与协作。亚洲协会的官方除介绍亚洲协会及其各种项目的有关情况外,该网站还提供一系列相关服务,包括圆桌讨论、数百个附有说明的亚洲相关站点链接,以及有关当前紧迫问题的特别报告。

作为思想库的一种形态,亚洲协会所从事的工作与布鲁金斯学会、对外关系委员会这些思想库相比,其所关注的领域集中于亚洲与美国,除了从事政策研究外,亚洲协会通过在教育、艺术等诸多领域开展对话与合作,促进理解和沟通。事实上,美国对亚洲政策的一些重要变动都会在该协会的活动中释放出信号,亚洲协会也因此被比作"美国对亚洲关系的'白手套'"。

2007年1月30日,亚洲协会美中关系中心在纽约成立,美国前国务卿基辛格出席美中关系中心成立仪式。现任美中关系中心主任是夏伟(Orville Schell)。夏伟曾任美国加州大学伯克利分校新闻学院院长,美国资深中国问题专家。夏伟1940年出生在纽约,从学生时代起就致力于研究中国问题,曾撰写了大量关于中国且备受赞扬的文章,而在他的14部著作中有九部是关于中国的。在过去一段时间,他曾在多个场合阐述"中美两国是彼此管家"的观点,"中国花钱买美国的债务,而美国花钱买中国的产品",并把中美关系比作"不能离婚的婚姻"。夏伟有一位来自中国的妻子,他会讲流利的中文,是一个名副其实的中国通。

2007年,亚洲协会召集了科学界、商界、学术界、政界和公民社会的著名专家,和美国对外关系委员会、美国环保协会、布鲁金斯学会、美中关系全国委员会和皮尤全球气候变化中心的代表,探讨美国和中国如何能够在能源和气候方面进行更密切的合作。提出了中美能源及气候联合行动的计划。2009年,亚洲协会美中关系中心和皮尤全球气候变化中心发布了题为《共同的挑战,协作应对:美中能源与气候变化合作路线图》的报告,50多页的内容涵盖"节能"、"减耗"、"电网改造"、"可再生能源研究"、"碳排放量化"等很多方面,这份报告详细阐明了美国和中国启动能源和气候变化领域更广泛合作的缘由和行动大纲,是中美两国数十年来在能源和环保合作基础上的继续和提升。报告中建议的每一个合作领域,包括煤炭、能源的高效利用,"智能"电网和可再生能源,都可以通过事先指定的技术工作组制订各个领域的详细合作及实施计划。此报告草案已经美国和中国各方面的专家审议,这些专家的共同目标,是设计一个在中国领导人和美国新一届政府看来为实现上述目标可行的合作计划。

2009年2月13日,美国新任国务卿希拉里·克林顿在出访亚洲前,特意安排了一次在美国亚洲协会的演讲。也正是在那次演讲中,她引用了中国成语"同舟共济"来表述当前的中美关系,并在当时被视作奥巴马政府对华政策的一个风向标。

为了进一步扩大亚洲协会的影响力,2010年,亚洲协会正式在其网站上推出包括中国新闻在内的亚洲新闻博客"Blogging Asia",博客也将汇集有关亚太地区的各类不同观点的文章,以及许多当天有意思的新闻图片,甚至纽约市的各个亚裔餐馆。

亚洲协会现任会长兼首席执行官是印度裔美国人丁文嘉女士(Vishakha Desai)。作为亚太地区知名的国际机构,亚洲协会长期致力于促进美国和整个亚太地区的相互了解以及民间交流。担任会长期间,丁文嘉女士为协会的纽约总部以及亚洲各地区分中心制定其在艺术、文化、政策、商业、教育等诸多领域项目策划发展的方向。除此以外,她还经常参与各类国际主流会议,并就商业、政策、文化等方面议题发表主题演讲。

自从2004年被任命为亚洲协会会长以来,丁文嘉女士相继担任了亚洲协会高级副会长、主管博物馆和文化交流项目的副会长等多个领导职务。由于长期致力于开拓以更具活力的方式展示亚洲及美洲艺术家的当代艺术作品,积极探索以创新的方式展示古老却富有深厚文化底蕴的亚洲文化,并取得了杰出成就,她被公认为博物馆领域的杰出领导者。作为一名知名学者,她先后出版了大量的有关传统艺术以及当代艺术的著作,并在美国、欧洲、亚洲多家国际机构担任顾问。她还经常在商界和外交界发表演讲,议题涉及美国在亚洲事务中的作用及其演化历史、文化给亚洲社会带来的变化等诸多领域。

自 1990 年起,丁文嘉女士开始担任波士顿美术馆艺术部主任,同时她也在密歇根大学、波士顿大学、哥伦比亚大学任教。她在孟买大学获得了她的政治科学文学学士学位,并先后在密歇根大学获得亚洲艺术史专业的硕士以及博士学位。萨斯奎哈那大学曾授予她人文科学荣誉博士学位。她还获得包括亚裔美国人平等会授予的年度人物大奖,以及美国社会学学会金质奖章在内的多项殊荣。丁文嘉女士目前还在多家美国最具影响力的机构担任董事职务,包括布鲁金斯学会、纽约市公民委员会、纽约市文化事务咨询委员会。1995 年至 2000 年,她担任了美国美术馆馆长协会的董事职务,并于 1998 年至 1999 年期间出任该协会会长。她还先后在安迪－沃霍尔视觉艺术基金会、LEAP(亚太地区领导者培训)、亚洲学协会南亚理事会、美国大学艺术协会、艺术圆桌会议、马萨诸塞州人文科学基金会等组织和机构担任董事。

美国海军分析中心(CNA)

位于美国弗吉尼亚州亚历山德里亚的美国海军分析中心,是美国研究军事安全问题的重要专业思想库。

美国海军分析中心由从事国家安全事务分析的海军分析中心和为联邦政府从事国内问题研究的公共研究所等两部分构成。它不属于美国海军或国防部,而是由美国国会支持的罗彻斯特大学负责管理的一个独立的研究机构,与兰德公司的运作非常相似,有"海军的兰德公司"之称。它具有独自的研究特点和任务,主要从事海军战略、战术方面的研究,诸如战略战术情报的估价,新武器研究、应用技术,海空电子通讯系统,海军工业设施、后勤补绘,资源分配,兵力和人事组织,对海军有影响的政治、经济问题等,尤以研究反潜技术、战术而著称。此外,它也从事非防务问题的研究。它对美国海军建设海军技术的研究和发展都作出了显著贡献。该中心还针对前苏联在海上大肆扩张建立霸权的行径,加强了对前苏联海军战略部署、海上安全等方面的研究。CNA 在美国国防体系中具有独特的地位。

CNA 虽成立于 1962 年,但它的历史渊源可追溯到第二次世界大战期间。它是由那时反潜作战研究小组发展起来的。这个小组作为国家作战研究机构创建于1942 年,首要任务是帮助海军出谋划策击毁德国潜艇,它提出的一系列反德国潜艇的战术理论和作战方案,成为把作战技术应用到海军方面的典范,从而获得高度的评价。当时的海军五星上将欧内斯特·金和国防部长詹姆斯·福雷斯特尔曾作出总结性的看法,认为"一个作战研究机关的重要价值,在于它能够提出独特、公正和科学的观点",该小组出色地起到了这方面的作用。此外,在海军建设中,把经该中心严格训练的科学分析人员派到海上和指挥部的岗位上,使他们对战术和作战计划发挥应有的作用,其重要性在战争期间早已得到证实,这种做法延续至今。该中心为这方面的需要提供了约 20％的人才。反潜作战研究小组在战时的整个研究活动由哥伦比亚大学经管,主要依靠与该校订立研究合同而维持下来。它于 1962 年与海军研究所联合创建了海军分析中心。后来,它又得到防务分析研究所的赞助,于 1967 年划归罗彻斯特大学领导和管理,同时成为华盛顿作战研究委员会的成员。该中心全部研究活动几乎都是通过与国防部订立合同进行的。研究经费来自与海军部门的研究合同收入。

目前,海军分析中心总部下设五大部门,从事科研的专业人员估计总数已达千人。"战略与力量部"、"需求与先进系统部"以及"采购与支援部"主要集中于对战略计划、作战效能、新型武器系统和削减军费作出科学评估。"现场工作部"负责向海军和海军陆战队有关部门派遣顾问以及对反馈的信息进行整理,"联邦项目部"主要承担联邦政府机构委托的任务。该中心还有一个相对独立的"公共政策研究所",主要为州和地区性政府机构提供服务,内容包括技术指导、工程管理、计算机支援、信息管理等。

海军分析中心的研究成果主要是研究报告和各种学术专著,其中部分研究报告只在国家特定机关内部传阅,具有保密性。中心的部分研究成果在"美国技术信息服务处(NTIS)"、"国防技术信息服务处(DIIC)"的资料中心以及海军分析中心的网站上公开发布。中心的出版物有以下几种:《研究报告》《简报》《临时研究备忘录》《会议备忘录》《专业报告》和《年度报告》等。海军分析中心主要通过接受政府合约、向政府机关提交研究报告、年度会议、出版科研成果、媒体宣传和充当决策顾问等形式影响政府决策,发挥思想库的作用。因与美国军方有直接的关系,中心的研究成果可直达政府高层,为政府决策者服务。

近几年,中心每年获得政府合约的金额均在4 000万美元左右,可见深受政府重视。中心向政府提供的研究报告多以密件方式限制在一定范围传阅。中心每年举行一次"年会",会期一般为12天,就某一涉及军事或安全的议题展开专题学术交流,参加人员多为美国国防部高级官员、国会议员、军校教授、思想库学者以及美国盟国的军方人士。例如,2002年"年会"的主题是"改造国防:现状与前景评估"。另外,中心实行现场工作制度,推动科研人员与军方进行面对面地接触,直接对军方的决策和行动施加影响。中心的科研人员在海军和海军陆战队的各级指挥机关担任顾问,每两年轮换一次,他们从部队获得第一手的数据信息,确保了数据信息的真实、有效和及时性,从而使研究论证的结果更加科学。

海军分析中心实行理事会管理制。目前,理事会由13人组成,其中包括海军陆战队退役上将约瑟夫·霍尔(Joseph P. Hoar)和海军退役上将博比·英曼(Bob-by R. Inman)。理事会主席是戴维·麦吉弗特(David E. McGiffert),执行总裁为罗伯特·默里(Robelt J. Murray)。

CNA近些年来加强中国项目研究,目前,中国项目主任由中心副总裁、著名中国通冯德威(David Finkelstein)担任。冯德威博士从普林斯顿大学取得了中国历史专业的硕士及博士学位,在天津南开大学学习过汉语。他是一名退休的美国陆军驻中国军官,拥有国家级联合政治军事任务的丰富经验。在他的各种政治军事任务中,他担任过亚洲事务研究和美军参谋首长联席会议的主任,国防部情报局东亚及太平洋地区的主任助理,在担任通信兵军官期间,他指挥过各种部队和通信领域的各种任务,包括指挥B连,第40通信营(作战电缆施工),服务于第505通信连,第 86 通信营,第 11 通信旅,以及在韩国板门店的联合国的联合安全部队担任战术通信指挥官。

　　冯德威毕业于美国西点军校、美国陆军指挥与参谋学院、美国陆军战争学院、美陆军航空学校和肯尼迪国际军事援助和非常规战争中心。作为西点军校中国历史的教授助理,他教授了中国革命历史、中国人民解放军历史和不同时代的亚洲战争。

参考文献

中文部分：

北京太平洋国际战略研究所课题组 . 2000. 领袖的外脑:世界著名思想库 . 中国社
　　会科学出版社 .

布赖恩·麦克奈尔 . 2005. 政治传播学引论 . 殷祺译 . 新华出版社 .

陈宝森,侯玲 . 1996. 美国总统与经济智囊 . 世界知识出版社 .

陈卓武,韩云金,林逢春 . 2007. 试析美国思想库的运行机制——兼论其对中国发
　　展思想库的启示 . 华南农业大学学报(社会科学版),(1):54 - 58.

陈淞山 . 1994. 国会制度解读 . 台湾月旦出版社 .

陈力丹 . 1999. 舆论学——舆论导向研究 . 北京:中国广播电视出版社 .

邓小平 . 1993. 邓小平文选(第三卷). 人民出版社,364.

戴维·杜鲁门 . 2006. 政治过程:政治利益与公共舆论 . 陈尧译 . 天津人民出版
　　社 .

德怀特·杜蒙德 . 1984. 现代美国 . 宋岳亭译 . 北京:商务印书馆 .

丁煌 . 1997. 美国的思想库及其在政府决策中的作用 . 国际技术经济研究学报,(3):
　　31 - 37.

狄会深 . 2005. 美国思想库对美国对外政策的影响[博士学位论文]. 外交学院 .

傅梦孜 . 2003. 美国全球战略的阶段性变型 . 现代国际关系,(8):30.

郭庆光 . 2003. 传播学教程 . 北京:中国人民大学出版社 .

巩序正 . 2004. 政府的"外脑":美国对华政策中的思想库因素—以传统基金会后冷
　　战时期的对华政策报告为个案的研究[硕士学位论文]. 复旦大学 .

韩运荣,喻国明 . 2005. 舆论学:原理、方法与应用 .

哈罗德·拉斯韦尔 . 2003. 世界大战中的宣传技巧 . 张洁,田青译 . 中国人民大学
　　出版社 .

汉密尔顿,杰伊,麦迪逊.1982.联邦党人文集.程逢如等译.商务印书馆.

赫伯特·席勒.1996.思想管理者.王怡红译.台北:远流出版公司.

哈贝马斯.1999.公共领域的结构转型.曹卫东译.学林出版社.

胡伟.2003.思想库:现代政府决策链不可缺失的一环.领导决策信息,(33):20.

胡春艳.2006.全球化时代思想库的国际化趋势——兼论我国思想库发展的对策.
    探求,(1):49-51.

加布里埃尔·阿尔蒙德.1987.比较政治学——体系、过程和政策.曹沛霖等译.
    上海译文出版社.

加里·沃塞里.1994.美国政治基础.陆震纶等译.北京:中国社会科学出版社.

金良浚.1988.国外智囊机构的特点和发展趋势.决策探索.

肯尼思·沃尔兹.1992.国际政治理论.胡少华、王红缨译.中国人民公安大学出
    版社.

凯瑟琳·米勒.2000.组织传播.袁军等译.北京:华夏出版社.

刘绛华,郑立平.2000.论思想库对知识经济时代政府管理的支持.求实,(9):21-
    23.

李道揆.1999.美国政府和美国政治.北京:商务印书馆.

李韬.2003.美国的慈善基金会与美国政治[博士学位论文].中国社会科学院研究
    生院.

刘建明.2000.穿越舆论隧道:社会力学的若干定律.北京:中共中央党校出版社.

李元书.2005.政治体系中的信息沟通:政治传播学的分析视角.河南人民出版社.

刘建明.2002.社会舆论原理.北京:华夏出版社.

刘建明,纪忠慧,王莉丽.2009.舆论学概论.北京:中国传媒大学出版社.

刘建明.1992.宣传舆论学大辞典.北京:经济日报出版社.

李彬.2005.全球新闻传播史.北京:清华大学出版社.

李希光,周庆安.2005.软力量与全球传播.清华大学出版社.

兰斯·班尼特.2005.新闻:政治的幻象.杨晓红译.当代中国出版社.

李庆四 . 2007. 美国国会与美国外交 . 人民出版社 .

刘雪明 . 2001. 中国政策咨询业发展的现状、问题及对策研究 . 科学研究 .

卢梭 . 1987. 社会契约论 . 何兆武译 . 北京:商务印书馆 .

罗杰斯 . 2002. 传播学史 . 殷晓蓉译 . 上海译文出版社 .

李普曼 . 1989. 舆论学 . 林珊译 . 北京:中国人民大学出版社 .

罗伯特·麦克切斯尼 . 2004. 富媒体穷民主 . 谢岳译 . 北京:新华出版社 .

罗杰·希尔斯曼 . 1986. 美国是如何治理的 . 曹大鹏译 . 北京:商务印书馆 .

劳伦斯·肖普,威廉·明特 . 1981. 帝国智囊团——对外关系委员会和美国外交政
    策 . 怡立,维良译 . 上海译文出版社 .

理查德·哈斯 . 2003. 思想库与美国的外交政策:一个决策者的观点 . 万雪芬、何耀
    武编译 . 国际论坛,(6):70 - 72.

李万来 . 1993. 电视传播与政治 . 正中书局 .

罗曦 . 2007. 美国国内公众舆论与外交决策互动研究 . 中国优秀博硕士学位论文全
    文数据库 .

穆占劳 . 2004. 美国思想库与美中关系研究[博士学位论文]. 中共中央党校 .

诺依曼 . 1994. 民意——沉默螺旋的发现之旅 . 翁秀琪等译 . 台北:远流出版公司 .

诺曼·奥恩斯坦,雪利·埃尔德 . 1981. 利益集团、院外活动和政策制定 . 潘同文等
    译 . 北京:世界知识出版社 .

南美玉,李艺,汪寿 . 2006. 中科院科研机构发挥国家科学思想库作用的案例分析 .
    中国科学院院刊,(3)219 - 223.

尼葛洛庞帝 . 1997. 数字化生存 . 海南出版社 .

任晓,沈丁立 . 2003. 保守主义理念与美国的外交政策 . 上海三联书店 .

任晓 . 2000. 第五种权力——美国思想库的成长、功能及运作机制 . 现代国际关系,
    (7)18 - 48.

施密特,谢利,巴迪斯 . 美国政府与政治 . 2005. 梅然译 . 北京大学出版社,179 -
    192.

邵培仁.1991.政治传播学.江苏人民出版社.

宋惠昌.2004.现代社会思想库性质、价值和方法.中国党政干部论坛,(3):44.

孙哲.2004.中国外交思想库:参与决策的角色分析.复旦学报(社会科学版),(4):98-104.

孙哲.2001.左右未来:美国国会的制度创新与决策行为.上海:复旦大学出版社.

尚前名,张辉.2009.中国社会科学院:亚洲第一智库.瞭望.

托马斯·戴伊.1984.谁掌管美国——里根年代.北京:世界知识出版社.

托马斯·戴伊.2004.理解公共政策.彭勃等译.北京:华夏出版社.

托马斯·戴伊.2002.自上而下的政策制定.鞠方安等译.北京:中国人民大学出版社.

谭东白,陆郝庆.1989.谁统治今日的美国:美国的新权势集团面面观.新华出版社.

托克维尔.2006.论美国的民主.董果良译.商务印书馆.

王生林.2006.略谈国家科学思想库建设及其科学思想传播.中国科学院院刊,(3):195-201.

威尔伯·施拉姆,威廉·波特.1984.传播学概论.北京:新华出版社.

沃纳·赛佛林,小詹姆斯·坦卡德.2006.传播理论:起源、方法与应用.郭镇之等译.华夏出版社.

五十岚雅郎.1986.智囊团与政策研究.肖阳译.科学技术文献出版社.

汪廷炯.1997.论思想库.中国软科学,(2)24-28.

王晓民,蔡晨风.2001.美国研究机构及其取得成功的原因.北京大学学报,(1):87-95.

王健君,韩冰.2009.中国需要国际化战略智库.决策与信息,(7).

吴天佑,傅曦.1982.美国重要思想库.北京:时事出版社.

毛泽东.1958.毛泽东选集.第二卷.人民出版社.

王缉思.1999.高处不胜寒:冷战后美国的全球战略和世界地位.北京:世界知识出

版社.

王缉思.2007.国际政治的理性思考.北京大学出版社.

王永芹.2005.探析美国媒体与政府外交决策的关系.中国优秀博硕士学位论文全文数据库.

小野秀雄.1957.新闻学原理.中译本藏中国人民大学新闻学院资料室.

谢岳.2005.大众传媒与民主政治.上海交通大学出版社.

薛澜,朱旭峰.2006.中国思想库:涵义、分类与研究展望.科学研究,(3):321-327.

薛澜.2009.思想库的中国实践.瞭望,(4).

徐海娜.2006.大众传媒对美国外交政策的影响.中国党政干部论坛,(3).

杨洁勉.2000.后冷战时期的中美关系:外交政策比较研究.上海人民出版社.

袁鹏.2002.美国思想库:概念及起源.国际资料信息,(10)1-5.

喻国明.2001.解构民意:一个舆论学者的实证研究.北京:华夏出版社.

约翰·金登.2004.议程、备选方案与公共政策.北京:中国人民大学出版社.

中国现代国际关系研究所.2003.美国思想库及其对华倾向.时事出版社.

郑保国.2000.析美国跨世纪全球霸权战略.外交学院学报,(4):30.

周鸿铎.2005.政治传播学概论.中国纺织出版社.

朱旭峰.2007.思想库研究.西方研究综述.国外社会科学,(1)60-69.

张继业.2001.思想库与美国对外政策.国际论坛,(5).

邹逸安.1999.国外思想库及其成功的经验.中国软科学,(6)87-107.

张念椿,夏禹龙,刘吉.1984.现代智囊团.知识出版社.

张立平.2005.富布赖特与中国.南风窗,(15).

张国春.2003.以"思想库"为模式办好社会科学院.北京社会科学,(3):18-26.

中国社会科学院美国研究所编译组.1984.美中关系未来十年.北京:中国社会科学出版社.

朱锋,王丹若.1990.领导者的外脑——当代西方思想库.浙江人民出版社.

周恩来.1984. 周恩来选集. 下卷. 人民出版社.

张树彬.2005. 试论美国思想库在美国对华政策决策中的作用——以兰德公司为
　　例[硕士学位论文]. 河北师范大学.

詹姆斯·伯恩斯等.2007. 民治政府:美国政府与政治. 北京:中国人民大学出
　　版社.

张静怡.1985. 世界著名思想库——美国兰德公司、伦敦国际战略研究所等见闻.
　　军事科学出版社.

英文部分:

Andrew Rich. 2004. Think Tanks,Public Policy and the Politics of Expertise. New
　　York:Cambridge University Press.

Andrew Rich. 2001. U. S. Think Tanks and the intersections of ideology,advocacy
　　and influence. see NIRA Review.

American Enterprise Institute. 2007. Annual Report. Washington DC.

American Enterprise Institute. 2008. Annual Report. Washington DC.

Bernard Cohen. 1963. The Press and Foreign Policy. Princeton:Princeton Univer-
　　sity Press,10.

Berger Asa. 1989. Political Culture and Public Opinion,New Brunswick,Nj:Trans-
　　action.

Brookings Institution. 2006. Annual Report. Washington DC.

Brookings Institiotion. 2007. Annual Report. Washington DC.

Brookings Institiotion. 2008. Annual Report. Washington DC.

Claude Robinson. Straw Votes. 1932. New York:Columbia University Press.

Center for Strategic and International Studies. 2007. Annual Report. Washington
　　DC.

Center for Strategic and International Studies. 2008. Annual Report. Washington

DC.

Council on Foreign Relation. 2007. Annual Report. New York.

Council on Foreign Relation. 2008. Annual Report. New York.

David Ricci. 1993. The Transformation of American Politics：The New Washington and the Rise of Think Tanks. New Haven and London：Yale University Press.

Diane Stone. 1996. Capturing the Political Imagination：Think Tanks and the Policy Process. London：Frank Cass.

Diane Stone, Andrew Denham, Mark Garnett ed. 1998. Think Tanks across Nations：A Comparative Approach. Manchester and New York：Manchester University Press.

Donald Abelson. 1996. American Think Tanks and Their Role In U. S. Foreign Policy. MacMillan Press LTD.

Donald Abelson. 2002. Do Think tanks Matter? Assessing the Impact of Public Policy Institute. McGILL-Queen's University Press.

Donald Abelson. 2006. A Capitol idea. McGILL-Queen's University Press.

Donald Abelson. 2002. Think Tanks and U. S. Foreign Policy：An Historical View. U. S. Foreign Policy Agenda：An Electronic Journal of the U. S. Department of State,7(3),9 - 12.

Donald Abelson. 2000. Do Think Tanks Matter? Opportunities, Constraints and Incentives for Think Tanks in Canada and the United States. Global Society 14(2),213 - 236.

Donald Abelson. 1999. Public Visibility and Policy Relevance：Assessing the Impact and Influence of Canadian Policy Institutes. Canadian Public Administration 42(2),240 - 270.

D. W. Minar. 1960. Public Opinion in the Perspective of Political Theory. Western Political Quarterly, (3)13：33.

Daniel Elazar. 1984. American Federalism: a View from the State. New York: Harper & Row, 117.

Diane Stone, Andrew Denham, Mark Garnett. 1998. Think Tanks across Nations: A Comparative Approach. Manchester and New York: Manchester University Press.

D. W. Minar. 1960. Public Opinion in the Perspective of Political Theory. Western Political Quarterly, (3).

Daniel J. Elazar. 1984. American Federalism: A View from the State. New York: Harper & Row, 1.

Domhoff William, Thomas Dye. 1987. Power Elites and Organizations.

Diane Stone, Simon Maxwell, Michael Keating. 2001. Bridging Research and Policy. Paper presented at the An International Workshop Funded by the UK Department for International Development Radcliffe House, Warwick University.

E. E. Schattschneider. 1960. The Semi-Sovereign People: A Realist's View of Democracy in America. New York: Holt, Rinehart and Winston.

Frank Stech. 1994. Winning CNN Wars. Parameters Autumn, 38.

Gabriel Almond. 1960. The American People and Foreign Policy, New York: Frederick Praeger Publishers. 138.

Gabriel Almond, Verba. Sidney. 1963. The Civic Culture. Boston: Little Brown and Company.

Gabriel Almond. 1956. Comparative Political Systems. The Journal of Politics. vol18: 391 - 409.

Galtung Johan. 1965. Foreign Policy Opinion as a Function of Social Position. Peace Research Society(International) 2. 206 - 31.

Gao Anming. 2000. Think-Tank Turns Minds to Real Life. China Daily(North American ed.),1. 19.

Glaser B S,P C Saunders. 2002. Chinese Civilian Foreign Policy Research Institutes:Evolving Roles and Increasing Influence. The China Quarterly 171. 597 – 616.

Glassar Theodore,Salmon Charles. 1995. Public Opinion and the Communication of Consent. New York:The Guilford Press.

Herbst Susan. 1998. Reading Public Opinion:How Political Actors View the Democratic Process,Chicago:University of Chicago Press.

Howard Wiarda. 1990. Foreign Policy Without Illusion:how foreign policy making works and fails to work in the United States. 38 – 39.

Hamrin Carol L, Suisheng Zhao. 1995. Decision-Making in Deng's China. New York:M. E. Sharpe.

James Rosenau. 1961. Public Opinion and Foreign Policy:An Operational Formulation. New York:Random House,34 – 36.

Jacobs Lawrence,Shapiro,Robert Y. 2000. Politicians Don't Pander. University of Chicago Press.

James Smith. 1991. Idea Brokers:Think Tanks and the Rise of the New Policy Elite. New York:The Free Press.

James McGann. 1995. The Competition for Dollars,Scholars and Influence in the Public Policy Research Industry. New York:University Press of America.

James McGann. 1992. Academic to Ideologues:A Brief History of the Public Policy Research Industry. Political Science and Politics.

James McGann. 1999. The International Survey of Think Tanks.

James McGann,Kent Weaver ed. 2000. Think Tanks and Civil Societies:Catalysts for Ideas and Action. New Brunswick,NJ:Transaction Publishers.

James McGann. 2005. Comparative Think Tanks ,Politics and Public Policy. Edward Elgar.

James McGann. 2007. Think Tanks and Policy Advice in the U. S: Academics, Advisors and Advocates. Routledge.

James McGann. 2009. The global go-to think tanks: The Leading Public Policy Research Organizations In The World.

Jeffrey Telgarsky, Ueno Makiko ed. 1996. Think Tanks in a Democratic Society: An Alternative Voice. Washington D. C. :The Urban Institute.

James Simons. 1993. The Idea Brokers: The Impact of Think Tanks on British Government. Public Administration, (71):491 – 506.

Johan Galtung. 1964. Foreign Policy Opinion as a Function of Social Position. Journal of Peace Research, Vol. 1, No. 3 – 4.

John Rourke, Ralph G. Carter, Mark A Boyer. 1996. Making American Foreign Policy: An Introduction to American Foreign Policy. McGraw-Hill Companies, Inc.

James Bryce. 1981. The American Common wealth. New York Macmillan Company, 275.

James Madison. 1969. Directions in American Political Thought. New York: John Wiley & Sons, Inc. , 103.

Hans Speier. 1950. Historical Development of public Opinion. American Journal of Sociology, (1):376 – 388.

Herbst Susan. 1998. Reading Public Opinion: How Political Actors View the Democratic Process, Chicago: University of Chicago Press.

Hamrin Carol, Suisheng Zhao. 1995. Decision-Making in Deng's China. New York: M. E. Sharpe.

Holsti. 1994. International Politics: A Framework for Analysis. Prentice Hall.

Heritage Foundation. 1990. Annual report. Washington DC.

Heritage Foundation. 2007. Annual report. Washington DC.

Heritage Foundation. 2003. Annual report. Washington DC.

Kent Weaver. 1989. The Changing World of Think Tanks. Political Science and Politics, (22): 563.

Kollman Ken. 1998. Outside Lobbying Public Opinion and Interest Group Strategies. Princeton University Press.

Leonard Silk, Mark Silk. 1980. The American Establishment. New York: Basic books, 160.

Larry P. Arnn. 2005. Constitution Character and National Identity. Heritage Lectures.

Maxwell McGombs, Donald Shaw. 1972. The AGENDA-SETTING Function of Mass Media. Public Opinion Quarterly 36: 176 - 187.

Mills Wright. 1959. The Power Elite. New York: Oxford University Press.

Michelle Ciarrocca, William Hartung. 2002. Axis of Influence: Behind the Bush Administration's Nissile Defence Revival. World Policy Institute Special Report.

Michelle Ciarrocca, William Hartung. 2000. The Marketing of Missile Defence 1994~2000. World Policy Institute Special Report.

Merle Goldman. China's Intellectuals: Advise and Dissent. Cambridge: Harvard University Press, 1981.

Norrander Barbara, Clyde Wilcox. 2002. Understanding Public Opinion. Wahsington D. C. Congressional Quarterly Inc.

Naughton Barry. 2002. China's Economic Think Tanks: Their Changing Role in the 1990s. The China Quarterly 171.

Ole Holsti. 1992. Public Opinion and Foreign Policy: Chanllenges to Almond-Lippmann Consensus. International Studies Quarterly, Vol. 36. No 4. 439.

Paul Dickson. 1971. Think Tanks. New York:Atheneum.

Philip Tetlock. 1998. Social Psychology and world Politics. New York:MacGraw Hill,99 - 101.

Peter Bachrach,Morton Baratz. 1962. Two Faces of Power. A mericanPol i tical Science Review,vol. 56,no. 4,947—52.

Posen Adam. 2002. Think Tanks:Who's Hot,And Who's Not. The International Economy.

Roger Scruton. 1982. A Dictionary of Political Thought. London:The Macmillan press,224.

Richard Haass. 2002. Think Tanks and American Foreign Policy:A decision maker's perspective. U. S. Foreign Policy Agenda,Vol. 7.

Rhadika Desai. 1994. Second-Hand Dealers in Ideas:Think Tanks and Thatcherite Hegemony. New Left Review 203.

Roe Narrative. 1994. Policy Analysis:Theory and Practice. London:Duke University Press.

Rand Corporation. 2007. Annual Report. Santa Monica.

Rand Corporation. 2008. Annual Report. Santa Monica.

Schlesinger. 1986. The Cycles of American History. Boston:Praeger Inc.

Shai Ming-Chen. 2000. The Impact of China's Think Tanks on Beijing's Taiwan Policy. doctoral dissertation. University of Warwick.

Shai Ming-Chen,Shaun Breslin. 2000. China's Think Tanks and Beijing's Policy Process. Paper presented at the 2nd Annual Global Development Network Conference,Tokyo Japan.

Shambaugh David. 2002. China's International Relations Think Tanks:Evolving Structure and Process. The China Quarterly 171.

Thomas Dye. Understanding Public Policy. Upper Saddle River, N. J. : Prentice

Hall,1998:2 - 4.

Thomas Dye,Harmon Zeigler. The Irony of Democracy. Harcourt Brace,2003.

Walter Lippmann. Public opinion. New York:The Macmillan Co. . 1922:29.

William Domhoff. Who Rules America? Power and Politics in the year. 2000:127.

Warren Christopher. In the Stream Of History:Shaping Foreign Policy for a New

   Era. California:Stanford University Press,1998:201.

深度访谈列表

Andrew Schwartz. 国际战略研究中心副总裁. 华盛顿. 2008. 3. 4.

Antoine Van Agtmael. 布鲁金斯国际顾问委员会主席. 华盛顿. 2008. 5. 6.

Albert Keidel（盖保德）. 卡内基国际和平基金会资深研究员. 华盛顿. 2008. 2. 26.

Arthur Culvahouse. 布鲁金斯学会董事. O'Melveny & Myers LLP 董事长. 华盛顿. 2008. 6. 20.

Carlos Pascual. 时任布鲁金斯学会副总裁，现任美国驻墨西哥大使. 华盛顿. 2008. 6. 18.

Charles Freeman. 国际战略研究中心中国项目主任. 华盛顿. 2008. 2. 28.

David Finkelstein（冯德威）. 美国海军分析中心副总裁. 北京. 2009. 7. 4.

Drew Thompso（唐安竹）. 尼克松中心中国研究主任. 华盛顿. 2008. 9. 8.

Gary Samore. 时任对外关系委员会副总裁. 华盛顿. 现任奥巴马政府总统特别助理，白宫大规模杀伤性武器协调员. 2008. 6. 26.

Henry Olsen. 美国企业研究所副总裁. 华盛顿. 2008. 5. 21.

Herbert London. 哈德森研究所总裁. 电话访问. 华盛顿. 2008. 6. 24.

Ian D. larsen. 美国和平研究所公共事务主任. 华盛顿. 2008. 8. 26.

Jessica Mathews. 卡内基国际和平基金会总裁. 华盛顿. 2008. 5. 7.

John Hamre（约翰·哈姆雷）. 国际战略研究中心总裁. 华盛顿. 2008. 5. 23.

Jeffrey Bader. 时任布鲁金斯中国中心主任，现奥巴马政府国家安全委员会亚洲事务资深主任. 华盛顿. 2008. 1. 16.

James G. McGann. 外交政策学会研究员. 电话采访. 华盛顿. 2008. 6. 27.

John L. Thornton（约翰·桑顿）. 布鲁金斯学会董事会主席. 华盛顿. 2008. 5. 6.

John Fuge（付履仁）. 时任美国百人会会长. 华盛顿. 2008. 1. 25.

Jerry Green. 美国太平洋国际政策委员会总裁. 北京. 2009. 5. 26.

Kay King. 对外关系委员会副总裁. 北京. 2009. 8. 18.

Kenneth M. Duberstein. 里根政府白宫办公厅主任. 华盛顿. 2008. 6. 27.

Melissa Skolfield. 布鲁金斯学会副总裁. 华盛顿. 2008. 2. 26.

Nicholas Kristof. 纽约时报专栏作家、记者,两届普利策新闻奖获得者. 电话采访.
  华盛顿. 2008. 5. 23.

Peter Perdue. 美国耶鲁大学教授. 纽黑文. 2008. 11. 14.

裴敏欣. 卡内基国际和平基金会资深研究员. 华盛顿. 2008. 3. 6.

庞中英. 布鲁金斯学会访问学者. 华盛顿. 2008. 3. 6.

Robert Faherty. 布鲁金斯学会副总裁. 华盛顿. 2008. 3. 10.

Ron Nessen. 布鲁金斯学会媒体学者,前白宫记者. 华盛顿. 2008. 5. 7.

Richard Bush(卜睿哲). 布鲁金斯学会东北亚中心主任. 华盛顿. 2008. 3. 18.

周文重. 时任中国驻美国大使. 华盛顿. 2008. 10. 30.

Strobe Talbott. 布鲁金斯学会总裁. 华盛顿. 2008. 6. 25.

William Antholis. 布鲁金斯学会管理总监. 华盛顿. 2008. 5. 28.

薛澜. 布鲁金斯学会非常驻研究员,清华大学公共管理学院院长. 华盛顿. 2008. 8.
  29.

后记
大国智库影响力，路还有多远？

感　谢

　　《旋转门——美国思想库研究》一书从研究选题确定到成书出版，长达三年半的时间。

　　期间，我从北京远赴美国华盛顿，在著名思想库布鲁金斯学会进行了为期一年多的访问研究。旅美期间，我经历了西藏骚乱事件、2008 北京奥运会、胡锦涛主席访美等一系列重大事件；采访了 30 多位美国思想库、政界、商界精英；两次应邀参加"美国之音"电视访谈节目，与美国学者和公众就中国新闻自由和思想库发展问题坦诚交谈，发出中国的声音；在布鲁金斯学会的演讲席上、在伯克利大学的国际会议上、在耶鲁大学的研究生课堂上，就中国思想库发展以及中国环境问题发表观点、影响舆论。2009 年回国后，我参与了中国"最高级别智库"——中国国际交流中心的运作和"全球智库峰会"的筹备工作，在学术期刊和大众传媒上发表文章和评论，应邀参与电视访谈节目……实践着教育公众、影响政策、推动中国智库发展的理念。

　　而今，在《旋转门——美国思想库研究》一书付梓出版之际，谨此向一路走来给予我坚定支持和无私帮助的领导、老师和朋友以及家人致以深深的谢意：

衷心感谢清华大学博士生导师刘建明教授的悉心指导。教授学识渊博、视野深远、为人谦和。承知遇之恩求学门下，无论治学还是为人，所受教诲受益终生。

诚挚感谢清华大学教授、"全球领导力"项目负责人、布鲁金斯学会董事会主席约翰·桑顿教授（John L. Thornton）对于本研究的全力支持和对我人生发展的指导与培养。桑顿教授的博大胸怀和崇高理念将会深刻影响我的一生。

感谢布鲁金斯学会总裁 Strobe Talbott、约翰·桑顿中国中心前主任 Jeffrey Bader、约翰·桑顿中国中心研究主任李成教授、东北亚中心主任 Richard Bush，布鲁金斯学会董事 Alan Batkin 对于本研究的大力支持。感谢国际战略研究中心副总裁 Andrew Schwartz、卡内基国际和平基金会前中国项目主任裴敏欣教授、布鲁金斯学会前研究员黄靖在本研究过程中给予我的帮助。感谢耶鲁大学教授 Peter Perdue 一直以来对我的指导和帮助。感谢美国首位华裔陆军将军、百人会前任会长 傅履仁 给予我的关爱和支持。感谢哥伦比亚大学全球中心东亚区主任肖耿教授的支持。诚挚感谢热情接受我采访的众多中外智库界、政界、传媒界人士。

感谢中国国际经济交流中心曾培炎理事长、郑新立常务副理事长、魏建国秘书长对于本研究的重视和支持。感谢中国前驻美大使周文重、中国驻美公使衔参赞许尔文对于本研究的支持。感谢清华大学前常务副校长何建坤教授、前副校长汪劲松教授、公共管理学院院长薛澜教授的指导。感谢清华大学新闻与传播学院胡显章教授、郭庆光教授、尹鸿教授、李希光教授、李彬教授、崔保国教授、金兼斌教授、范红教授、史安斌教授、王君超教授等各位恩师的悉心培养。感谢中国人民大学新闻学院常务副院长倪宁教授、副院长喻国明教授对于本研究给予的指导。

感谢国家行政学院出版社社长陈炎兵对于本研究的重视和对本书出版给予的支持和帮助。感谢本书责任编辑阴松生老师、张婉女士的悉心编辑和大力支持。

在本书研究和写作过程中，我的朋友 Woo Lee 先生、Warren Wilhide 先生、黄小波女士、Yin Sheng 先生、齐力先生、刘鑫先生、李珍玉女士给予我热情的帮助，我年迈的父母给予了坚定支持，我的先生刘卫平审阅了论文初稿和定稿并提出了建设性意见,我的儿子刘子赢以他阳光般的笑容和忍耐力陪伴我走过无数日日夜夜……

感谢所有给予我无私支持和帮助的朋友们!

华盛顿的日子

2007 年秋天,当我独自一人拖着沉重的行李,第一次乘坐美联航的班机到达华盛顿达勒斯国际机场的时候,内心充满惶恐和对未知的梦想与憧憬。

布鲁金斯学会坐落在华盛顿的中心地带——马萨诸塞大街 1775 号,距离白宫和国会都非常近。与布鲁金斯学会毗邻的是卡内基国际和平基金会和霍普金斯大学研究生院。我的办公室就在布鲁金斯学会的 418 房间。一间虽然面积不大,但却光线充足、布置非常舒适的房间。布鲁金斯学会的所有研究人员都可以有一间独立的办公室,以保证从事研究的环境和效率。从我的住所到布鲁金斯学会大约步行 10 分钟的时间,一路上,四季鲜花盛开,树丛中随处可见跳跃的小松鼠。

布鲁金斯学会的同事总是笑着和我说,华盛顿是一个充满政治戏剧的城市,的确,这里的一切都充满了政治气息。思想库里的学者们总是西装革履,行色匆匆,口中谈论的不是伊拉克问题就是中美关系。每天早晨,我的邮箱里会塞满来自各个思想库的会议信息和政策简报,以及各大媒体的评论消息。于是,在一杯咖啡的浓香和各种政治信息的浏览中,我一天的工作和生活开始了。通常,我会按照预定的计划参加一些重要的会议,然后进行大量的资料和文献阅读。另外,还有一件非常重要的工作就是:确定和联系思想库研究的访谈嘉宾,并且进行访谈前的资料准备。

华盛顿是一个非常小的城市,而从事公共政策的核心圈子就更小,深处布鲁金斯学会这样一个高端平台,非常容易就会迅速介入华盛顿的主流政策圈子。很多时候,你会在不同思想库的会议上,在华盛顿知名的餐厅里,或者在华盛顿的大街上,遇到熟悉的面孔,而这些人都在通过各种方式深刻影响着美国乃至世界政治、经济、文化的走向。

作为一个年轻的中国学者,当我面对世界、面对西方人的时候,我总会清晰地记起在清华大学"全球领导力"的课堂上,约翰·桑顿教授一再强调的一句话:"你们每一个年轻的中国人,都将是中国与世界沟通的桥梁,当你走向西方的时候,你就是中国的大使,你要向世界介绍中国。"在华盛顿一年的时间,我时时刻刻都记得这句话,并且实践着这种理念。

因为身处华盛顿最负盛名的思想库,也因为我所研究课题的关系,我在华盛顿访问了30多位美国精英,其中包括美国排名前五位思想库的总裁和副总裁,以及前政府的高级官员和一些著名的记者和学者。在我所接触的这些美国精英中,真正了解中国、客观地看待中国的,可以说非常少,他们大多都认为中国非常重要,但都对中国政治体制、新闻自由等问题抱有置疑。每次谈到这些问题,我总是以自己的亲身经历向他们解释中国问题的复杂性,以及中国这些年在民主政治、信息传播、公共舆论方面所取得的进步。试图让他们设身处地地来思考中国问题,而不是仅仅把西方的价值观往中国身上套。其实,这些美国精英对中国的批评并非纯粹处于恶意,这其中最大的问题在于缺乏沟通和理解。如果中美两国之间能够加强民间的沟通和交流,让这些在美国政治中具有强大话语权的精英群体与更多普通的中国人或者中国的学者有更多沟通的机会,借助"公共外交"让世界更多深入了解中国。那么中国与世界将会建立起基于了解基础上的相互信任与和谐发展。

不 足

美国思想库研究的难点在于:第一,美国思想库是一个庞大的研究领域,不仅数量众多,而且类型复杂,各种不同类型思想库在机构规模、研究设置、运作特点上都有很大不同,很难对如此复杂的研究对象进行面面俱到的把握;第二,思想库研究涉及诸多学科领域的交叉,对于研究者而言提出了巨大的挑战;第三,目前国内外系统研究思想库的学者并不多,可以参考和借鉴的文献资料相对其他领域而言还比较少;第四,作为一种新的研究路径,基于舆论学视角的美国思想库影响力研究,缺乏可以直接借鉴的分析方法和理论。

本书基于笔者对美国思想库和中国思想库历时三年多的实地调查和参与研究,结合大量的文献、案例分析,综合运用舆论学、传播学、政治学、公共管理学、政策科学、社会学等相关学科理论,对美国思想库的影响力进行了系统研究。本书尽可能全面、深入地对美国思想库影响力进行剖析,希望为后续的研究者提供坚定的基石。

对于博大精深的思想库研究而言,笔者目前的工作仅仅是万里长征路的一个开端,接下来,还有很多方面有待学者们进一步的深入研究。

大国智库影响力,路还有多远?[①]

2009 年 7 月,备受瞩目的"中国最高级别智库"——中国国际经济交流中心在北京举行了"全球智库峰会"。参会人员级别之高,会议规模之大,让世界智库界叹为观止。我关注的是,中国智库的话语权有多大? 中国智库要往何处去?

智库的核心竞争力是创新能力和舆论影响力,而不是其规模和级别。对于中国的最高级别智库而言,由于汇聚了一大批卸任和在任官员,信息向上传递的渠道是一大显而易见的优势。除此之外,还需要高质量的创新思想,才能具有更大影响力。思想库的创新能力来自于其完善、科学的运行机制。目前全球共有 5 465 家智库,美国有 1 777 家,中国大陆被美国学者认可的智库仅有 74 家。而据中国学者研究统计,中国智库目前已达 2 000 多家,在数量上已经超过美国。

不可否认的一点是,诞生在 20 世纪初的美国思想库经过一个世纪的发展,已经形成了全球最为发达的思想的市场和成熟的运作机制。从经济学的视角,美国思想库作为一个在思想的市场自由竞争的经济体,其产品是"思想",其目标消费者是公共政策制定者和影响政策制定的群体。美国思想库之所以能够产生强大的舆论影响力,主要因为四个因素:良好的市场环境、充足的市场需求、高质量的产品和

[①] 本文主要内容曾于 2009 年 6 月发表在 21 世纪报道,之后被全球智库峰会会刊、中国经济导报、美国信报全文转载。此文作为"后记"的一部分,可以反映出笔者对于思想库研究和发展的观点和期望。

全方位的市场营销。首先,良好的市场环境是美国思想库得以生存、发展、繁荣的土壤,主要包括政治环境、经济环境和文化环境。比如经济上,一方面,美国的商业繁荣产生了很多富可敌国的财团,美国的企业家传统和慈善家传统以及美国的宗教文化,为思想库的发展提供了稳定的资金支持。另一方面,各种观点自由辩论、碰撞,各类思想库互相竞争、优胜劣汰。再如文化上,美国倡导个人主义、自由主义、实用主义、权利主义等使得美国知识分子和社会公众希望通过思想库的创新思想提高政府的政策制定能力和水平。

其次,没有市场的需求就不可能有思想库市场的繁荣。美国思想库面临两方面的市场需求,一是思想需求,二是人才需求。所谓思想需求又分为三个层面的意义,第一个层面是指美国政府面临复杂的国内、国际局势,需要思想库提供的思想支持。现代意义上的思想库在美国创始于第一次世界大战后,发展于第二次世界大战以后,繁荣于20世纪六七十年代。之所以繁荣于20世纪六七十年代,就是因为强大的社会需求。那个时代,国际格局发生了大分化、大组合、大变动,冷战状态仍然持续着。同时,西欧、日本经济的迅速发展对美国经济形成一定的挑战。越南战争的失败,古巴导弹危机,国内风起云涌的黑人运动、女权运动、学生运动以及其他许多复杂问题,都使人们对政府的政策越来越关注。如此纷繁复杂的国际国内形势,迫切需要政府制定出高质量的公共政策,而这是依靠少数政治领导人及其助手难以实现的。于是,各具特色的思想库大量涌现。据估计,这一时期的思想库占美国现有思想库的一半以上。第二个层面是指美国媒体需要思想库以舆论领袖和舆论精英的身份提供政策解读和创新观点,以提高公信力和收视率,而思想库需要借助媒体传播影响力。第三个层面是指广大社会公众对思想库的需求。思想库在公众与政府之间开辟了一个政策交流的平台,从某种意义上承担了哈贝马斯所追求的"公共空间"的功能。社会公众和政治精英在这个公共空间可以就政策问题轻松、自由地交流。所谓人才需求是指四年一度的美国大选对政治人才的需求很大,而思想库承担了为下届政府培养人才、输送人才的作用。

第三是产品质量。决定思想库产品质量的决定因素又在于思想库研究人员的素质、思想库本身的独立性和有效的运行机制。美国思想库研究人员比较多元,大多数是具有专业背景和博士学位的学者,一部分是前任政府官员,还有一部分是资深媒体从业者。这种多元化的研究人员构成,保证了思想库的研究成果与社会实践的密切结合,也保证了思想研究与政治实践之间转换的可能性。

美国思想库大多是非党派、非政府的研究机构。为了保持研究的独立性,美国思想库的资金结构非常多元,一般来自基金会、企业、个人、政府。不同的思想库在具体的资金模式上又有所不同,比如卡内基国际和平基金会因为有数额庞大的捐赠基金,不需要依赖外部资金也能维持正常运作,因而在研究选题上有很大的独立性;总部位于纽约的外交关系委员会,除了依靠一些大财团外,会员的会费也是其资金来源渠道。而传统基金会则在很大程度上依赖会员资金。

美国很多大型思想库都有自己成熟的运行机制。在思想库机构和内部人员设置上,一般分为政策研究和行政管理两大块,政策研究为核心,行政管理服务于政策研究。以布鲁金斯学会为例,研究部门分为五大部门:外交政策、经济研究、城市研究、全球经济与发展以及政府研究。每个部门由一位副总裁负责。不同部门下设不同研究中心,由主任负责。研究中心内部是不同级别的研究人员,资深学者、研究学者、访问学者等。一般资深学者配有一到两名研究助理。这是整个的政策研究系统。行政管理则分为资金管理、后勤服务、媒体服务、管理培训、出版社,每个部门各设一名副总裁,直接对总裁负责。其中媒体服务的副总裁负责整个思想库研究产品的推销,一般由具备政府公关或者媒体背景的资深人士担任。

最后则是市场营销。没有高效的市场营销,就没有思想库舆论影响力的最大化。美国思想库作为生产舆论和思想的工厂,其目标受众是政府决策者和社会公众。近20多年来,随着思想库数量的蓬勃发展和信息传播的全球化,美国思想库逐渐加强传播其研究成果的力度,采取各种方式和渠道影响舆论和政策。具体而言,美国思想库采取的主要传播方式有人际传播、组织传播和大众传播。在大多数情况下,三种传播方式都是同时采用,互为补充和促进。人际传播有助于思想库的研究成果直接影响决策者,组织传播和大众传播担负着议程设置和塑造公共舆论的作用,从而间接影响决策者。

所谓人际传播方式主要是指美国思想库在传播思想的过程中依靠个人关系网。"旋转门"机制使得人际传播方式得以发挥重要的作用。组织传播是美国思想库传播其研究成果的另一个重要方式。他们通常就热点外交政策问题举办大型的公开会议,邀请专家进行讨论,或者宣布研究成果。除此之外,思想库还会举办各种中小型的会议,受众仅限于被邀请的特定人士,会议内容不对公众开放。美国思想库在组织传播中采取的另一个方式就是举办各种短期的培训项目。通过组织传播,美国思想库为社会公众、决策者、专业人士构建了一个意见交流的平台,同时也为决策者提供了一个接受外交政策教育的基地。

在美国思想库的早期发展阶段,大众传播模式一直是被忽视的,自1960年代以来,随着信息传播技术的发展、全球化趋势和思想库之间竞争的加剧,各大思想库都加强了对大众传播模式的重视。目前,美国思想库在其管理结构中,大都设有专门负责信息传播的部门,所有的思想库都有自己专门的网站。美国思想库借助大众传播模式可以设置政治议程,塑造公共舆论,进而影响到决策者,最终影响到外交政策。大众传播模式又可分为纸媒介、电子媒介、网络媒介三种渠道,不同的渠道承担不同的作用。这三种媒介渠道中,网络媒介以其信息传播的快捷、互动、全球化成为美国思想库众多传播渠道中的新宠,是美国思想库全球战略中的重要一环。通过网络媒体,全球网络用户都可以了解美国思想库对外交政策的分析,从而潜移默化地在全球范围内构建美国的软实力。在美国思想库的信息传播中,纸媒介、电子媒介和网络媒介也是同样各具优劣,三种媒介渠道共同承担着设置议程、引导舆论的作用,纸媒介的舆论影响力更侧重长期性,电子媒介在舆论的形成中注重放大和引导,而网络媒介侧重于互动和全球性。

诚然,美国思想库的舆论影响力的产生依赖于其生存的特定的国情,中国智库不可能也没有必要照搬美国模式。但是,我们可以从中得到启示和借鉴,从而寻找到一条实现中国思想库舆论影响力的现实途径。目前,中国思想库在数量上应该说与美国不相上下,但是需要在创新能力上下功夫,也需要提高自己的国际话语权。

可以考虑，在市场环境的层面，中国政府需要为思想库的发展创造适宜的市场环境，让民间智库也得到适宜的发展，从而在一定程度上形成思想创新的氛围与市场。可以考虑建立民间政策咨询机制，为思想库的生存发展创造更多的空间；其次，政府在法律、政策和资金上要对思想库给予大力的扶持，鼓励中国基金会的发展，鼓励企业和个人对政策研究的捐助；第三，政府要提高公众对思想库的认识，并且要引导社会公众对思想库所表达的不同观点的宽容度。

就产品质量而言，中国思想库首先要进行大规模的机构改革，建立高效的运行机制，在内部机构设置上，要明确思想库以研究部门为核心，其余各部门围绕研究，服务于研究部门，为学者创造良好的研究环境；为了保证研究的相对独立性，在资金来源上，除了政府资金外，要引进基金会、企业和个人资金，并确保资金来源不影响研究过程和结果；在研究人员设置上，要改变原有的单一学术背景，大胆启用不同年龄、背景的综合型人才，因为思想库所从事的是事关现实决策的研究。另外，中国高级别的官方智库，要充分意识到自己的渠道优势，要加强与其他研究机构的合作，善于整合研究资源。

在市场营销层面，中国思想库要建立完善、多层次的信息传播机制，让思想库的研究成果实现影响力的最大化。思想库不仅仅是作为政府智囊而存在的，其存在的很大一部分价值在于培养社会公众合理有序的政策参与能力。除此之外思想库的市场营销不仅要着眼于本国，还要着眼于世界，要充分意识到网络媒体的国际传播意义和价值。

而今，大国崛起，其思想库的发展和舆论影响力不容滞后。中国思想库要真正成长为具有国际影响力的大国智库，尽管路还很长，但是已经在路上。

王莉丽

2010 年初冬于北京昆玉河畔

Chinese Think Tanks Achieved Global Influence. How Far Still Ahead?

Wang Lili

In July 2009, China Center for International Economic Exchanges (CCIEE), the "highest level Think Tank in China", hosted the "Global Think Tank Summit" in Beijing. It was unprecedented both in terms of the high level of the participators and the large scale of this summit. Yet what I am concern is, which way Chinese Think Tank should go after this submit.

A concept that we need to keep in mind is: a real Think Tank should focus on policy research and aim at influencing the pubic opinion and the government policy. That is to say, the core competence of a Think Tank is its power of innovation and its force of influence, rather than its scale or level. To the highest level Chinese Think Tank, an obvious advantage is the accessible channel for its voice to the high-level government officials, since it has gathered plenty of senior government officials both retired and incumbent. But lack of high quality innovative thoughts & ideas, its influence will be significantly weakened. The innovation competence of a Think Tank stems from a set of well-arranged and scientific operation mechanism.

There are approximately 5465 Think Tanks over the world, 1777 of which are located in the United States. In China Mainland there are only 74 Think Tanks which have been admitted by American scholars. Yet according to the statistics by Chinese scholars, there are over 2000 Think Tanks in China now-that means, China has exceeded US in terms of the quantity of Think Tank. Let's temporarily ignore why there is such a large statistic gap. One thing we cannot deny is that, the American Think Tank, born at the beginning of the 20th century, has grown up into a "idea market" which is the most developed in the world and a well-organized operation mechanism. As a kind of strong "Soft Power", American Think Tank has become an important driving-force to influence American public policy & social ethos. In recent years, utilizing internet and frequent communications between scholars, American Think Tank has fully expanded its global influence. Top-tier Think Tanks of the States, like the Brookings Institution, the Carnegie Endowment for International Peace, have all set up their offices in Beijing, trying to exert its influence on Chinese policy making and public opinions. While on the other side, Chinese Think Tanks, though large in number, still lag far behind their US counterparts in terms of public opinion influence, innovation competence as well as global vision. Most of the Think Tanks in China neither attract much attention from government decision makers, nor known by the general public. That's the main reason why there are so big a discrepancy in the number of Chinese Think Tanks between Chinese statistics & US statistics, which is above-mentioned.

Of course, the public influence of American Think Tanks was stemmed from its specific political & economical background and cultural soil. It is both impossible and unnecessary of us to simply copy the American paradigm. Yet we could get inspirations from them and find a realistic way to realize the public influence of Chinese Think Tanks.

From the Economics point of view, as an economic entity competing in the market of thought, American Think Tanks produce "idea" as its main product, and aim at policy makers and groups of people that could exert influence on policy making as its target consumers. The reasons why American Think Tanks could exert such a great influence to general public could be summarized as 4 factors: favorable market environment, adequate market demand, high quality products and comprehensive marketing strategies.

Market Environment

A favorable market environment, including political, economical and cultural environment, is the soil to give birth to the living, development and prosperity of American Think Tanks.

Politically, the fundamental features of American federal government are the separation of powers (separation of the executive, legislative and judicial powers) and the balancing of powers among different branches. Legislative, executive and judicial rights are owned separately by the Congress, the President and the Supreme Court. The congress is separated as the Senate & the House of Representatives; the government is separated the federal government and the States governments, while the rights of officials in the executive system are separated & balanced each other. Such kind of system will definitely produce the separation of powers and the openness of decision making. As a result, it creates a favorable political environment for the development of American Think Tanks. On the other hand, the weakness and separation of political powers of American parties also provide a big room for the Think Tanks to make influences.

Economically, the business prosperity of American gives birth to a lot of wealthy consortiums. While the American traditions on entrepreneurship, philanthropy and religion legacy have combined to provide solid capital support for the development of Think Tanks. On the other hand, the strong conception of competition and market orientation benefit to yield a free thought market. Thus all ideas debate and collide with each other and all Think Tanks compete with each other in this circumstance. And there is no monopoly at this market in a long term.

Culturally, the individualism, liberalism, pragmatism, distrust on rights, as well as universalism etc. , which are advocated by the American political and cultural tradition let American intellectuals and the general public to actively address on and participate in politics, therefore they would hope to improve the policy making capacity and level by utilizing the creative thinking from those Think Tank. Besides, the highly developed American media, based upon freedom of speech, has provided an access for the Think Tank to extend their influence, which objectively spreads and enlarges the influence of Think Tanks.

Market Demands

Without market demands, there will be no prosperity of the think tank market. The American think tank market is sustained by two market demands—the demand for thought and the demand for talents.

The demand for thought has three factors. Firstly, the American government, faced with complicated domestic and international situations, needs the support of the ideas & information from the Think Tanks. The modern think tanks in the States firstly emerged after WWI, and developed greatly after WWII. In the 1960s and 1970s, it began to prosper due to the large social demands during that time. It was a turbulent time that the international situation was undergoing profound changes and reassembling, and the cold war was lingering. Meanwhile, the quick economic development in West Europe and Japan was becoming a big challenge for the American economy. The failure in the Vietnam War, the Cuban missile crisis, the raging storm of negro movement, feminist movement and students' movement, as well as many other complicated issues all aroused people's concern for government policy. Such complicated international and domestic situations generated the demand for high-quality public policies from the government, yet politicians and their assistances could hardly meet this demand. Therefore, all kinds of think tanks began to emerge. It is estimated that half of the existing American Think Tanks were born at that time.

Secondly, American media needs the policy interpretations and the innovative ideas provided by the Think Tank which serves as the role of opinion leaders. Media is just a channel and platform for the transmission of messages and could not produce ideas by itself. Therefore, the media and the think tanks serve interdependently as the provider for each other-think tanks need the media to help to broadcast and magnify its public influence, while the media needs the ideas and voices of the think tanks to help to raise its pubic credibility and audience rating.

The third factor of demand for the think tank is from the general public. The think tank provides a communication platform between the general public and the government, which somehow serves the function of "public sphere" as advocated by Habermas. In this sphere, the general public and the political elites get the chance to talk about the government policy in a casual and free way.

The demand for talent refers to the demand for political talents of the American president election held every four years. And the think tank serves as the role to cultivate and provide talents for the next government.

Products Quality

Products quality is a key factor for market success, while the determining factor for the products quality of the think tank is the quality of its researchers, the independence of the think tank itself and an effective operation mechanism.

Researchers of American think tank are diversified-most of them are scholars with professional background & PhD degree, some are former government officials and others are senior media practitioners. This diversified composition ensures the compatibility of the researching results and social practice, and it also guarantees the probability to transfer the research results into political practices.

Most American think tanks are non-party, non-government institutions. To ensure the independence of their research, the capital resources of the American think tank are quite diversified, with most of them from Foundations, Enterprises, individuals and the government. Different think tanks have different capital models as well. For example, Carnegie Endowment for International Peace could run smoothly and choose topics independently without any extra external capitals owning to its abundant donation fund. Council on Foreign Relations, headquartered in New York, has large membership fees to support its running besides capitals from big consortiums. While, Heritage Foundation largely rely on membership fees.

Most of American large think tanks have their own mature operation mechanisms. The organization structure of think tanks is generally constituted of two parts, policy research and administration-with the former as the core and the later as supporting part. Taking Brookings Institute for example, the research part is made up of five departments covering foreign policy, economic research, city research, global economy & development and government research. Every department is led by a vice president, every department is comprised of different research centers, and each center led by a Director. Inside the research center, there are personnel of different levels-senior fellow, research fellow, visiting scholar etc. Generally, one senior fellow will have one or two assistants. Such is the whole policy research system. The administration part is consisted of capital management, logistic service, media service, management training, publishing house, with each section presided by a vice President, who reports directly to the President. The vice President of the media service section is responsible for the promotion of the think tank research findings and they are generally government PR officials or senior personnel with media background.

Marketing

Without a highly effective marketing, it's hard to optimize the public influences of think tank. As factories producing opinions and thoughts, American think tanks are targeted at government decision makers and the general public. In the last 20 years, with the increase of think tanks and the global transmission of information, the American think tank is gradually strengthening the transmission of its research findings and exerting influences on the public opinions and the government policies by all possible ways and channels. Specifically, the main transmission methods of American think tank are interpersonal communication, organizational communication, and mass communication. Under most cases, these three communication, methods are used together to complement and support each other. Interpersonal communication could help to use the research findings to affect the decision makers directly. Organization communication and mass communication, take responsibilities of agenda setting and influencing public opinions, which could impact the decision makers indirectly.

The interpersonal communication mainly refers to the transmission of thought depending on interpersonal network of American think tank. "The Rotation Gate" mechanism could best bring the interpersonal communication, method into play. Organizational communication, another important way for the think tank to transmit its research findings, would often hold large public conference on hot diplomatic policy issues, in which they invite experts to participate in the discussion or declare the research findings. Besides, the think tank would hold all kinds of small or medium scale non-public conferences, which are targeted at certain personnel. Another way for the organizational communication, of American think tank is by holding all kinds of short-term training programs. By organizational communication, the American think tanks have set up a platform for the general public, the decision makers and the professionals to exchange their ideas, as well as a base for the decision makers to get foreign policy information.

During the early stage of the American think tanks, mass communication was ignored for a long time. Starting from the 1960s, with the development of information transmission technology, the growing tendency of globalization and the more and more fierce competition between think tanks, all think tanks have been paying attention to the mode of mass communication. At present, most of the think tanks in the States have department responsible specifically for information transmission and all think tanks have their own websites. With the help of this mode, the think tanks could set political schedules, influence public opinions and further influence the decision makers, finally, the foreign policy. Mass communication can be further divided into three channels, the paper media, the electronic media and the Internet, with different channels holding different responsibilities. Of these three channels, Internet is showing its advantages in quick speed, interactivity and global perspective and is becoming the favorite among all transmission channels, as well as one of the important chains in the global strategy of "American think tank". Through the network, all network users could learn the analyses on foreign policies by the American think tanks, which would gradually establish the soft power of the States. During the information transmission of American

think tanks, paper media, electronic media and internet have their own specific fea-
tures—while all of them bear the responsibilities of setting up schedules, guiding
the public opinions. The effects of paper media on public opinions are long. Elec-
tronic media would pay much attention to enlarging and directing the formation of
public opinions, and the Internet stresses interactivity and the transmission of in-
formation globally.

Practical Approaches to Improve the Influences of Chinese Think Tanks

Currently, Chinese think tank is at equal stage with US in terms of quantity,
yet lagged far behind on innovation competence. Comparing with the American
think tanks' international speaking right with powerful influence on public opin-
ions, Chinese think tanks are still weak. Searching for the reason behind it, we
have to do our homework in three-layers—market environment, product quality
and marketing. At the same time, the awareness of responsibility, globalization
and brand are also indispensable.

Regarding market environment, Chinese government should create a favora-
ble market environment for the development of its think tanks and gradually
change the situations where the government think tanks monopoly the capital, in-
formation and the channels. At the same time, non-government think tanks
should have the chance to develop further so that a comparatively free competition
market of thought could be formed. Firstly, the political decision making process
shall be transparent and a non-government consultation system shall be formed to
create a much broader space for the existing and development of think tank. Sec-
ondly, the government should provide legal, policy and capital support for the de-
velopment of think tanks, encourage the development of Chinese Foundation and

the donation by enterprises and individuals on policy research. Thirdly, the government should cultivate the political awareness and political competence of the general public by all ways and channels, in order to improve the recognitions of the public on think tanks and lead the public to learn to tolerate different ideas. Fourthly, the government should provide a more relaxing environment for the transmission of political messages by the media, ensuring all the ideas and speeches from the think tank fully expressed.

For quality of the products, whether a think tank can produce high quality policy and possess the innovation capacity largely depends on its independence, scholars and operation mechanism. Therefore, the Chinese think tanks shall first undergo a thorough Institutional Reform and form a highly effective operation mechanism. On the organization structure, the core part shall be the research department. All other departments shall provide support and service for the research department and create a favorable research environment for scholars. To ensure the comparative independence of the research, research capital resources shall be diversified-besides government fund, there shall also be capitals from the Foundation, enterprises and individuals. At the same time, the resources of these capitals can not affect the research process and final findings. On the research personnel, the unitary academic background which was commonly seen shall be changed to introduce in comprehensive talents with different ages and backgrounds. Think tanks shall focus on research to guide realistic political decision making, not pure academic research in universities or studies. Besides, high rank official's think tank shall fully recognize its advantage on channels, strengthen its cooperation with other research organizations and integrate all research resources.

For marketing, Chinese think tanks shall learn from the successful practices of western think tanks to establish a complete and multi-level message transmission mechanism to optimize the influence of the research findings of think tanks. Think tanks shall not only be the brain of the government, but also, to some extent, they are responsible for leading the social ideas and cultivating the public's ability of political participation.

At present, most of China's think tanks are quite weak in expending their public influence. On the one hand, leaders of the think tank have not yet recognized the importance of influencing the public opinion. On the other hand, they are lack of experience in communicating with professionals of the media. Besides, the marketing of think tank shall not only focus on the domestic area, but also the whole world. Moreover, the significance and value of international transmission of the Internet shall be fully recognized.

The so-called awareness of responsibility refers to the social responsibility awareness of experts and scholars working on the think tank research. From the perspective of a country's benefits and the people's livelihood, they should think independently and speak frankly. The awareness of globalization means that the leaders of think tanks shall consider the development strategy of the think tank from a global perspective and strengthen the exchange and cooperation with foreign think tanks. Awareness of brand refers to a clear and definite mission and goal of Chinese think tanks. Concentrated on such goals, we should try to build a holistic image and influence, promoting the transmission of brand globally.

Think tank is the origin of a country's innovative ideas as well as an important representative of a country's soft power. Along with the rising of a super power, the developing of its think tanks is becoming more and more urgent. If Chinese think tanks want to achieve global influence, there are still long way to go. Fortunately, we are already on the way right now.

图书在版编目(CIP)数据

旋转门:美国思想库研究/王莉丽著. —北京:国家行政学院出版社,2010.12
ISBN 978-7-80140-789-4

Ⅰ.①旋… Ⅱ.①王… Ⅲ.①美国对外政策:对华政策—研究
Ⅳ.①D822.371.2

中国版本图书馆 CIP 数据核字(2010)第 247594 号

书　　名	旋转门——美国思想库研究	
作　　者	王莉丽　著	
责任编辑	阴松生　张　婉	
书名题字	刘齿一	
封面设计	uvn. cn 寸凌霄	
出版发行	国家行政学院出版社	
	(北京市海淀区长春桥路 6 号　　100089)	
	(010)68920640　68929037	
	http://cbs. nsa. gov. cn	
编 辑 部	(010)68928789	
经　　销	新华书店	
印　　刷	北京金秋豪印刷有限责任公司	
版　　次	2010 年 12 月北京第 1 版	
印　　次	2010 年 12 月北京第 1 次印刷	
开　　本	787 毫米×1092 毫米 16 开	
印　　张	21	
字　　数	309 千字	
书　　号	ISBN 978-7-80140-789-4/D・373	
定　　价	58.00 元	

本书如有印装质量问题,可随时调换。联系电话:(010)68929022